中華文化論衡

杜若鴻 著

振醉題

商務印書館

責任編輯：吳佰乘

裝幀設計：麥梓淇

排　　版：肖　霞

印　　務：龍寶祺

中華文化論衡

作　　者：杜若鴻

編　　審：杜振醉

出　　版：商務印書館（香港）有限公司

　　　　　香港筲箕灣耀興道 3 號東匯廣場 8 樓

發　　行：香港聯合書刊物流有限公司

　　　　　香港新界荃灣德士古道 220-248 號荃灣工業中心 16 樓

印　　刷：亨泰印刷有限公司

　　　　　香港柴灣利眾街27號德景工業大廈10樓

版　　次：2022年 7 月第 1 版第 1 次印刷

　　　　　© 2022 商務印書館（香港）有限公司

　　　　　ISBN 978 962 07 4649 9

　　　　　Printed in Hong Kong

與郭鶴年先生談中華文化（2016 攝）

與饒宗頤教授等人於香港跑馬地雅聚（2016 攝）

杜若鴻首倡文化轉移模式，重新演繹中華人文。

於香港嘉里中心的國學講堂現場（2015 攝）

港大「專家詞」課堂後與學生合影（2016 攝）

於新加坡唐城坊「書畫藝術審美」的公開演講（2018 攝）

杜振醉杜若鴻文化館揭牌儀式（2019 攝）

文化館局部

學術著作

中華文化系列

新詩作品

西湖三部曲（藝術攝影、小説、詩歌）

目 錄

【小說戲劇】1

序一

　　這本書笑談興亡天下事，暢論得失古今情，涉及數千年中華文化的重要知識點。

　　內容趣味盎然，引人入勝；觀點深入淺出，自出新意；文筆則生動活潑，而時帶幽默。

　　作者隨筆放曠，分享心靈，抒發感受，點撥理念，撥引玄機，交流獨見。海內外喜歡中華文化的朋友，可以和作者共同遨遊於寥闊的文化時空。

　　我經常想到杜博士，並永遠感謝他教我對中國、中國人、中華文化以及所有古代賢哲的事跡，特別是老子及《道德經》等等。我仍在努力並試圖理解《易經》，對我來說特別難。

郭鶴年

嘉里集團董事長

Preface

This book covers a wide range of subjects for the reader seeking to learn more about China.

It includes history, literature, art, moral teachings, philosophy, science and technology, politics and exchanges with the West.

The book portrays the big picture, and the various subjects are treated in a novel manner but made interesting and thought-provoking. The author hopes it will provide a comprehensive source of information for everyone who is interested in China and Chinese Culture.

I often think of Dr. TO and forever grateful to his education in many things about China, Chinese people, Chinese Culture and all the virtuous philosophers of ancient times, especially *Lao Zi*, *Dao De Jing*, etc.. I am still struggling with and trying to understand the Book of Changing which is very difficult to me.

Robert Kuok Hock Nien
Chairman, Kerry Group

序二

今年仲春之際，若鴻來函，告知他即將出版一部論文精選集，選題已獲香港商務印書館審核通過，名為《中華文化論衡》，故此邀我寫篇序言。當今學術各有專攻，很難樣樣皆通，其書則涉獵文化思想領域的諸多議題，以廣博為取向，並着力融滙中西，勇氣令人敬佩。儘管我多年浸霪中西文化交流史的研究，但此領域深遠宏大，自己只是略窺門徑而已，絲毫不敢奢言貫通，寫這篇序也誠惶誠恐。

本書包括論文凡十八篇，最早發表於 2004 年。2018年若鴻在新加坡國立大學訪學期間，開始籌劃書稿寫作，其後幾次修改，三四年又過去了，因此前後歷經十八個寒暑，可謂長期深耕細作的結晶。全書劃分為「小說戲劇」、「詩詞歌賦」、「藝術文創」、「人文化成」四個專輯，涵蓋了《易經》、《論語》、《紅樓夢》、《孫子兵法》、金庸小說、琴棋書畫、詩詞歌賦、一帶一路、全球化、文化普及工程等課題，涉及領域非常廣闊。

全書有如此宏大格局，當與若鴻此前的學術背景密切相關。他起初在香港大學學習法律，其後轉攻文學，獲得浙江大學文學碩士學位，及香港大學哲學博士學位。任職港大期間，他啟動了中華文化世紀工程，提出並推動

漸進式和系統化的文化普及模式。若鴻為學力求承中創新，融通化成，本書最後部分聚焦於歷史文化，份量也最重，可見其用心之深。

本書的風格大開大闔，兼具縱向的歷史維度及橫向的東西跨度，於世界史視域中評點中華文化，對讀者有一定的啟發。為不讓讀者望而生畏，書內篇章綱目簡單明瞭，行文亦深入淺出，閱覽起來不會如專題研究一般吃力，這也是本書的另一特色。

書緣都是一種緣分。本書在疫情期間修訂，並如期付梓，實在難能可貴！我對若鴻堅持耕耘學問、推廣中華文化的努力深表欽佩。讀者翻閱之時，也會領略到本書議論的寬廣視野，涵蓋文學、語言、藝術、思想、文化交流多個方面，足當《中華文化論衡》之名。衷心期盼能發揮更多的正能量，有助於進一步探索中國和世界多元文化發展的路向。

宋　剛
香港大學文學院副院長
壬寅仲夏客旅英國劍橋途中作

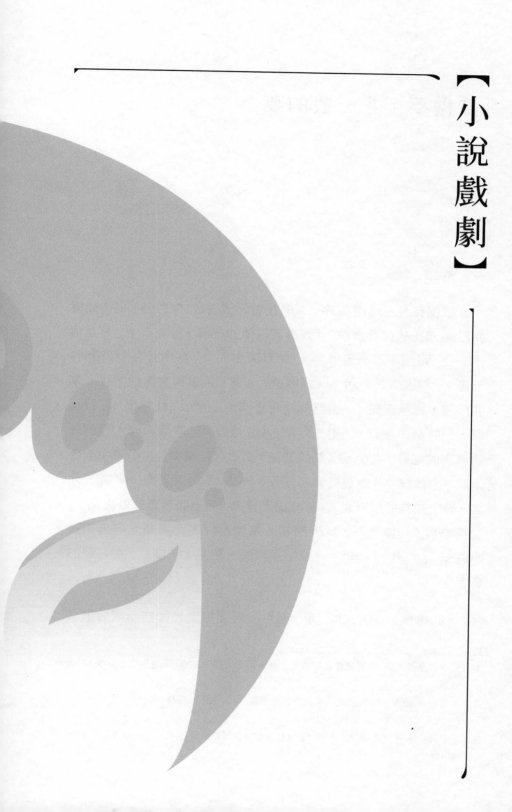

【小說戲劇】

紅樓夢，非一般的夢

一、紅學

據程偉元〈紅樓夢序〉：早在曹雪芹（1715-1763）的《紅樓夢》[1]還未正式付梓之前，「好事者每傳抄一部，置廟市中，昂其值得千金，可謂不脛而走者矣。」時京師士大夫，案頭必有《紅樓夢》一書。[2] 清人繆艮亦謂：「《紅樓夢》一書，近世稗官家翹楚也，家弘戶誦，婦豎皆知。」至乾隆八旬盛典後，京版《紅樓夢》流行江浙，一時翻印風行。[3] 道光年間，《紅樓夢》已傳至國外，得到人們極高的推譽，楊恩壽《詞餘叢話》謂：「《紅樓夢》為小說中無上上品。」孫桐生《妙復軒評石頭記》亦曰：「文章之奇，莫奇於此矣，而未知其所以奇也。」更有論者推為「天地間最奇最妙之文。」又據李放《八旗畫錄》：「光緒初，京朝士大夫尤喜讀之，自相矜為紅學云。」以「紅學」一詞相互矜尚，足見《紅樓夢》在其時的影響。

《紅樓夢》之正式以「學」名世，則要推至民國初年胡適與蔡

1　據學者考證：前 80 回為曹雪芹所著，但未寫完而歿，後 40 回為高鶚（1758-1815）所續。

2　郝懿行：《曬書堂集》（清光緒東路廳署刻本影印）。另見吳雲為《從心錄》題詞有云：「士大夫幾於家有《紅樓夢》一書。」

3　毛慶臻：〈一亭考古雜記〉，一粟編：《紅樓夢研究資料彙編》（北京：中華書局，1963年 12 月）。

元培的紅學論爭[4]，以胡為代表的考證派以壓倒性的優勢取締以蔡為代表的索隱派，為紅學帶來新的研究方法，吸引着大批一流學者在各個紅學重點範疇：包括曹學、版本學、探佚學、脂學等四方面闡發、辯難。幾十年來，紅學的規模、範圍、深度、廣度不斷發展，而且其學術陣地已從海峽兩岸和香港拓展至國際領域。紅學名家更是代有人出，王國維、蔡元培、胡適、顧頡剛、俞平伯，李玄伯、周汝昌、馮其庸，以及海外的夏志清、余英時等等，都對紅學的繁盛作出貢獻，清人所謂「開談不說《紅樓夢》，讀盡詩書也枉然」，雖不一定盡然，卻也道出研習中國文化，紅樓學問是繞不過的重要課題。

曹雪芹的《紅樓夢》，沒有完稿，就因憂傷成疾，在貧病交迫中擱筆長辭，連手稿也無人整理，只得幾位好友草草地殯埋了這位偉大的作家。人間滄桑，如果以曹雪芹卒年為成書時間計，則「紅學」之得到普世推重已是其身後一百六十年的事了。就《紅樓夢》而論，其認真的創作態度也是值得肯定的。曹雪芹於悼紅軒中，披閱十載，增刪五次，「十年辛苦，字字皆血」、「十年辛苦不尋常」，用十年的時間對作品進行了全面的修訂工作。

二、人性化

（一）情痴賈寶玉

小說中的主人公賈寶玉，他是以一位禮教的「叛逆者」出現在書中的，其思想行為常表現與傳統文化格格不入，然而，孕育賈寶玉成長的正是傳統的文化，因而從賈寶玉身上，我們看到一

4　劉夢溪：《紅樓夢與百年中國》（石家莊：河北出版社，1999年），頁36。

個矛盾的性格屬性。一方面，他作為賈氏家族的寵兒，無法擺脫為「詩禮簪纓之族」光耀門楣的「天職」。一方面，又由於理性的人格覺醒，不甘成為任人控制的工具；而作為典型的「情痴」，他對愛情專一執着，願意「為情而生，為情而死」，可是在以賈母、賈政為代表的禮教束縛下，寶黛的愛情成為悲劇，寶玉最終落得皈依佛門的結局。寶玉形象之所以具普泛意義，正在於作者深刻揭示出個體在禮教森嚴環境下所面對的無奈與悲哀，寫出古代社會後期具有代表意義的典型人格。

（二）「千紅一窟（哭）、萬艷同杯（悲）」

《紅樓夢》在刻畫「千紅一窟（哭）、萬艷同杯（悲）」的羣芳怨所帶出的深層意義也可作為一個時代的結晶。以王熙鳳為例，作為「封建末世的女強人」[5]，王熙鳳在賈氏家族持家可謂威風八面，然而「樹倒猢猻散」，大廈之將傾，非一木能獨支，這位脂粉隊中的英雄，「機關算盡」，終無法擺脫「一場歡喜忽悲辛」的悲劇結局。作者除了塑造了一位傳統文化下的典型人物外，同時亦從其哀榮側面暗寓了貴族家庭必然衰落的結局。

《紅樓夢》在人格的刻畫維度上並沒有局限於上層社會，而以平等的眼光對下層人民作了深入的觀照，着意刻畫她們的善良純潔本質。從晴雯身上，最集中體現了那些下層女子的抗爭精神。晴雯性格倔強，雖然「出身下賤」，但「心比天高」[6]，從來不奉承誰，以「抄檢大觀園」的「倒箱」之舉，充分反映了其不畏權勢的性格。但性格決定了命運，在古代社會，一個丫鬟如此剛烈的個性注定了必招人怨的結局。小說第 77 回以「俏丫鬟抱屈夭風流」

5　邱瑞平：《紅樓擷英》（上海：華東師範大學出版社，1997 年），頁 62。

6　《紅樓夢》第五回，〈晴雯判詞〉。

作回目，一個「屈」字，道出了晴雯的不幸，同時亦以個體概括一般，道出了古往今來下層人民的不幸。

（三）「女兒是水作的骨肉，男人是泥作的骨肉」

紅樓世界的羣芳譜，其風貌氣質的突顯使書中男子相形失色。如前所引，曹雪芹寫此書的動機是「忽念及當日所有之女子」，緣她們的「行止見識，皆出於我之上」，「閨閣中本自歷歷有人」，因而欲撰寫一段故事，使閨閣昭傳。當然，綜觀全書，《紅樓夢》並非只是寫幾個女子的傳奇故事，而是寄寓其對人情世理的深沉思考。然而，作為理想的化身，紅樓女兒羣高潔、嫻雅、真誠、善良、機智、慧黠的藝術形象確實成為《紅樓夢》溫雅之風的靈魂依據。曹雪芹對男子基本上是持否定的態度的。小說中藉賈寶玉之口道：「女兒是水作的骨肉，男人是泥作的骨肉。我見了女兒，我便清爽，見了男子，便覺濁臭逼人。」又第 20 回寫道：「原來天生人為萬物之靈，凡山川日月之精秀，只鍾於女兒，鬚眉男子不過是些渣滓濁沫而已。因有這個呆念在心，把一切男子都看成混沌濁物，可有可無。」

至如在〈芙蓉女兒誄〉更集中表現作者對女子的謳歌，謂：

其為質則金玉不足喻其貴，
其為性則冰雪不足喻其潔，
其為神則星日不足喻其精，
其為貌則花月不足喻其色。

相形之下，小說中的男子如果不是渣滓之輩，也是極庸碌無能。賈政、賈赦、賈珍、賈蓉、賈璉之流固不足論，就連寶玉比之他們，也沒高出幾許。

三、悲劇的世界

（一）典型的「情痴」、「情種」

　　賈寶玉「無故尋愁覓恨，有時似傻如狂」，「嘴裏一時甜言蜜語，一時無天無日，一時又瘋瘋傻傻」，「成天像瘋瘋癲癲的，說的話人也不懂，幹的事人也不知」，「時常沒人在眼前，就自哭自笑的，看見燕子，就和燕子說話，河裏看見了魚，就和魚說話，見了星星月亮，不是長吁短嘆，就是咕咕噥噥的。」在「世人都曉神仙好，唯有功名忘不了」的勢利社會，他卻痴執自己的理想追求，只想與黛玉長相廝守，至死不渝。打一開始，他便與黛玉眼緣相契，爾後情投意合，引為知己，互託終身。在「羣芳鬥豔」的大觀園裏，他自始至終對黛玉鍾情不二，在唯「人物兒」、「門第兒」、「根基兒」、「家私兒」是求的傳統婚姻標準下，毅然放棄舉止大方、容貌豐美的大家閨秀薛寶釵，選擇了好使「小性兒」的黛玉，而他倆的愛情基礎是建立在互為「知己」，從不道「仕途經濟」的共同思想上，期間相處儘管如紫鵑所言「寶玉有三分不是，姑娘倒有七分不是」，兩人始終情深意篤。經過寶玉挨打、黛玉探傷、晴雯送帕、黛玉揮淚題詩以後，彼此間的愛情更達至一種默契的境界，小說中第 45 回「金蘭契互剖金蘭語，風雨夕悶制風雨詞」，寫寶黛二人的柔情關懷，刻畫備至，早為世人熟知。

　　如果曹雪芹只是停留在刻畫寶黛之間的愛情故事，那麼《紅樓夢》與過往汗牛充棟的「佳人才子」小說也就沒有多大分別，最重要的是在着意塑造出這一對天造地設的戀人的同時，滲入文化思考。寶黛之間的愛情沒有以「團圓」結局，而被賈母、賈政、王夫人為代表的禮教所扼殺，黛玉固然鬱鬱而終，寶、釵之間的愛情也以寶玉「眼睜睜把萬事全拋」，出家為僧的悲劇作結。

（二）「滿紙荒唐言，一把辛酸淚」

《紅樓夢》描寫了大觀園內一羣青年男女的愛情故事，曹雪芹並非單純的描寫戀愛和婚姻悲劇，而是把其放在廣闊的歷史背景下進行刻畫，反映了這些愛情悲劇產生的社會根源。小說以現實主義的創作態度，用大量筆墨描畫地主與農民、統治者和奴婢、衛道者和叛逆者之間的矛盾。但衝突最終毀滅了美，造成了悲劇人物的出現，也是這個大悲劇展示了帶有束縛人性成分的禮教最終難避崩潰的趨勢。從這意義上，個人悲劇亦即是時代的悲劇。在那個時代，或許只是反映了曹雪芹所見所歷的一個典型貴族家庭興衰的歷史，然而從縱度觀之，這樣的悲劇在傳統社會任何時代都有可能發生，只不過是發展到曹雪芹這樣偉大的作家時，在小說中才得到更集中的表現，達到以個別概括一般的思想成就。

《紅樓夢》開篇有詩云：「滿紙荒唐言，一把辛酸淚，都云作者痴，誰解其中味？」如果這「其中味」有多重解釋的話，則有二點可以推定，即：其始點不無個人愛情悲劇的感嘆，其終點則隱含對古代社會深層結構的思索。

四、現實主義基調

作者清楚表明，小說中所敘之事，是親自所歷，只是如今把真事隱（甄士隱）去，撰寫一段故事，以昭示世人，其創作態度嚴謹認真，對於閨閣中以及身邊女子之行迹，一一加以細考。回中續道「其間離合悲歡，興衰際遇，俱是按迹循蹤，不敢稍加穿鑿，至失其真」，而是根據自己半世親見親聞來創作。曹雪芹不欲蹈歷來野史舊轍，更反對才子佳人「千部一腔，千人一面」，「假出二人名姓，又必旁添一小人，撥亂其間」。這說明小說是有現實

生活作基礎的，其所反映的內容和作者出身經歷有關，只是曹雪芹進一步把其藝術化，並滲入自己的所思所想，「該添則添，該減則減，該藏則藏，該露則露」[7]，於悼紅軒中披閱十載，增刪五次，方集成書。而寫作目的不求邀譽，並非要世人「稱奇道妙」，只望其「喜悅檢讀」。作者的創作取向，決定了《紅樓夢》寫實主義的創作基調。

小說中的大觀園，初看確如「人間淨土」，裏面沒有紛爭，沒有權慾，只有一羣天真爛漫的青年男女，吟詩作畫，交友談心；但事實上，這個虛構的藝術世界仍是建基在現實世界（賈府）當中的，換句話說，其存在與否與賈府之興衰有直接關係，處於當中盡可詩情畫意，但最終仍要回歸現實。因而，當賈府家道漸趨沒落之時，大觀園也不如以往生機活潑，而是「死的死，走的走」，漸漸蒙上一層蕭瑟、悲涼、幽淒的悲涼氣氛。僅一夜之間，大觀園就「花開易見落難尋」，預示了「各自須尋各自門」的結局，先是晴雯、司棋、芳官、四兒，或被逐出園，或出家，或致死，繼是寶釵遷出蘅蕪苑，迎春將出嫁。至此，大觀園的寥落畢現：

> 寶玉又至蘅蕪苑中，只見寂靜無人，屋內搬的空空落落的……因看着那院中的香藤異蔓，仍是翠翠青青，忽比昨日好似改作淒涼了一般，更又添了傷感。默默出來，又見門外的一條翠埵上也半日無人來往，不似當日各處房中丫環不約而來者絡繹不絕。又俯身看那埵下之水，仍是溶溶脈脈的流將過去。心下因想：「天地間竟有這樣無情的事！」（第78回）

> 又見邢夫人等回了賈母將迎春接出大觀園去等事……那岸

---

7 《紅樓夢》第44回，寶釵論藝（畫）：「你若照樣兒往紙上一畫，是必不能討好的。這要看紙的地步遠近。該多該少，分主分賓，該添的要添，該減的要減，該藏的要藏，該露的要露。」

上的蓼花葦葉，池內的翠荇香菱，也都覺搖搖落落，似有追憶
故人之態，迥非素常逞妍鬥色之比。既領略得如此寥落淒慘之
景，是以情不自禁，乃信口吟成一歌曰：

> 池塘一夜秋風冷，吹散芰荷紅玉影。
> 蓼花菱葉不勝愁，重露繁霜壓纖梗。
> 不聞永晝敲棋聲，燕泥點點污棋枰。
> 古人惜別憐朋友，況我今當手足情！（第 79 回）

「悲涼之霧，遍被華林」。因而儘管大觀園贏得「天上人間諸景備」
的佳譽，這個「人間天堂」卻始終無法離開「人間煙火」。曹雪芹
的現實主義創作傾向是明顯的。

五、人文雅典

（一）典型的文人小說

在《紅樓夢》，幾乎作了完整的示範意義，以文喻之，則有文
之淵雅，以詩喻之，則有詩之溫厚，以詞喻之，則有詞之婉約。
這與《紅樓夢》表現手法的豐富性有直接的關係。小說中的古詩、
古詞、歌賦、古語、諺語、成語、俗語、雙關語、歇後語等等，
應有盡有。尤其是隱語、暗語之運用，庶幾成為紅學百年風雲的
根源之一，造成考證派與索隱派長相爭論的學術局面。

以書中的人名為例，就大多用了諧音雙關之意，如元春、
迎春、探春、惜春四姐妹暗諧「原應嘆息」，王熙鳳之「熙」字通
「稀」，意指「少」；秦可卿三字暗通「盡可親」，甄士隱諧音「真事
隱」，賈府之「賈」諧「假」；就連一些次要的人物也暗有所寓，如
賈府的清客單聘仁、卜固修、詹光暗通「善騙人」、「不顧羞」、「沾
光」等如此類，不一而足。這使《紅樓夢》的解讀成了一門學問，

如果單從字面作解，定然會失去對其文本的多重領悟。

（二）紅樓筆法

《紅樓夢》「睹一事於句中，反三隅於字外」的筆墨極為突出，深得「言盡意無盡」之意蘊，這與傳統文藝理論中的虛實相生、「妙在無筆墨處」，有異曲同工之妙。如在第 18 回，對身繫曹家興衰的元春省親之刻畫：

> 茶已三獻，賈妃降座，樂止。退入側殿更衣，方備省親車駕出園。至賈母正室，欲行家禮，賈母等俱跪止不迭。賈妃滿眼垂淚，方彼此上前廝見，一手攙賈母，一手攙王夫人，三個人滿心裏皆有許多話，只是俱說不出，只管嗚咽對泣。邢夫人、李紈、王熙鳳、迎、探、惜三姊妹等，俱在旁圍繞，垂淚無言。半日，賈妃方忍悲強笑，安慰賈母、王夫人道：「當日既送我到那不得見人的去處，好容易今日回家娘兒們一會，不說說笑笑，反倒哭起來。一會子我去了，又不知多早晚才來！」說到這句，不禁又哽咽起來。邢夫人等忙上來解勸。賈母等讓賈妃歸座，又逐次一一見過，又不免哭泣一番。然後東西兩府掌家執事人丁在廳外行禮，及兩府掌家執事媳婦領丫鬟等行禮畢。賈妃因問：「薛姨媽、寶釵、黛玉因何不見？」王夫人啟曰：「外眷無職，未敢擅入。」賈妃聽了，忙命快請。一時，薛姨媽等進來，欲行國禮，亦命免過，上前各敘闊別寒溫。又有賈妃原帶進宮去的丫鬟抱琴等上來叩見，賈母等連忙扶起，命人別室款待。執事太監及彩嬪、昭容各侍從人等，寧國府及賈赦那宅兩處自有人款待，只留三四個小太監答應。母女姊妹深敘些離別情景，及家務私情。
>
> 又有賈政至簾外問安，賈妃垂簾行參等事。又隔簾含淚謂其父曰：「田舍之家，雖齏鹽布帛，終能聚天倫之樂；今雖富貴

已極，骨肉各方，然終無意趣！」賈政亦含淚啟道：「臣，草莽
寒門，鳩羣鴉屬之中，豈意得徵鳳鸞之瑞。今貴人上賜天恩，
下昭祖德，此皆山川日月之精奇、祖宗之遠德鍾於一人，幸及
政夫婦。且今上啟天地生物之大德，垂古今未有之曠恩，雖肝
腦塗地，臣子豈能得報於萬一！惟朝乾夕惕，忠於厥職外，願
我君萬壽千秋，乃天下蒼生之同幸也。貴妃切勿以政夫婦殘年
為念，懑憤金杯，更祈自加珍愛。惟業業兢兢，勤慎恭肅以侍
上，庶不負上體貼眷愛如此之隆恩也。」賈妃亦囑「只以國事為
重，暇時保養，切勿記念」等語。賈政又啟：「園中所有亭台軒
館，皆繫寶玉所題；如果有一二稍可寓目者，請別賜名為幸。」
元妃聽了寶玉能題，便含笑說：「果進益了。」賈政退出。賈妃
見寶、林二人亦發比別姊妹不同，真是姣花軟玉一般。因問：
「寶玉為何不進見？」賈母乃啟：「無諭，外男不敢擅入。」元妃
命快引進來。小太監出去引寶玉進來，先行國禮畢，元妃命他
進前，攜手攬於懷內，又撫其頭頸笑道：「比先竟長了好些……」
一語未終，淚如雨下。

回家省親本是件令人喜悅的事情，卻籠罩着一片嗚咽對泣的悲涼
之霧。元春哭訴中的話語所謂「不見得人的去處」、「又不知多早
晚才來」、「天倫之樂」云云，言似盡未盡，其中深意，使人深思
不已。又，元春對寶玉的骨肉深情之細膩入微的刻畫，娓娓道來，
嫻雅的周邊氣氛隱含着無限愛念。從元春「攬於懷內」，「撫其頭
頸」的連貫動作隱寫其心理活動，這時未語先笑，終究是骨肉乖
離，相見如夢之苦笑，故一句慰語未落，竟是淚如雨下。作品刻
畫至此，含蓄而有餘哀。

　　在中國文學史上，《紅樓夢》是唯一一部普遍受到知識階層青
睞的「雅典」，回視百年紅學風雲，幾乎所有學者都一致推崇其地

位與價值。可以說，作為通俗文學，《紅樓夢》的「雅化」達到無
以復加的地步，俚語、俗語、笑話等通俗文學的表現手法，在《紅
樓夢》也隨處可見，但在一定程度上給其突出的精典美掩蓋了光
芒。從美學角度觀之，它具備了高雅而不流俗，精緻而不粗濫，
厚重而不纖佻，莊重而不輕薄的審美特徵。紅樓語言，作為曹雪
芹思想的載體，最成熟，最優美，準確而傳神，樸素而多彩，簡
潔而文華，幾乎文備眾體，應有盡有，達到爐火純青的典雅境界。
小說中寫景狀物，繪聲繪影，往往數筆勾勒，儼然一幅詩意畫圖。

　　如第 45 回寫黛玉作〈秋窗風雨夕〉，先是「黛玉喝了兩口稀
粥，仍歪在床上」。一個「歪」字，寫盡其慵悶之意態。卻「不想
日未落時天就變了，淅淅瀝瀝下起雨來。秋霖脈脈，陰晴不定」，
「漸漸的黃昏，且陰的沉黑」，兼着「雨滴竹梢」，於是「感物應
心」，不禁發於章句，遂成〈代別離〉一首，擬〈春江花月夜〉之
格，乃名其詞曰〈秋窗風雨夕〉。其詞曰：

> 秋花慘淡秋草黃，耿耿秋燈秋夜長。
> 已覺秋窗秋不盡，那堪風雨助淒涼！
> 助秋風雨來何速！驚破秋窗秋夢綠。
> 抱得秋情不忍眠，自向秋屏移淚燭。
> 淚燭搖搖爇短檠，牽愁照恨動離情。
> 誰家秋院無風入？何處秋窗無雨聲？
> 羅衾不奈秋風力，殘漏聲催秋雨急。
> 連宵脈脈復颼颼，燈前似伴離人泣。
> 寒煙小院轉蕭條，疏竹虛窗時滴瀝。
> 不知風雨幾時休，已教淚灑窗紗濕。（第 45 回）

全詩句句不離秋意，或情或景，或思或想，意韵連纏，意境淒涼。

再如最為世人熟知的〈葬花詞〉之哭吟：

花謝花飛花滿天，紅消香斷有誰憐？
游絲軟繫飄春榭，落絮輕沾撲繡簾。
閨中女兒惜春暮，愁緒滿懷無釋處，
手把花鋤出繡閨，忍踏落花來復去。
柳絲榆莢自芳菲，不管桃飄與李飛。
桃李明年能再發，明年閨中知有誰？
三月香巢已壘成，樑間燕子太無情！
明年花發雖可啄，卻不道人去樑空巢也傾。
一年三百六十日，風刀霜劍嚴相逼，
明媚鮮妍能幾時，一朝飄泊難尋覓。
花開易見落難尋，階前悶殺葬花人，
獨倚花鋤淚暗灑，灑上空枝見血痕。
杜鵑無語正黃昏，荷鋤歸去掩重門。
青燈照壁人初睡，冷雨敲窗被未溫。
怪奴底事倍傷神，半為憐春半惱春：
憐春忽至惱忽去，至又無言去不聞。
昨宵庭外悲歌發，知是花魂與鳥魂？
花魂鳥魂總難留，鳥自無言花自羞。
願奴脅下生雙翼，隨花飛到天盡頭。
天盡頭，何處有香丘？
未若錦囊收豔骨，一抔淨土掩風流。
質本潔來還潔去，強於污淖陷渠溝。
爾今死去儂收葬，未卜儂身何日喪？
儂今葬花人笑癡，他年葬儂知是誰？
試看春殘花漸落，便是紅顏老死時。
一朝春盡紅顏老，花落人亡兩不知！（第27回）

或悲或憐，或歌或泣，或痴或淚，典雅的語言蒙上沉重的淒涼
意調。

六、結語

王希廉在〈紅樓夢總評〉謂：

> 一部書中，翰墨則詩詞歌賦、制藝尺牘、爰書戲曲，以及
> 對聯匾額、酒令燈謎，說書笑話，無不精善；技藝則琴棋書畫、
> 醫卜星相，及匠作構造、栽種花果、畜養禽魚、針黹烹調，巨
> 細無遺；人物則方正陰邪、貞淫頑善、節烈豪俠、剛強懦弱，
> 及前代女將、外洋詩女、仙佛鬼怪、尼僧女道、娼妓優伶、點
> 奴豪僕、盜賊邪魔、醉漢無賴，色色俱有；事迹則繁華筵宴、
> 奢縱宣淫、操守貪廉、官闈儀制、慶弔盛衰、判獄靖寇，以及
> 諷經設壇、貿易鑽營，事事皆全；甚至壽終夭折、暴病亡故、
> 丹戕藥誤，及自刎被殺、投河跳井、懸樑受逼、吞金服毒、撞
> 階脫精等事，亦件件俱有。可謂包羅萬象，囊括無遺，豈別部
> 小說所能望其項背？[8]

《紅樓夢》正是反映在其廣泛涉獵哲學、歷史、法律、經濟、政治、
婚姻、風俗、藝術等領域，儼然一幅無所不包的社會文化畫卷，
達到寬泛意義的「文化結晶」之譽。

8　《紅樓夢：三家評本》(上海：上海古籍出版社，1988 年)，頁 15。

附錄：金陵十二釵判詞

　　金陵乃南京的古稱，「釵」指女兒，第五回完整出示了 12 位正冊女子的名單：一、林黛玉；二、薛寶釵；三、賈元春；四、賈探春；五、史湘雲；六、妙玉；七、賈迎春；八、賈惜春；九、王熙鳳；十、巧姐；十一、李紈；十二、秦可卿。金陵十二釵入選的標準有三：一、「彼家」，都是賈寶玉家裏的女子；二、「擇其善者」，即聰俊靈秀；三、「薄命」。金陵十二釵圖冊出現在《紅樓夢》第五回，寶玉在警幻仙姑的指引夢遊太虛幻境，在薄命司中看到有大櫥裝載着各薄命女子的生平判詞，有金陵十二釵正冊、副冊、又副冊。正冊都是小姐奶奶。又副冊是丫頭，如晴雯、襲人等。副冊介於兩者之間，如香菱生於官宦人家，淪而為妾，入副冊。

一、林黛玉（釵黛合一）

　　　　判詞：可嘆停機德，堪憐詠絮才。

　　　　　　　玉帶林中掛，金簪雪裏埋。

　　　　結局：林如海與賈敏之女，寶玉的姑表妹，寄居榮國府。

　　　　　　　於賈寶玉、薛寶釵大婚之夜淚盡而逝。

二、薛寶釵（釵黛合一）

　　　　判詞：可嘆停機德，堪憐詠絮才。

　　　　　　　玉帶林中掛，金簪雪裏埋。

　　　　結局：來自四大家族之薛家，薛姨媽之女，寶玉的姨表姐。

　　　　　　　獨守空閨，孤獨終老。

三、賈元春

判詞：二十年來辨是非，榴花開處照宮闈。

三春爭及初春景，虎兔相逢大夢歸。

結局：賈政與王夫人之長女，賈府大小姐。省親之後，再
無出宮機會，鬱鬱而終。

四、賈探春

判詞：才自精明志自高，生於末世運偏消。

清明涕送江邊望，千里東風一夢遙。

結局：賈政與趙姨娘所生，賈府三小姐。嫁給一位親王，
隨之發配邊疆。

五、史湘雲

判詞：富貴又何為，繈褓之間父母違。

展眼弔斜暉，湘江水逝楚雲飛。

結局：來自四大家族之史家，賈母姪孫女。嫁與衛若蘭，
衛若蘭暴病而亡，湘雲守寡。

六、妙玉

判詞：欲潔何曾潔，云空未必空。

可憐金玉質，終陷淖泥中。

結局：蘇州人氏，遁入空門。得王夫人賞識佛學修為，請
她入住大觀園櫳翠庵，後被賊人擄劫，下落不明。

七、賈迎春

判詞：子係中山狼，得志便猖狂。

金閨花柳質，一載赴黃粱。

結局：賈赦之妾所生，賈府二小姐。出嫁後才一年，就被孫紹祖虐待而死。

八、賈惜春

判詞：勘破三春景不長，緇衣頓改昔年妝。

可憐繡戶侯門女，獨臥青燈古佛旁。

結局：賈敬之女，排行賈府四小姐。因母親早逝，在賈母身邊長大。三個姐姐的不幸結局，使她最終產生棄世的念頭，出家為尼。

九、王熙鳳

判詞：凡鳥偏從末世來，都知愛慕此生才。

一從二令三人木（休字），哭向金陵事更哀。

結局：賈璉之妻，王夫人的姪女。最終「機關算盡太聰明，反誤了卿卿性命」，被休，鬱鬱而終。

十、賈巧姐

判詞：勢敗休云貴，家亡莫論親。

偶因濟劉氏，巧得遇恩人。

結局：賈璉與王熙鳳的女兒。在賈府敗落後，被賣到了煙花巷。最終劉姥姥贖出。

十一、李紈

判詞：桃李春風結子完，到頭誰似一盆蘭。

如冰水好空相妒，枉與他人作笑談。

結局：出身金陵名宦，夫賈珠不到二十歲病死。故一直
守寡。

十二、秦可卿

判詞：情天情海幻情身，情既相逢必主淫。

漫言不肖皆榮出，造釁開端實在寧。

結局：賈蓉之妻。因爬灰、養小叔子兩件醜事曝光，致其
年輕早夭。在仙界，是太虛幻境警幻仙子的妹妹，
管的是風月情債。

武俠世界，還看金庸

一、金學

　　由於資訊科技的發達，金庸小說影響早在二十世紀九十年代中期已遍佈世界各地。林以亮曾謂：「凡有中國人，有唐人街的地方就有金庸的小說。」據不完全統計：金庸作品在台銷量超過1000萬冊（此不計盜印者），金著成為人們爭讀的書；而在金庸小說的產生地香港，自1957年《射鵰英雄傳》（下簡稱《射鵰》）問世以來，「金庸作品，全城爭讀」。八十年代以後，國內解禁，金庸小說正式進軍中國內地，據稱，單以版稅而言（不計盜版），已以逾億元計。

　　金庸小說，早已超越漢語語言界域，七十年代，東南亞地區已先後出版越南文、泰文、印尼文、柬埔寨文、馬來文等文字；1996年，日本最具規模的出版社之一 —— 德間書店，計劃以五年時間譯出《金庸全集》；如果說，金庸小說仍有遺憾的話，那就是英譯本的短缺。金庸小說至今只有《雪山飛狐》、《鹿鼎記》及《射鵰》的英譯，由於其小說為武俠類別，武功描寫在書中佔有一定的比重，在英語中找尋對應的譯詞成為技術上最大的困難。不過，儘管會失去一定數量的英語讀者，金庸為最多讀者的華人作家之地位始終沒有動搖。金庸小說的讀者（金迷）從政要到市民，從學者到學生，幾乎達到全所包容的地步。七十年代末期，由香

港著名小說家倪匡執筆的金學研究《我看金庸小說》是金庸小說研究名「學」的開始，其後台灣遠景出版社相繼推出 20 餘冊《「金學」研究叢書》，使金學研究邁出一大步。而自 1994 年北京大學授予金庸名譽教授，金庸小說可謂名正言順地進入學術殿堂；爾後，大量具有學理性的文章分別從金庸小說的藝術、思想、文化等方面，剖析其作為「學」的深廣內涵，與以前較偏重鑒賞性的文章成了強烈的對比。1998 年，美國、中國大陸、台灣更分別舉行了金庸小說國際學術會議，「金庸年」意味着「金學」與「紅學」一樣，正式衝出地域界限。與此前後，海峽兩岸暨香港以至海外的金學研究會紛紛成立，「金庸研究」更成為高校熱門的課程，以及碩博研究生的專題研究。紅學家馮其庸曾有詩曰：「昔日韓生歌石鼓，今朝寰宇唱金庸」[1]，確道出金庸小說「風行天下」的盛況。

金庸自 1957 年《射鵰》一出，已奠定其宗師地位；直至 1972 年寫作完《鹿鼎記》後封筆，其小說已飲譽華人世界；此其後，「金學」成名也不過是十年間的事，前後總計不出四十年時間。

金庸作品，如果說《射鵰》以前的小說寫作尚不得不多作經濟考慮的話，從《射鵰》開始，以後的作品，包括《神鵰俠侶》（下簡稱《神鵰》）、《飛孤外傳》、《倚天屠龍記》（下簡稱《倚天》）、《天龍八部》（下簡稱《天龍》）、《笑傲江湖》、《鹿鼎記》等，卻是有意識地把個人思想融入作品，着意刻畫深層的社會與人生百態。

二、廣博豐厚的底蘊

金庸小說，具有豐富的文化底蘊，試看《射鵰》第 12 回寫黃

1　〈題金庸研究〉，《閱讀金庸世界》（上海：上海書店出版社，2000 年）。

蓉為洪七公燒菜的情景，別具匠心：

> （洪七公）笑道：「這碗荷葉笋尖櫻桃湯好看得緊，有點不捨得吃。」在口中一辨味，「啊」叫了一聲，奇道：「咦？」又吃了兩顆，又是「啊」了一聲。荷葉之清、笋尖之鮮、櫻桃之甜，那是不必說了，櫻桃核已經剜出，另行嵌了別物，卻嚐不出是甚麼。

當洪七公問黃蓉這道菜的名目時，黃蓉笑道：

> 這如花容顏，櫻桃小嘴，便是美人了，……竹解心虛，乃是君子，蓮又是花中君子，因此，這竹笋丁兒和荷葉，說的是君子……那麼這班鳩呢？《詩經》第一篇是「關關雎鳩，在河之洲，窈窕淑女，君子好逑」，是以這湯叫作「好逑湯」。

以一道菜隱含如此多的學問，可謂金庸小說的典型刻畫之一。

金庸小說對傳統文化的描寫，往往不是單純的敘述，而是與其作品的情節和主題思想緊密結合的。《笑傲江湖》第7回關於曲洋和劉正風的琴簫合奏最具典型意義，且看作者如何塑造其情其景：

> 琴聲不斷傳來，甚是優雅，過得片刻，有幾下柔和簫聲似在一問一答……
> 但簫聲低而不斷，有如游絲隨風飄蕩，卻連綿不絕……
> 一個撫琴，一個吹簫……只聽琴簫悠揚，甚是和諧……
> 忽聽瑤琴中突然發出鏘鏘之聲……但簫聲仍是溫雅婉轉……
> 琴簫之聲雖然極盡繁複變幻，每個聲音卻又抑揚頓挫，悅耳動心……

　　　　琴音立止，簫聲也即住了。霎時間四下裏一片寂靜，唯見
明月當空，樹影在地。

　　一幅意境幽靜的畫面，正好與江湖的腥風血雨形成強烈的對
比；曲劉二人以簫琴和鳴，琴韻簫意，所奏所詠又豈非只是他倆
的悲劇而已？

　　金庸小說，在其「羣雄譜」中，幾乎每一部小說的主人公都具
有文化典型意義，在中國小說人物畫廊佔有一席之位。以《笑傲
江湖》為例，作者在這部作品中，刻意塑造主人公令狐沖為一位
平凡的俠客，他個性瀟灑，重情重義，憧憬着沒有權力鬥爭的理
想社會；但武林中的腥風血雨沒有因為他個人的意願而停止，相
反，魔教內部為搶奪教主之位互相爭殺；「正派」中的五岳劍派，
同樣為搶奪盟主地位，內變迭起。令狐沖被捲入其中，在正邪之
間進退失據。如同賈寶玉，從其行止體現了現實與理想之間的差
距。金庸曾謂，此書的寫作是想通過書中一些人物刻畫中國古代
政治生涯的普遍現象。[2] 以此，從令狐沖身上所反映的衝突則不單
是個人的問題，而觸及中國政治文化層面：作為俠客（政客）的
令狐沖，卻是「人在江湖，身不由己」，他有理想，然而又無力改
變現狀，雖然最終能與心愛的人長相廝守，但在此前，他是無力
自主的，「正教」中人視他為叛徒，把他正式逐出華山派；「邪教」
中人欲收為己用，他卻始終心念師恩與江湖正義而欲拒之；這種
進退維谷的處境是他向往隱逸生活的原因之一，同時又昭示着古
代社會政治鬥爭的其中一種必然出路。武俠至此只是金庸小說的
外衣，它的宗旨乃在於寫人的心理、性格和命運，從此個體反映
出更廣闊的現實世界。

2　《笑傲江湖》後記。

　　事實上，金庸小說濃郁的歷史感早有公論，金山明確指出其作品對中國封建專制有深刻揭露，從而能使人了解中國歷史，因而譽之為一部特殊的「史詩」。[3] 的確，綜觀金庸小說，幾乎每一部都離不開特定的歷史時空，歷史的大背景與情節熔於一爐，「於人性人生及歷史世界之刻畫更是兼想象與思悟兩長，傳奇與歷史兼美。」[4] 金庸筆下，對古代社會的某些制度是有否定的一面的。在作者的眼中，如在《鹿鼎記》所說：「而妓院與皇宮兩處，更是天下最虛偽、最奸詐的所在，韋小寶浸身在這兩地之中，其機巧狡獪已遠勝於尋常大人。」把皇宮類比妓院，其中的骯髒齷齪可想而知。類似的言論在金庸〈韋小寶這小傢伙〉一文中可互為印證：「韋小寶自小在妓院中長大，妓院是最不講道德的地方，後來進了皇宮，皇宮又是最不講道德的地方。」至於古代社會的統治者，作者也對其進行深刻的鞭撻，在《射鵰》中，藉郭靖與丘處機的對話，道出：「成吉思汗、花剌子模國王、大金大宋皇帝他們，都似是以天下為賭注，大家下棋。」「這些帝王元帥以天下為賭注，輸了的不但輸去了江山，輸去了自己的性命，可害苦了天下百姓。」對中國古代社會當政者的專制，在《神鵰》、《天龍》、《倚天》等作品中都有大量披露。其小說歷史時間的縱度跨越甚廣，因而如果彙聚作品中對中國歷史文化的散評與反思，這部「史詩」確有其閃爍的一面。

　　金庸小說中，最集中亦最深刻地反映中國政治文化當然還得數《笑傲江湖》，這部作品沒有特定的歷史背景，用作者的話說：「因為想寫的是一些普遍性格，是政治生活中的常見現象，所以

3　金山：〈金庸小說是一部特殊的「史詩」〉，《閱讀金庸世界》（上海：上海書店出版社，2000 年），頁 51。

4　陳墨：《金庸小說賞析》（南昌：百花洲文藝出版社，1991 年），頁 21。

本書沒有歷史背景」，而意味着「類似的情景可以發生在任何朝代。」[5] 可見在這部政治寓言中，所謂「江湖」，實喻政治環境，所謂「人在江湖，身不由己」，特指殘酷的權力鬥爭，並不會因為個人的意願而變更。作品中的江湖人物，任我行、東方不敗、岳不羣、左冷禪、向問天、方證大師、沖虛道人、莫大、余滄海、定閒師太、曲洋、劉正風，形形色色的正邪中人，從作者的立意角度觀，都成為政治人物，或自願或被迫，上演着一幕幕權力爭鬥。在這「真真假假」、「正邪難分」的鬼域世界中，唯一可保天年的就是「退隱江湖」，於是有曲劉的琴簫合奏，為渾濁的塵世奏出清音，可是最終仍落得雙雙殉「義」的結局。一曲「笑傲江湖」，道盡無限唏噓。

　　如果說在令狐沖身上表現出對傳統政治文化反撥的一面，那麼，有「俠之大者」之譽的郭靖則是金庸有意對傳統文化作正面的肯定。郭靖天性戇厚，從其成長到成名的過程中可謂波濤起伏。他生於大漠，拜江南七怪為師，後南下中原，機緣巧合下拜「北丐」洪七公為師，復得到周伯通的指點，在《射鵰》接近尾聲，他的武功已有所成，可是在武功與是非善惡的取捨之間，他選後者而棄前者，道德界限是非常清晰的（詳見第 39 回）。他為人重義守信，應諾三捉三放「西毒」歐陽鋒，也就真正履行；最終以捨身保護襄陽成全了大義（見《神鵰》）。論者以為郭靖是「仁」者的典型，是一位為國為民的真正「儒俠」。的確，從郭靖這藝術形象，令人看到儒家理想中的人格典型，他與優秀的中華傳統文化緊密契合，從中國歷史觀之，確不乏好像郭靖這樣捨生取義的大俠。作者着意褒揚這種人格光輝，不但在古代社會，就是在今後也有其永恆的價值。馮其庸在《名人名家看金庸》的序中曾寫道：

5　《笑傲江湖》後記。

「我感到他書中貫穿始終的思想，是一種浩然之氣，是強烈的正義感與是非感……他筆下的一些英雄人物，具有一種豪氣干雲，一往而前的氣概，他給人以激勵，給人以一種巨大的力量……使人感到深厚的民族感情和愛國思想。」[6] 郭靖正是具有這種文化意義的人格典型。

難得的是，下層人物在金庸的作品中亦得到典型的刻畫，而且作為小說的主人翁出現。《鹿鼎記》的韋小寶是這方面極具典型的人物。韋小寶成長於妓院，自小偷欺賭騙無所不諳，和金庸前期作品主角所不同的是，他再沒有一身絕世武功，身上缺點與優點並存，然而正如金庸所言：「小說中的人物如果十分完美，未免是不真實的。小說反映社會，現實社會中並沒有絕對完美的人。」[7] 因而，作為不一定是「好人」的韋小寶成為書中的主人翁，其「有所缺」的文化性格屬性也就別具啟發意義了。有如曹雪芹寫賈寶玉，其形象顯然也不是純粹的完美無缺。

三、高深幽美的感情

古今中外，愛情之於文學，是一個永恆的主題，金庸小說更可謂徹頭徹尾就是一部「情書」，把對「情」的描寫發揮到極致。

金庸小說的愛情滲透着強烈的理想主義，用他的話概括之，即「一見鍾情，一心一意，一生一世」。《射鵰》中的郭靖與黃蓉，是眾所公認為富典型意義的代表。郭黃愛情的甜蜜結果，是在波瀾起伏的經歷中鑄成的。郭靖的師父「江南七怪」對郭黃二人

6　〈走近金庸，走進金庸〉，《名人名家讀金庸》（上海：上海書店出版社，2000 年）。
7　《笑傲江湖》後記。

之戀不但沒有支持，而且多加阻撓；黃蓉之父黃藥師，號稱「東邪」，聰明絕頂，行事乖僻，一見郭靖「傻頭傻腦」的模樣就不順眼，且由於弟子梅超風與七怪結怨，與七怪也處於對立狀態；當中更穿插「西毒」歐陽鋒的提親，其子歐陽克無論在人才、武功、樣貌方面都遠勝郭靖；郭又成長於大漠，被賜以「金刀駙馬」，早有舊約。凡此，皆成為郭黃二人戀愛的阻礙，然而，兩人情投意合，憑着堅貞不二的愛念，終於衝破一切，共諧連理（續見《神鵰》）。在他們的愛情裏，沒有對彼此的傷害，有的只是「共患難，同生死」、「情痴心痴，真意愛意，此世永無貳」的共同信念。這與寶黛之間的情真意摯如出一轍。

由《射鵰》到《神鵰》，是金庸小說情愛觀的一次跳躍。小說在反映「情痴」楊過與小龍女的愛情上，重點轉移到對中國固有禮教文化的審視。有如賈寶玉，楊過身邊也有無數慧黠美麗的女子；他也有賈寶玉的「生死許之痴千態」的至情至性；然而自始及終，所愛只是小龍女一人。為了小龍女，他不怕背上反叛倫理禮教的「罪名」；小龍女墜入絕情谷中，他痴痴等了十六年，後更毅然躍入谷中，把生死置之度外，不求生之同衾，也望死而同穴。楊過是同時以「情痴」與「情狂」的性格屬性出現的。狂者，痴發之於外而至極致。其表現最突出者在於對傳統禮教視若無物，有「雖千萬人吾往矣」之氣概。楊過與寶玉共性中的異質及金庸刻意對「情」之謳歌 [8] 決定了兩人「同途殊歸」的不同結局。

由楊過與小龍女到《倚天》的張無忌與趙敏之戀，文化視點又有所轉移。張原為武當張翠山之子，後流落江湖，機緣湊巧當上明教的教主；趙敏原為蒙古郡主，本與張為死對頭，後無巧不

8　《神鵰俠侶》後記。

成，「冤家」成了「情人」，情至深處，趙毅然放棄郡主身分，但始終無法釋疑明教中人。張無忌雖為明教教主，但在面對「胡漢」之分與以朱元璋為首的明教內部之明爭暗鬥，最終決定與趙敏雙雙歸隱。在政治與愛情之間，張無忌選了後者，這固然一方面是由於張優柔寡斷的性格使然，但如果審視當時明教中的「政治」形勢，顯然是明智的，選了雙雙歸隱，全了美滿愛情，避免了寶黛之間悲劇重演。在這一點上，《倚天》與《紅樓夢》如果有所相似的話，那就是在政治與禮教的大環境前，其本質皆無從離開「歸隱」這消極的生命觀。

四、浪漫主義高峰

《射鵰》中對「東邪」黃藥師居住的「桃花島」之刻畫可證一斑。桃花島原是浙江東部一個不為人知的荒涼小島，但作者卻妙筆生花，把這個「世外桃源」寫得歷歷在目。小說第 12 回從郭黃二人赴島的所見所聞寫道：

> 兩人轉行向東，到了舟山後，僱了一艘海船。黃蓉知道海邊之人畏桃花島有如蛇蝎，相戒不敢近島四十里以內，如說出桃花島的名字，任憑出多少金錢，也無海船漁船敢去。她僱船時說是到暇崎島，出崎頭洋後，卻逼着舟子向北。那舟子十分害怕，但見黃蓉將一柄寒光閃閃的匕首指在胸前，不得不從。
>
> 船將近島，郭靖已聞到海風中夾着撲鼻花香，遠遠望去，島上蔥蔥，一團綠、一團紅、一團黃、一團紫，端的是繁花似錦。黃蓉笑道：「這裏的景致好麼？」郭靖嘆道：「我一生從未見過這麼多，這麼好看的花。」黃蓉甚是得意，笑道：「若在陽春三月，島上桃花盛開，那才教好看呢。師父不肯說我爹爹的武功是天下第一，但爹爹種花的本事蓋世無雙，師父必是口服心

服的。只不過師父只是愛吃愛喝，未必懂得甚麼才是好花好木，當真俗氣得緊。」

……

那舟子聽到過不少關於桃花島的傳言，說島主殺人不眨眼，最愛挖人心肝肺腸，一見兩人上岸，疾忙把舵回船，便欲逃。黃蓉取出一錠十兩重的銀子擲去，噹的一聲，落在船頭。那舟子想不到有此重賞，喜出望外，卻仍是不敢在島邊稍停。

桃花島佈局之奇則是：

黃蓉……向前飛奔。郭靖見她在花中東一轉西一幌，霎時不見了影蹤，急忙追去，只奔出十餘步遠，立時就迷失了方向，只見東南西北都有小徑，卻不知走向那一處好。

他走了一陣，似覺又回到了原地，想起在歸雲莊之時，黃蓉曾說那莊子佈置雖奇，卻哪及桃花島陰陽開闔、乾坤倒置之妙，這一迷路，若是亂闖，定然只有越走越糟……

他焦急起來，躍上樹巔，四下眺望，南邊是海，向西是光禿禿的巖石，東面北面都是花樹，五色繽紛，不見盡頭，只看得頭暈眼花。花樹之間既無白墻黑瓦，亦無炊煙犬吠，靜悄悄的情狀怪異之極。他心中忽感害怕，下樹一陣狂奔，更深入了樹叢之中，一轉念間，暗叫：「不好！我胡闖亂走，別連蓉兒也找我不到了。」只想覓路退回，那知起初是轉來轉去離不開原地，現下卻是越想回去，似乎離原地越遠了。

可謂極了誇張之能事。如果說《紅樓夢》中的大觀園還可在江南園林與皇家園林中找到楷模，桃花島的景致卻當真無從稽考了，其大費筆墨除了為小說的情節發展作鋪墊外，更重要的是在於營造一個適合世外高人「黃藥師」居住的方外之地，而這個「方外天堂」如同陶淵明筆下的「世外桃源」，在現實世界存不存在並不重要。

　　至於《笑傲》中日月神教的總壇「黑木崖」，卻是存在於「江湖」之中。小說第30回借令狐沖、任盈盈、任我行和向問天赴崖合誅東方不敗，大肆從側面渲染這個「鬼域世界」：

　　　　離平定州西北四十餘里，山石殷紅如血，一片長灘，水流湍急，那便是有名的猩猩灘。更向北行，兩邊石壁如牆，中間僅有一道寬約五尺的石道。一路上日月教教眾把守嚴密……一行人經過三處山道，來到一處水灘之前，上官雲放出響箭，對岸搖過來三艘小船，將一行人接了過去。令狐沖暗想：「日月教數百年基業，果然非同小可。若不是上官雲作了內應，咱們要從外攻入，那是談何容易？」

　　　　到得對岸，一路上山，道路陡峭。上官雲等在過渡之時便已棄馬不乘，一行人在松柴火把照耀下徒步上坡……

到總壇之後：

　　　　一行人沿着石級上崖，經過了三道鐵門，每一處鐵閘之前，均有人喝問當晚口令，檢查腰牌。到得一道大石門前，只見兩旁刻着兩行大字，右道是「文成武德」，左首是「仁義英明」，橫額上刻着「日月光明」四個大紅字。

　　　　過了石門，只見地下放着一雙大竹簍，足可裝得十來石米……

　　　　竹簍不住上升，令狐沖抬頭上望，只見頭頂有數點火星，這黑木崖着實高得厲害。盈盈伸出右手，握住了他左手。黑夜之中，仍可見到一片片輕雲從頭頂飄過，再過一會，身入雲霧，俯視簍底，但見黑沉沉的一片，連燈火也望不到了。

　　　　……原來崖頂太高，中間有三處絞盤，共分四次才絞到崖頂。令狐沖心想：「東方不敗住得這樣高，屬下教眾要見他一面自是為難之極。」

好容易到得岸頂，太陽已高高升起。日光從東射來，照上一座漢白玉的巨大牌樓，牌樓上四個金色大字「澤被蒼生」，在陽光下發出閃閃金光，不由得令人肅然起敬。

令狐沖心想：「東方不敗這副排場，武林中確是無人能及。少林、嵩山，俱不能望其項背，華山、恆山，那更差得遠了。他胸中大有學問，可不是尋常的草莽豪雄。」

邪魔外道的神秘詭異色彩藉這魔域的藝術虛構可見一斑。

金庸的其他名作如《神鵰》的「絕情谷」、《倚天》的「冰火島」、《天龍》的「靈鷲峰」等等，都表現其浪漫主義的一貫創作特色，與《紅樓夢》的現實主義形成鮮明的對比。

金庸小說，由於「武」與「俠」的元素，使其作品呈現出外放型風貌。以文概之，雄渾中不失溫潤，以詩喻之，浪漫不失溫厚，以詞喻之，飄逸不失婉約。與紅樓風格既有相承，又有所異質。

這種趨向與作者所選取的藝術物象有密切的關連。其作品中固不乏典型的幽軒雅舍，但這比重顯然不及名山大澤的分量。神州大地的勝景如華山、恆山、泰山、嵩山、衡山、武當山、點蒼山、峨嵋山、光明頂等等，全成了江湖派別的聚集地；作品中亦不乏對傳統的戲曲雜耍之描寫，但其吸引力遠不及武功之異彩紛呈：少林七十二絕技、九陽神功、九陰神功、降龍十八掌、吸星大法、乾坤大挪移、獨孤九劍、黯然銷魂掌、雙手互搏法、打狗棍法、蛤蟆功、天罡北斗陣、一陽指、沖靈劍法、六脈神劍、楊家槍法……或刀或槍或劍或掌或陣，都成了作者的藝術素材；至於其地域之廣，也不限於一地一隅，而幾乎遍及神州大地，從荒涼的大漠到美麗的江南，從人跡罕至的荒島到富麗堂皇的宮殿，從西南的大理至西北以至西域。作品正是在這些基本的藝術素材

下奠定其雄奇奔放的態勢。

落實到實質層面，則關係到作家筆法的運用。與紅樓筆法相比，金庸亦重「全盡」之道，一隱一露，一內一外，一於「有限中求無限」，一於「無限中盡有限」，異途同歸。《射鵰》第 18 回描畫當時武林中的三大高手「東邪」黃藥師、「西毒」歐陽鋒和「北丐」洪七公鬥藝的情形，極盡典型：

> 歐陽鋒在箏弦上錚錚錚的撥了幾下，發出幾下金戈鐵馬的肅殺之聲，立時把簫聲中的柔媚之音沖淡了幾分。
>
> 黃藥師笑道：「來，來，咱們合奏一曲。」他玉簫一離唇邊，眾人狂亂之勢登緩。
>
> 歐陽鋒叫道：「大家把耳朵塞住了，我和黃島主要奏樂。」他隨來的眾人知道這一奏非同小可，登時臉現驚惶之色，紛撕衣襟，先在耳中緊緊塞住，再在頭上密密層層的包了，只怕漏進一點聲音入耳。連歐陽克也忙以棉花塞住雙耳。
>
> ……
>
> 秦箏本就聲調酸楚激越，他這西域鐵箏聲音更是淒厲。郭靖不懂音樂，但這箏聲每一音節和他心跳相一致。鐵箏響一聲，他心一跳，箏聲漸快，自己心跳也逐漸加劇，只感胸口怦怦而動，極不舒暢。再聽少時，一顆心似乎要跳出腔子來，斗然驚覺：「若他箏聲再急，我不是要給他引得心跳而死？」急忙坐倒，寧神屏思，運起全真派道家內功，心跳便即趨緩，過不多時，箏聲已不能再帶動他心跳。
>
> 只聽得箏聲漸急，到後來猶如金鼓齊鳴、萬馬奔騰一般，驀地裏柔韻細細，一縷簫聲幽幽的混入了箏音之中，郭靖只感心中一蕩，臉上發熱，忙又鎮懾心神。鐵箏聲音雖響，始終掩沒不了簫聲，雙聲雜作，音調怪異之極。鐵箏猶似巫峽猿啼、

子夜鬼哭，玉簫恰如深閨私語。一個極盡慘屬淒切，一個卻是柔媚婉轉。此高彼低，彼進此退，互不相下。

　　……

　　郭靖在竹林中聽着二人吹奏，思索這玉簫鐵箏與武功有甚麼干係，何以這兩股聲音有恁大魔力，引得人心中把持不定？當下凝守心神，不為樂聲所動，然後細辨簫聲箏韵，聽了片刻，只覺一柔一剛，相互激蕩，或揉進以取勢，或緩退以待敵，正與高手比武一般無異，再想多時，終於領悟：「是了，黃島主和歐陽鋒正以上乘內功互相比拼。」想明白了此節，當下閉目聽鬥。

　　……

　　再聽一會，忽覺兩股樂音的消長之勢、攻合之道，卻有許多地方與所習口訣甚不相同，心下疑惑，不明其故。好幾次黃藥師明明已可獲勝，只要簫聲多幾個轉折，歐陽鋒勢必抵擋不住；而歐陽鋒卻也錯過了不少可乘之機。

　　……

　　他呆呆的想了良久，只聽得簫聲越撥越高，只須再高得少些，歐陽鋒便非敗不可，但至此為極，說甚麼也高不上去了，終於大悟，不禁啞然失笑：「我真是蠢得到了家！人力有時而窮，心中所想的事，十九不能做到。我知道一拳打出，如有萬斤之力，敵人必然粉身碎骨，可是我拳上又如何能有萬斤的力道？七師父常說：『看人挑擔不吃力，自己挑擔壓斷脊。』挑擔尚且如此，何況是這般高深的武功。」

　　只聽得雙方所奏樂聲愈來愈急，已到了短兵相接、白刃肉搏的關頭，再片刻，必將分出高下，正自替黃藥師擔心，突然間海上隱隱傳來一陣長嘯之聲。

　　……

　　這時發嘯之人已近在身旁樹林之中，嘯聲忽高忽低，時而

如龍吟獅吼，時而如狼嗥梟鳴，絲毫不落下風。三股聲音糾纏在一起，鬥得難解難分。

在約略 2000 字的描繪中，單就對技藝風格的形容詞已將近 30 個之多，所用動詞的頻率更有逾百，除了用聽覺描寫，更夾雜心理的刻畫、感受，旁觀者的所見所思烘托，凡此，可謂全方位的包容了藝術表現手法，演活了空間，給人以無限的動感。清袁枚曾說：一切詩文，總須字立紙上，不可字臥紙上。人活則立，人死則臥；用筆亦然。金庸的語言正是這種「活着」的語言，其巨大的「語言動力」使藝術畫面的立體感躍然紙上。

「武論金庸」，金庸對武功描寫的獨到之處可謂達到了登峰造極的境界，小說往往不惜以大量筆墨進行渲染。打鬥場面在武俠小說中是很重要的，金庸小說武打場面的藝術化與戲劇化處理，使其比現實打鬥更具張力，加上語言的文華洗練，使其小說具有如在長風中策馬奔騰的剛健與瀟灑之風。

再以其代表作《射鵰》為證，第四回描畫「黑風雙煞」與「江南七怪」荒山之戰，前後共用了近萬言，筆墨之多，堪稱武俠文學的典型，其剪彩鋪敍，速度感、空間感、時間感的三維合一，乃創作實踐的成功範例。今取其要者如下：

> 一斜眼瞥見月亮慘白的光芒從烏雲間射出，照在左側那三堆骷髏頭骨之上，不覺一個寒噤，情急智生，飛步往柯鎮惡躲藏的石坑前奔去，同時大叫：「大家逃命呀！」五俠會意，邊戰邊退。
>
> 梅超風冷笑道：「哪裏鑽出來的野種，到這裏來暗算老娘，現今想逃可已遲了。」飛步追來。南希仁、全金髮、韓小寶三人拼力擋住。朱聰、張阿生、韓寶駒三人俯身合力，砰的一聲，

將石板抬在一邊。

就在此時，梅超風左臂已圈住南希仁的扁擔，右爪遞出，直取他的雙目。朱聰猛喝一聲：「快下來打！」手指向上一指，雙目望天，左手高舉，連連招手，似是叫隱藏在上的同伴下來夾擊。

梅超風一驚，不由自主抬頭一望，只見烏雲滿天，半遮明月，哪裏有人？

朱聰叫道：「七步之前！」柯鎮惡雙手齊施，六枚毒菱分上中下三路向着七步之前激射而出。呼喝聲中，柯鎮惡從坑中急躍而起，江南七怪四面同時攻到。梅超風慘叫一聲，雙目已被兩枚毒菱同時打中，其餘四枚毒菱卻都打空，總算她應變奇速，鐵菱着目，腦袋立刻後仰，卸去了來勢，鐵菱才沒深入頭腦，但眼前斗然漆黑，甚麼也瞧不見了。

梅超風急怒攻心，雙掌齊落，柯鎮惡早已閃在一旁，只聽得嘭嘭兩聲，她雙掌都擊在一塊巖石之上。她憤怒若狂，右腳急出，踢中石板，那石板登時飛起。七怪在旁看了，無不心驚，一時不敢上前相攻。

梅超風雙目已瞎，不能視物，展開身法，亂抓亂拿。朱聰連打手勢，叫眾兄弟避開，只見她勢如瘋虎，形若邪魔，撲到處樹木齊折，腳踢時沙石紛飛。但七怪屏息凝氣，離得遠遠地，卻哪裏打得着？過了一會，梅超風感到眼中漸漸發麻，知道中了喂毒暗器，厲聲喝道：「你們是誰？快說出來！老娘死也死得明白。」

朱聰向柯鎮惡搖搖手，要他不可開口說話，讓她毒發身死，剛搖了兩搖手，猛地想起大哥目盲，哪裏瞧得見手勢？

只聽得柯鎮惡冷冷的道：「梅超風，你可記得飛天神龍柯鎮邪、飛天蝙蝠柯鎮惡麼？」梅超風仰天長笑，叫道：「好小子，

你還沒死！你是給飛天神龍報仇來着？」柯鎮惡道：「不錯，你也還沒死，那好得很。」梅超風嘆了口氣，默然不語。

七怪凝神戒備。這時寒風刺骨，月亮已被烏雲遮去了大半，月色慘淡，各人都感到陰氣森森。只見梅超風雙手緊張，垂在身側，十根尖尖的指甲上映出灰白光芒。她全身宛似一座石像，更無絲毫動彈，疾風自她身後吹來，將她一頭長髮刮得在額前挺出。這時韓小寶正和她迎面相對，見她雙目中各有一行鮮血自臉頰上直流至頸。

突然間朱聰失聲大叫：「大哥留神！」語聲未畢，柯鎮惡已感到一股勁風當胸襲來，鐵杖往地下疾撐，身子縱起，落在樹巔。梅超風一撲落空，一把抱住柯鎮惡身後大樹，雙手十根手指全插入了樹幹之中。六怪嚇得面容變色，柯鎮惡適才縱起只要稍遲一瞬，這十指插在身上，哪裏還有性命？

梅超風一擊不中，怪聲長嘯，聲音尖細，但中氣充沛，遠遠的送了出去。

……

小說中他如《天龍》中喬峰在聚賢莊與天下羣雄的一場廝殺（第19回），《笑傲》中五岳劍派在嵩山比劍奪帥（第33、34回），《倚天》中六大派圍攻光明頂（第18回）等等，都可謂劇力萬鈞，表現了金庸豐富的想象力。評價其意義與價值，就不能純從現實主義的角度。

金庸武俠世界中「羣雄譜」之豪情氣概的突顯使書中的女子形象相對淡化，其瀟灑、粗獷、剛健、狂放的藝術形象成為了金庸小說雄渾之風的依據。

五、臻極致的雅俗格局

　　金庸小說於雅俗整合又有所發展，達致大雅，又在「通俗」的領域，達到「大俗」。在浪漫主義的世界裏，真正做到以「精英文化改造通俗文化的全能冠軍」。[9]其於浪漫主義藝術允許的無限創作空間（相對於現實主義文學）前提下，打破了雅與俗文學的壁壘分明，為雅、俗對峙的文化衝突，開拓了一種新的局面，一條新的路子，創出一種新的方法，形成了一種新的審美境界，並「溝通了雅俗，在二者之間搭起了一座橋樑，而且還使二者渾然一體。」[10]

　　落實到現實創作層面，誠如嚴家炎教授在北大頒贈金庸名譽教授儀式上的賀辭之高度概括：

　　　　從藝術上說，金庸小說有不少稱得上是文學精品，和市面上那些粗製濫造之作大相徑庭。作者運用西方近代文學和中國新文學的藝術經驗去創作武俠小說，改造武俠小說，將這類小說提高到前所未有的水平。在金庸筆下，武俠小說被生活化了。金庸重視小說情節，然而決不任意編造情節，他更看重的是性格，相信「情節是性格的歷史」，堅持從性格出發進行設計，因而他的小說情節顯得曲折生動而又自然合理，既能出人意外，又能在人意中。金庸小說又很講究藝術節奏的調勻和變化：一場使人不敢喘氣的緊張廝殺之後，隨即出現光風霽月、燕語呢喃的場面，讓人心曠神怡，這種一張一弛、活潑多變的藝術節奏，給讀者很大的審美享受。金庸還常常用戲劇的方式去組織和結構小說內容，使某些小說場面獲得舞台的效果，既增強

9　嚴家炎：〈一場靜悄悄的文學革命 ── 在查良鏞獲北京大學名譽教授儀式上的賀辭〉。

10　參陳墨：《金庸小說藝術論》（南昌：百洲文藝出版社，2000 年），頁 508-527。

了情節的戲劇性，又促使小說結構趨於緊湊和嚴謹。金庸的語言是傳統小說和新文學的綜合，兼融兩方面的長處，傳神而又優美。他的小說發表之後，還要不斷打磨，精益求精，有的修改三、四遍，有的簡直是重寫，這種嚴肅認真的創作態度，與「五四」以來優秀的新文學作家也如出一轍。金庸對過去各種類型的通俗小說，當然是注意汲取它們的長處的，我們從他的小說中，常常可以感覺到作者綜合了武俠小說、言情小說、歷史小說、偵探小說、滑稽小說等眾多門類的藝術經驗，創造性吸收，從而使他成為通俗小說的集大成者。但是，金庸借鑒、運用西方近代文學和中國新文學的經驗去創作武俠小說，使他的小說從思想到藝術都呈現出新的質素，達到新的高度，這卻是根本的和主要的方面。金庸小說實際上是以精英文化去改造通俗文學所獲得的成功。有容乃大。金庸這種多方面的借鑒、汲取和創新，使他成為一位傑出的小說大師，他在武俠小說中的地位不是單項冠軍，而是全能冠軍。[11]

金庸小說中這類文風的例證隨處可拾，現以《笑傲》中五岳劍派推舉盟主前「桃谷六仙」與左冷禪的「瞎纏」為例，略見其通俗之一斑：

> 只聽得玉璣子大叫一聲，腦袋摔在地下。桃根仙、桃枝仙手中各握一隻斷手，桃幹仙手中握着一雙斷腳，只有桃葉仙手中所握着的那雙腳，仍連在玉璣子身上。原來左冷禪知道無法在這瞬息之間迫得桃谷六仙放手，只有當機立斷，砍斷了玉璣子的雙手和一雙足踝，使得桃谷四仙無法將他撕裂，那是毒蛇螫手、壯士斷腕之意。左冷禪切斷了他三肢，料想桃谷六仙不

11　嚴家炎：〈一場靜悄悄的文學革命──在查良鏞獲北京大學名譽教授儀式上的賀辭〉。

會再難為這個廢人，當即冷笑一聲，退了開去。

桃枝仙道：「咦，左冷禪，你送黃金美女給玉璣子，要他助你做掌門，為甚麼反來斷他手腳，是想殺他滅口嗎？」桃根仙道：「他怕我們把玉璣子撕成四塊，因此出手相救，那全是會錯意了。」桃實仙道：「自作聰明，可嘆，可笑。我們抓住玉璣子，只不過跟他開開玩笑。今日是五岳劍派開山立派的好日子，又有誰敢胡亂殺人了？」桃花仙道：「玉璣子確想殺我，但我們念及同門之誼，怎能殺他？只不過將他拋上天空，摔將下來，又再接住，嚇他一嚇。左冷禪出手如此魯莽，腦筋糊塗得緊。」

桃葉仙拖着隻獨腳、全身是血的玉璣子，走到左冷禪身前，鬆開了玉璣子的左腳，連連搖頭，說道：「左冷禪，你下手太過毒辣，怎地將一個好好的玉子傷成這般模樣？他沒有雙手，只有一隻獨腳，今後叫他如何做人？」

左冷禪怒氣填膺，心想：「剛才我只要出手遲得片刻，玉璣子早給你們撕成四塊，哪裏還有命在？這會兒卻來說這風涼話！只是無憑無據，一時卻說不明白。」

桃根仙道：「左冷禪要殺玉璣子，一劍刺死了他，倒也乾淨，卻斷了他雙手一足，叫他不生不死，當真殘忍，可說是大大的不仁。」桃幹仙道：「大家都是五岳派中的同門，便有甚麼事過不去，也可好好商量，為甚麼下手如此毒辣？沒半點同門的義氣。」

「托塔手」丁勉大聲道：「你們六個怪人，動不動便將人撕成四塊。左掌門出手相救玉璣子道長，正是瞧在同門的份上，你們卻來胡說。」

桃枝仙道：「我們明明跟玉璣子開玩笑，左冷禪卻信以為真，真假難辨，是非不分，那是不智之極。」桃葉仙道：「男子漢大丈夫，一人作事一身當。你既然傷了玉璣子，便當直承其

事，卻又閃閃縮縮，意圖抵賴，竟無半分勇氣。殊不知這嵩山絕頂，數千位英雄好漢，眾目睽睽，個個見到玉璣子的手足是你砍斷的，難道還能賴得了嗎？」桃花仙道：「不仁、不智、不勇，五岳劍派的掌門人豈能由這樣的人來充當呢？左冷禪你也未免異想天開了。」說罷，六兄弟一齊搖頭。

桃谷六仙本是瘋瘋癲癲之人，說話顛三倒四，期間六兄弟舉手投足，神情意態與其話語拿捏可謂配合得天衣無縫，語言含機鋒，令城府極深的左冷禪也無言以對。說到得意處，「六兄弟一齊搖頭」，戀態可掬，歷歷在目。

金庸小說對武學招數的命名，或取其意，或取其形，又往往有個很雅的名稱，使人聞其名而見其影。《書劍恩仇錄》中陳家洛的「百花錯拳」；《射鵰》中黃蓉的「蘭花拂穴指」、「落英神劍掌」，洪七公的「降龍十八掌」；《碧血劍》中金蛇郎君的「金蛇劍法」；《神鵰》中小龍女的「玉女心經」，楊過的「黯然銷魂掌」；《天龍》中段譽的「凌波微步」、「六脈神劍」，蕭峰的「太祖長拳」；《笑傲》中左冷禪的「寒冰掌」，岳不羣的「紫陽神功」……凡此等等，不一而足。

六、結語

金庸小說已超越其作為文學作品的純粹文本，而騰升為「學」的範疇。誠如嚴家炎教授就金庸小說所綜：

> 金庸武俠小說包涵着迷人的文化氣息、豐厚的歷史知識和深刻的民族精神。作者以寫「義」為核心，寓文化於技擊，借武技較量寫出中華文化的內在精神，又借傳統文化學理來闡釋武

> 功修養乃至人生哲理，做到互為啟發，相得益彰。這裏涉及儒、
> 釋、道、諸子百家，涉及千百年來中華民族眾多的文史科技典
> 籍，涉及傳統文學藝術的各個門類如詩、詞、曲、賦、繪畫、
> 音樂、雕塑、書法、棋藝等等。作者調動自己在這些方面的深
> 廣學養，使武俠小說上升到一個很高的文化層次……金庸的武
> 俠小說，簡直又是文化小說；只有想象力極其豐富而同時文化
> 學養又非常淵博的作家兼學者，才能創作出這樣的小說。[12]

廣泛涉獵哲學、歷史、法律、經濟、政治、婚姻、風俗、藝術等
領域，儼然一幅無所不包的社會文化畫卷，達到寬泛意義的「文
化結晶」之譽。

12　嚴家炎:〈一場靜悄悄的文學革命 —— 在查良鏞獲北京大學名譽教授儀式上的賀辭〉。

附錄：金庸小說創作年表

作品	首刊時間	刊物
書劍恩仇錄	1955 年 2 月—1956 年 9 月	新晚報
碧血劍	1956 年 1 月—1956 年 12 月	香港商報
射鵰英雄傳	1957 年 1 月—1959 年 5 月	香港商報
雪山飛狐	1959 年 2 月—1959 年 6 月	新晚報
神鵰俠侶	1959 年 5 月—1961 年 7 月	明報
飛狐外傳	1960 年 1 月—1962 年 4 月	武俠與歷史
鴛鴦刀	1961 年 3 月—1961 年 6 月	武俠與歷史
倚天屠龍記	1961 年 7 月—1963 年 9 月	明報
白馬嘯西風	1961 年 10 月—1962 年 1 月	明報
天龍八部	1963 年 9 月—1966 年 5 月	明報
連城訣	1964 年 1 月—1965 年 3 月	東南亞周刊
俠客行	1966 年 6 月—1967 年 4 月	明報
笑傲江湖	1967 年 3 月 1967 年 4 月—1969 年 10 月	新明日報 明報
鹿鼎記	1969 年 10 月—1972 年 9 月	明報
越女劍	1969 年 12 月—1969 年 12 月	明報晚報

牡丹亭中，情為何物

　　晚明時代是我國文學史上創作主體「個性」最富鮮明的時期之一，傳統的道德倫理價值觀念遇到空前的衝擊而面臨崩解的局面。晚明文學，在價值重構的時代，鼓蕩起一股人性解放的浪潮，作家以張揚個性、狂狷縱放等具有浪漫氣息的文化性格屬性寫下了晚明文學的主調，湯顯祖的《牡丹亭》是此時期傑出的時代結晶，其作為特定時代的文化載體，業已超越純粹意義的文學創作，而包含與呈現着共時性的文化綜向與歷時性的文化積澱。本文立意，便在於以貫穿《牡丹亭》的「言情」思想核心進行深層的文化闡釋，以剖析其對理想價值的追求所反映的社會文化內涵。

一、愛情至上

　　言情，是湯顯祖文學創作思想的核心，而最集中表現在其代表作品《牡丹亭》之中。「世總為情。情生詩歌，而行於神。天下之聲音笑貌，大小生死，不出乎是。」[1] 這是湯氏文學本於情的論緒。正由於人生有情，因而「思歡怒愁，感於幽微，流於嘯歌，形諸動搖。或一往而盡，或積而不能休」，產生了且歌且舞的戲曲。他在〈復甘義麓〉信中明確表明對戲劇的創作觀：

　　　　弟之愛宜伶學「二夢」，道學也。性無善無惡，情有之。因

1　〈耳伯麻姑游詩序〉。

> 情成夢，因夢成戲。戲有極善極惡，總於伶無與。伶因錢學《夢》耳。弟以為似道，憐之以付仁兄慧心者。

「因情成夢，因夢成戲」，夢因情生，是表現情的重要技巧，而透過戲劇的外在形式表達，三者之間的關係，「情」始終在戲劇中佔有主導的地位。而由於「世間只有情難訴」，無法窮盡情之深，於是在似真似幻的「夢境」裏頭，倒更能反映出更廣闊的情感世界，因為「夢境」乃浪漫世界的空間維度，在這裏，作家所面對的一切物象，所考慮的一切價值，都可以按照自己的價值願望去改造、昇華，從而創造出一個意蘊深厚的「精神世界」，盡脫客觀世界的實用性與功利性。

對夢的着重，使湯顯祖所提倡的情，與「常情」在程度上有極大的分別，在其筆下，情到深時，可直教生死相許，於是杜麗娘「夢其人即病，病即彌連，至手畫形容，傳於世而後死。死三年矣，復能溟漠中求得其所得夢者而生」、「情不知所起，一往而深。生者可以死，死可以生」。[2] 在現實世界事理邏輯不能發生的事情，由於「情之所至」，也就可以在夢境中得到合情合理的理解了。

明代論情與文學的關係者不乏其人，如戲曲家何良俊（1506-1576）《曲論》中所云：「人生於情，所謂『愚夫愚婦可以與知者』。觀十五國風大半皆發於情，可以知矣。」又謝榛《四溟詩話》：「及讀《世說》：『文生於情，情生於文。王武子先得之矣。』」而在明以前，「緣情」之說在文論中更是屢見不鮮。但要至湯顯祖，才把「情」發揮到極致，首倡「情至」之論，而且貫徹在《牡丹亭》的創作實踐中，在戲曲史上，以至中國文學史上寫下了時代的鮮明印記。劇中的女主人翁杜麗娘作為作者理想的載體，其突出的

2　〈牡丹亭記題詞〉。

「情痴」形象成為我國文學畫廊中具有典型意義的形象之一。她成長於一個典型的封建家庭，父親杜寶是一位「一味做官，片言難入」的典型士大夫，母親則是封建禮教的執法者，只望她能「知書知禮，父母光輝」。生活之中，杜麗娘唯一可接觸的其他男子就只有她的老師陳最良，但他卻又是一個迂腐的老學究，只懂向她灌輸「有風有化，宜室宜家」之類的教條。杜麗娘打開這扇寂寞苦悶的心扉是在一次偶然的遊園後，長期的閨禁積壓，使她傾腔而出：

> 你道翠生生出落的裙衫兒茜，豔晶晶花簪八寶填；可知我常一生兒愛好是天然，恰三春好處無人見。不提防沉魚落雁鳥驚喧，則怕的羞花閉月花愁顫。
>
> 〈醉扶歸〉

> 原來姹紫嫣紅開遍，似這般都付與斷井頹垣。良辰美景奈何天，賞心樂事誰家院！（白）恁般景致，我老爺和奶奶再不提起。（合）朝飛暮卷，雲霞翠軒；雨絲風片，煙波畫船——錦屏人忒看的這韶光賤。
>
> 〈皂羅袍〉

因春感觸，喚起青春虛度，才貌埋沒的覺醒；但是現實卻始終與理想的憧憬有着不可逾越的鴻溝，而她竟緣情而殤，借着魂歸夢境與書生柳夢梅幽會，後更還魂與柳成親，死而復生。誠如曲論家潘之恆所論：「夫情之所之，不知其所始，不知其所離，不知其所合。在若有若無、若遠若近、若存若亡之間，其斯為情之所必至而不知其所以然；不知其所以然，而後情有所不可盡，而死生、生死之無足怪也。故能痴者而後能情；能情者而後能寫其情。杜之情，疾而幻；柳之情，痴而蕩。一以夢為真，一以生為真。唯

其情真，而幻蕩將何所不至矣。」[3] 其中搜抉靈根，掀翻情窟，確無一不出乎人情之外，卻又無一不合乎人情之中。是以論者嘗概之：「《牡丹亭》，情也。」[4]

而杜麗娘的情感體驗絕非一種孤立的心理活動，其氣度、胸襟、閱歷、視野、知識都滲諸其中，這是其藝術形象成功的不可或缺之因。其出現在晚明這特定的社會文化環境，又必然從橫向介入了晚明普遍的文化意識形態，和時代的心理息息相關；從縱向的歷時發展，它又在一定程度上昭示湯顯祖在漫長的社會實踐過程中所形成的感受或經驗的文化積澱，從而更典型更集中地藉其人物的藝術形象負載人們所追求的理想精神，在人性、人的理想價值祈向作比他之前更概括、更充分的展開。依此，對湯顯祖在《牡丹亭》中對「至情」的謳歌就不能只作純粹的文本解讀，而必須從文化的角度，包括以研究民族心靈史的心理學領域以至更廣闊的社會文化史作深層的透視。

就湯顯祖的情愛觀，顯然不是任意抒發的個人情感，而是作者在長期的創作實踐和社會閱歷中結晶出來的一種審美觀，是一種以「情感為核心凝聚着感知，直覺、想象、理智和意志共同活動的整體結構，其本質是作家的審美傾向性和生命態度的體現」[5]，是感情與理性共冶一爐的情感模式。

3　〈鶯嘯小品・情痴〉。

4　王思任：〈批點玉茗堂牡丹亭詞敘〉。又參見馮夢龍〈邯鄲夢・總評〉：「⋯⋯《牡丹亭》以情。」

5　參暢廣元主編：《文學文化學》（吉林：遼寧人民出版社，2000 年），第二部分，〈文學活動是特殊的文化創造行為〉。

二、以情抗「理」

以「情」抑「理」，是情至說的目的。明代自開國以來，統治者為了鞏固君權統治，竭力提倡程朱理學，務使「人心」服從「道心」，一切思想言行符合倫理道德的標準，但其末流卻求之太過，以至出現「存人理，滅人慾」的極端思想，把「天理」「人慾」和生活緊密聯繫在一起：「人之一心，天理存則人慾亡，人慾勝則天理滅」，認受「學者須是革盡人，復盡天理，方始是學。」[6] 直至王學興起之前，程朱理學的倫理價值觀成為了思想領域唯一的正統哲學。以至晚明時期，一種極端禁慾主義籠罩朝野，所謂「餓死事小，失節事大」，人情人慾的天性被否定，甚至扼殺，湯顯祖卻在此時大唱反調，把情視為與生俱來的天性，明晰指出情理兩者「難於並露而周施」，或「理至而勢違」或「勢合而情反」，或「情在而理亡」。[7] 在「情」與「理」之間，毅然取前者與棄後者，所以在〈牡丹亭記題詞〉明確謂道：「人世之事，非人世所可盡。自非通人，恆以理相格耳！第云理之所必無，安知情之所必有邪！」

情理既然水火不容，「以理相格」是違背人情常理的。因而，杜麗娘的夢中之情，從「情」（人性）的角度觀之，也就顯得合情合理了。這種情從文本表面似乎只是杜柳之間的男女私情，實質從文化層面乃是以一概全，表現了那個時代一種普泛意義的人性呼喚，即明後期對人性解放的價值重構。由於封建禮教的桎梏牢固，因而「情」之動力也愈益顯得鼓動，杜麗娘在當時的社會處境下，實又找不到實現理想的出路，於是借夢說痴成了唯一的方式。必須指出，這種選擇是無可奈何的，甚或可以說是被逼的，它印證了西方哲者佛洛德的「夢是願望的滿足」的理論，但畢竟

6　參《朱子語類》，卷 13。

7　湯顯祖：〈沈氏弋說序〉。

這種滿足終是一個虛幻。杜麗娘「死而復生」，乃由於其與柳生真情所至，湯顯祖在藝術容許的創作空間裏賦予一種超越自然意義的力量，這種至情至性本質是與倫理禮教的束縛人性形成尖銳對比的。劇中杜柳終能共諧連理，成就美好姻緣，但於現實世界，畢竟是不可能的，其強烈的反差正好道出作者那「願天下有情人皆成眷屬」意願之不能落實，昭示着「夢是唯一出路」的悲哀哲學內涵。

「湯顯祖的言情理論和實踐，開創一個寫情為主的文學新時代的到來。」[8] 其對「情」的重視同時又是他所處時代普遍的情感傳達，它是一種「共同情感」——是恆久而具普世價值的理想追崇。它實質上包含着豐富的社會歷史內容，滲透着作者的理性思索，具有超越現實功利的特質，其獨特的表現手法，體現了作者，以至那時代的人，對自身情感的不斷發現、開拓、豐富和完善的建構過程。而這個建構，在一定的意義上，是對傳統價值倫理的反撥或再造，從而希望恢復情感世界中業已失調的平衡。就湯氏在《牡丹亭》中所反映出來的情感體驗，是「情」與「理」的統合問題，無可避免的矛盾促使作者從「情」棄「理」。

三、縱向看看

而其選擇過程的心理流程，除了隱含作家主體意識所掌握的價值定向外，又必然連繫到那個時代具有影響力的思想或作家等社會精英羣。湯氏的情至觀，與其說是作者個人的價值取向，不如說是那個時代社會文化環境共同成就的突出價值觀。從文化思想的層面，必須追溯到明中葉，以王陽明的心學系統之建立為

8　李真瑜：《湯顯祖》(瀋陽：春風文藝出版社，1999 年)，頁 31。

標誌。它打破了程朱理學一統天下的局面而為思想界注入新的活力。這時期，隨着心學的風靡，士人張揚個性與標新立異已露端倪。這實有賴於王陽明心學的批判本質，其矛頭正指向當時統治思想界的程朱理學，王學強調「心即理」，人心即天理，他謂：「夫物理不外吾心，外吾心而求物理，無物理矣。」[9] 強調一切道理都是內在的，先驗的，「心外無理，心外無物，心外無事」，萬事萬物都不過是從心的產物。如此，理即在吾心，而不必如程朱理學強調的「格物致知」、「外心以求理」。這種「唯心主義」，未免失之偏激，但在當時不失為富有進步意義的意識形態，他消弭了心與理的限界，主觀被客觀的約制，其強調自我意識，高揚主體精神的特質對封建社會後期人性覺醒和思想解放浪潮之產生具有巨大的刺激和推動作用。這種心學理念，推而廣之，甚至可以否定聖人之言而不為過，所謂「學，天下之公學也，非朱子可得而私也，非孔子可得而私也。」[10] 即使是孔子之言，如果求之於心而非，也不會妄以唱和。這種不畏權威，敢於懷疑，敢於堅持己見，敢於「標新立異」的膽識和勇氣正是他建立心學的內在心理基礎。乏此，他是無論如何也不可能在程朱理學的重重包圍之中開闢出自己的一方天地的。[11] 也正是在這意義上，陽明心學開一代之風，改變了因循守舊的思想意識，代之而起的是一種對人性與學術的竭力彰顯之士風。據郭紹虞考據，明代文人只須稍有一些表現，就加以品題，而且樹立門戶，其數之多，為文化史上歷朝之冠，於下表可見一斑 [12]：

9　《陽明全書》，卷 2，〈傳習錄〉。

10　同上注，卷 2，〈傳習錄〉。

11　史小軍：《明代文人心態史》（鄭州：河北教育出版社，2001 年），頁 55。

12　參閱郭紹虞：〈明代的文人集團〉，《照隅室古典文學論集》（上海：古籍出版社，1983年），上編。

明代文人品題名目一覽表

數字	名稱	數目
二	會稽二肅、雲間二韓、婁東二張、貴池二妙、山陰二郎、嘉禾二王、山陰二王、吳興二唐、魯藩二宗室、二玄、二朱、二杭、二周、二莫、二俞、二黃、二倪、二浦、二謝、二蘇、二袁、二盛、二虞、二王、二峰、二友、兩司馬、武原雙丁、雙璧	29
三	台州三學、婁東三鳳、金陵三俊、楚中三才、練川三老、吳下三高、東湖三子、餘杭三嚴、公安三袁、雲間三徐、江東三才子、東海三司馬、三翰林、三李、三張、三楊、三甫	17
四	吳中四傑、廣中四傑、北江四子、吳中四才子、明州四傑、苕溪四子、錫山西友、南州四子、青溪四子、皇甫四傑、嘉靖四先生、中朝四學士、四公子、四大家、四甫、四傑	16
五	苕溪五隱、北田五子、雲間五子、東南五才子、南園五先生、南園後五先生、五子、前五子、後五子、廣五子、續五子、末五子	12
六	幾社六子、楊門六學士、六子	3
七	楊門七子、七才子、七子、前七子、後七子	5
八	嘉靖八才子、八子	2
十	閩十才子、廣陵十先生、太倉十子、北郭十友、碧山十老、東莊十友、景泰十才子	7
十二	南國十二子	1
十四	浙江十四子	1
四十	四十子	1

　　這種互相標榜儘管未免失之過濫，但在學術文化思潮的爭鳴過程中無疑拓展了文化精英的思想維度，對士人主體意識的提高有着不可忽視的促動之功。嘉靖至萬曆年間，在文學與思想史方面可謂是「奇人異士」輩出的時期，與「尊情抑理」相聯繫，便是對「人慾」的大肆宣揚。如王廷相提出了「飲食男女，人所同

慾」[13]，羅欽順提出「人之有慾，因出於天」[14]，吳廷翰「人慾不在天
理之外」[15]。又泰州學派的王襞、王艮、顏鈞、何心隱等從正面肯
定「人慾」的合理性，提出「百姓日用即道」。凡此，皆成為湯顯
祖生活時代的文化大背景，從廣義的角度而言，標榜之風的盛
行，心學的崛興，學術環境的解放是湯氏「情至」論浪漫主義創作
思想的建構之基礎。杜麗娘可以為情而死，甚或與心愛之人在夢
中幽會，又復能起死回生，這種轟轟烈烈的，在現實世界沒有可
能之事，在晚明時期也就有合理的接受空間，其超「實驗性」的創
作思維也就並非出於偶然了。從縱向的文化發展史觀之，這種情
感的昇華是中國文學在漫長的社會實踐過程中所形成的感受、理
解、激情和經驗的歷史積澱的藝術符號，昭示着湯氏所嚮往、所
追求的理想之出現的必然性，它刻下了文藝創造活動的發展里程
印記。

從微觀的角度觀之，則必然又要追溯對湯氏思想具有直接影
響的人物。從現有的資料看，對湯顯祖「情至」思想影響最深的
當數羅汝芳、李贄和達觀禪師。

羅汝芳師從泰州學派代表人物顏鈞，其學說淵源雖出自理
學，但卻形成自己獨特的價值觀，他主張「以不學為學」，強調「赤
子良心，不學不慮」，造就「良知良能」，並以「制慾非體仁」的批
判態度反撥程朱理學的迂腐思想。他對「性命」、「本心」之學的
闡揚使湯顯祖從中得到潛移默化，從中悟出「情至觀」。他以「真
人」出現在明末的思想界，對湯顯祖世界觀之形成起了很大的促
進作用。另以「童心說」名世的李贄，公然以「異端」自居，卓越

13　王廷相：《王氏家藏集》，卷33，〈慎言〉。

14　羅欽順：《困知記》，卷下。

15　吳廷翰：《吉齋漫尋》。

不羣。其所謂童心，亦即真心，赤子之心，是性情的自然純真之流露，他在〈童心說〉中釋曰：「夫童心者，真心也。若以童心為不可，是以真心為不可也。夫童心者，絕假純真，最初一念之本心也。若失卻童心，便失卻真心；失卻真心，便失卻真人。人而非真，全不復有初矣。」又指出天下之至文皆出於「童心」：「童心既障，於是發而為言語，則語言不由衷……著而為文辭，則文辭不能達。」如能聽任「童心自文」，撇開「道理、聞見」，就能造出不朽的「至文」。這與當時理學文字的「以假人言假言」是截然對立的，對晚明文壇產生了振聾發聵的影響；湯顯祖《牡丹亭》中杜柳對愛情的執着與無私正是對李贄「童心說」的生動而具體的藝術表現。他的「情至」觀，誠如鄒自振指出：「是在藝術創作領域對李贄『童心說』的呼應。」[16] 以至達觀禪師，尖銳的「情有者理必無，理有者情必無」觀點更直接被湯顯祖授受，他曾盛讚這是「一刀兩斷語」[17]。對情理截然分野的肯定，使湯氏在文學創作裏對「情」作高度的謳歌，對其內涵的昭展達到前人無法企及的高度，甘心一生「為情作使，劬於伎劇」。

四、橫向看看

如果說，文學作為文化的載體，又必然橫向地與其時代特定的心理脈搏息息相通，那麼，從湯顯祖的「情至」觀思想之崇高突出，也就在最大程度上代表了或揭示了某一國家在某一特定時期人們內心的價值指向，並在一定程度上折射出他所屬時代的文化思潮痕跡。

16　《湯顯祖綜論》（成都：巴蜀書社出版，2001 年），頁 202。
17　湯顯祖：〈寄達觀〉。

　　湯顯祖之「情至」觀除了受到三位突出的思想家影響外，晚明「唯情」思潮的澎湃也是不可或缺的因素。晚明尊情、尚情的例子不勝枚舉，我們從當時士人的言行可見一斑。如張琦謂：「人，情種也。人而無情，不至於人矣，渴望其至人乎？情之為物也，役耳目，易神理，忘晦明，廢饑寒，窮九州，越八荒，穿金石，動天地，率百物，生可以生，死可以死，死可以生，生可以死，死又可以不死，生不可以忘生。」[18] 與湯顯祖的情至觀不謀而合。又湯賓尹：「凡文以情為母。」[19] 吳從先：「情也者，文之司命也。」[20] 祝世祿《祝子小言》：「文生乎情，情至而文亦至焉，情盡而文亦盡焉。」李流芳〈沈巨仲詩草序〉自謂：「余往時情痴，好為情語……嘗自命曰：僕本恨人，終為情死。」馮夢龍〈情史序〉：「天地若無情，不生一切物。一切物無情，不能環相生，生生而不滅，由情不滅故。四大皆空設，唯情不空設。」

　　晚明小品文，從其主體精神觀之，乃一「真性情」之文學創作，是「心聲的自然流露與心靈的自由創造」[21] 結晶。創作主體在內容與形式上不必循規蹈矩，其寫作目的不再為明教載道，而是「一言一字，皆所欲言，信筆直盡，種種入妙」，「揭肺肝示人」，以情真而勝。用公安派的文學思想理論言之，即「獨抒性靈，不拘格套」，強調獨創性和分明的個性，「非從自己胸臆流出，不肯下筆。」[22] 湯顯祖時代正是我國小品文發展的全盛時代，其獨特的個性，不拘泥於故舊的風貌為明代文學史留下耀眼的印記。單就晚明與湯氏同期而有突出成就的就有：

18　〈衡曲塵譚・情痴寐語〉。

19　《睡庵文集》二刻，卷1。

20　〈小窗艷紀序〉。

21　參羅筠筠：《靈與趣的意境》（北京：社會科學文獻出版社，2001年），第一章。

22　袁宏道：〈敘小修詩〉。

陸樹聲（1509~1605）、徐渭（1521~1593）、李贄（1527~1602）、呂坤（1536~1618）、屠隆（1542~1605）、王士性（1546~1598）、張大復（1554~1630）、江盈科（1555~1605）、潘之恆（約 1556~1621）、陳繼儒（1558~1639）、顧起元（生卒年不詳）、文太青（生卒年不詳）、董其昌（1556~1636）、黃汝亨（1558~1626）、袁宗道（1560~1600）、陶望齡（1562~1609）、李日華（1565~1636）、袁宏道（1568~1610）、袁中道（1570~1623）、鐘惺（1574~1624）、譚元春（1586~1637）、陳仁錫（生卒年不詳）、張鼐（？~1629）、吳從先（生卒年不詳）、王思任（1574~1646）、李流芳（1575~1629）、徐宏祖（1586~1641）、張岱（1597~1689）、祁彪佳（1602~1645），等等。[23]

湯顯祖也擅寫小品文。據沈際飛〈玉茗堂文集題詞〉贊其曰：「言一事，極一事之意趣神色而止；言一人，極一人之意趣神色而止」；又陸雲龍〈翠娛閣評選湯若士小品・弁言〉稱：「其思玄，其學富，其才宏，似欲翻高深峻潔之窠臼，另以博大瑰麗而名。彭蠡之濤，風雷奮而天地浮；匡廬之瀑，珠璣噴而瑤玖落……予正欲小中見大。」參諸其文，確能「獨攄素心」，與晚明小品文之主體精神相融攝。就湯顯祖本於「靈」、「性」之論的「情至」論而言，也與當時文風之獨特風格相通：

世間唯拘儒老生不可與言文。耳多未聞，目多未見，而出其鄙委牽拘之識，相天下文章，寧復有文章乎？予謂文章之妙不在步趨形似之間。自然靈氣，恍惚而來，不思而至。怪怪奇奇，莫可名狀，非物尋常得以合之。蘇子瞻畫枯株竹石，絕異古今畫格，乃愈奇妙。若以畫格程之，幾不入格。米家山水人

23　參羅筠筠：《靈與趣的意境》，第一章。

物，不多用意，略施數筆，形象宛然。正使有意為之，亦復不佳。故夫筆墨小技，可以入神而證聖。自非通人，誰與解此？[24]

　　天下大致，十人中三四有靈性。能為伎巧文章，竟伯什人乃至千人無名能為者，則乃其性少靈者與？老師云，性近而習遠。今之為士者，習為試墨之文，久之，無往而非墨也。猶為詞臣者習為試程，久之，無往而非程也。寧惟制舉之文，令勉強為古文詞詩歌，亦無往而非墨程也者。則豈習是者必無靈性與？……蓋十餘年間，而天下始好為才士之文。然恆為世所疑異，曰烏用是決裂為，文故有體。嗟，誰謂文無體耶？觀物之動者，自龍至極微，莫不有體。文之大小類是。獨有靈性者自為龍耳。[25]

　　天下文章所以有生氣者，全在奇士。士奇則心靈，心靈則能飛動，能飛動則上下天地，來去古今，可以屈伸長短生減如意，如意則可以無所不如。[26]

這種不拘法格的「靈性」觀，落實到湯顯祖的創作實踐，在技法上往往表現為其不拘格律之圍，在思想內涵上，則表現在唯「情性」「氣機」是尚，緣作家所欲表達之至情而為作品立格。誠如其在〈答呂姜山〉的尺牘中所論：

　　寄吳中曲論良是。「唱曲當知，作曲不盡當知也」，此語大可軒渠。凡文以意、趣、神、色為主，四者到時，或有麗詞俊音可用，爾時能一一顧九宮四聲否？如必按字摸聲，即有窒滯迸拽之苦，恐不能成句矣。

24　《湯顯祖詩文集》，卷 32，〈合奇序〉。

25　同上注，卷 32，〈張元長噓雲軒文字序〉。

26　同上注，卷 32，〈序丘毛伯稿〉。

聲趣格律，因「情」而變，如此，作品的想象空間拓寬了，這為其創作，尤以《牡丹亭》中富浪漫色彩的「情至」觀埋下伏筆，而又與當時的文藝思潮本出一致。

五、以極情道世情

文學情感所具有的哲理性批判往往具有多重內涵，既有正面反映，又有側面映射，對於前者，可以從文本的解讀得到，後者則必須接受主體自行追蹤，因為文學情感活動並不是直接的思維，他往往隱含着超越文本的啟示意義。就《牡丹亭》的「情至」論，其最正面的是對人性解放的呼喚，對封建禮教的反叛，但就傾注在杜麗娘與柳夢梅兩人對情的痴心真摯的形象塑造上，又何嘗沒有昭示着某種超越時代的永恆意義？這種對「真愛」的謳歌與肯定的同時，又昭示着作者所處時代的甚麼問題呢？

回視晚明人情世態，事實上，與人性解放大潮而來的同時卻是人慾的失控與泛濫。在窮奢極慾的風氣鼓蕩下，感官刺激代替了純淨的審美藝術享受。平民百姓以至士大夫縱情聲色、醉臥風月也達到了前所未有的程度。據〈客座贅語・女肆〉：「在萬曆十年前房屋盛麗，連街接弄……碧楊紅藥，參差映帶，最為歌舞勝處。時南院尚有十餘家，西院亦有三四家，倚門待客。」[27]

又〈虞初新志・板橋雜記〉載：「歪妓多可五、六百人，每日傍晚，膏沐熏燒，出巷口，倚徙盤礴於茶館酒肆之前。」[28]《五雜俎》中則綜概：「今時娼妓佈滿天下，其大都會之地動以千百計，

27　顧起元：《客座贅語》，卷 2，〈女肆〉。

28　張潮：《虞初新志》，卷 20。

其他窮州僻邑，在在有之，終日倚門獻笑，賣淫為活，生計至此，亦可憐矣。兩京教坊，官收其稅，謂之脂粉錢。隸郡縣者則為樂戶，聽使令而已。唐、宋皆以官妓佐酒，國初猶然，至宣德初始有禁，而縉紳家居者不論也……又有不隸於官，家居而獻姦者，謂之土妓，俗謂之私窠子，蓋不勝數矣……至今日而偃然與衣冠宴會之列，不亦辱法紀而羞當世之士哉！」[29]

　　晚明之世，狎娼宿妓以外，還以男色癖好為尚，據載：「得志士人致孌童為廝役，鍾情年少，狎麗豎若友昆，盛於江南而漸染於中原，至今金陵坊曲有時名者，競以此道博遊媚愛寵，女伴中相誇相謔以為佳事。」[30]《五雜俎》中亦載：「今天下言男色者，動以閩、廣為口實，然從吳、越至燕雲，未有不知此好者也。陶谷《清異錄》言：『京師男子，舉體自貨，迎送恬然。』則知此風，唐、宋已有之矣。今京師有小唱，專供縉紳酒席，蓋官妓既禁，不得不用之耳。其初皆浙之寧紹人，近日則半屬臨清矣，故有南北小唱之分。然隨羣逐隊，鮮有佳者。問一有之，則風流諸縉紳，莫不盡力邀致，舉國若狂矣。此亦大可笑事也。外之仕者，設有門子以侍左右，亦所以代便辟也，而官多惑之，往往形之白簡，至於娟麗儇巧，則西北非東南敵也。」世風沒落，於此可見一斑。

　　這種雜亂的「人情」世態與「真性情」造成強烈的反差，尤其是男女性關係的混亂，完全漠視道德價值的存在，以此，則湯顯祖的「真情至情」之強調產生於此際，也就不無暗含由作家主體意識所滲入的價值因素。這種因素亦源於創造主體的情感閱歷衍化成深刻的價值追求，其凝諸藝術創作則呈現為對理想的兩性關係之追求。作者正是希望從這種崇高的審美理想來影響甚或矯正

29　謝肇淛：《五雜俎》，卷 8。

30　《萬曆野獲編》，卷 24，〈男色之靡〉。

其所處時代的不良風氣，改變人們的價值觀念，以至用情的超感驗思維模式來達到提升人的精神境界，使接受主體的情感觀向一種更理想完美的終極情愫靠近。

六、結語

湯顯祖突出的「情至」觀出現在晚明這個特定的歷史時刻，並非橫空出世的，其包含着橫向的共時性文化風貌與歷時性的文化積澱，即孕育於其中又典型地再現一個時代的文化追崇。這不是抽象的自我實現主體性，而是具體的歷史整合的主體性。從文學文化學的角度言之，這是「現實的社會關係、社會制度、文化傳統和文化環境綜合制約着作家的行為和價值觀念的形成和發展」，並通過作家自我選擇與認同，找到個人價值與社會價值的契合點」。[31] 在具備了獨立的主體價值觀後，進而透過文學創作，或直接批判，或暗示，以期重構社會文化價值。

---

31 暢廣元主編：《文學文化學》，第二部分，〈文學活動是特殊的文化創造行為〉，頁119。

【詩詞歌賦】

唐宋詩家 —— 問誰領風騷

關於唐詩宋詩優劣高低的論爭，向來是文學界熱切關心的話題。南宋初期張戒論詩已區別唐宋，首倡尊唐抑宋之論。嚴羽的《滄浪詩話》則有更詳細的論述，後世論唐宋詩者，幾乎都不能忽視其有關理論。然而，綜觀人們評論的角度，較多的是從文學本身論文學，而未能從社會史、學術史、政治史等方面作全方位的觀照。有鑒於此，本文除了探討《滄浪詩話》有關「尊唐抑宋」理論的不足之外，更重要的還在於指出文學史上關於文體流變的研究與定位怎樣才能更客觀些。

一、「尊唐抑宋」說

「興趣」說是嚴羽詩學中的重要理論之一，也是嚴羽分辨唐宋詩歌優劣的標準。〈詩辨〉篇云：

> 夫詩有別材，非關書也；詩有別趣，非關理也。然非多讀書、多窮理，則不能極其至。所謂不涉理路，不落言筌者，上也。詩者，吟詠情性也，盛唐諸人唯在興趣，羚羊掛角，無跡可求。故其妙處透徹玲瓏，不可湊泊，如空中之音，相中之色，水中之月，鏡中之象，言有盡而意無窮。近代諸公，乃作奇特解會，遂以文字為詩，以才學為詩，以議論為詩。夫豈不工，終非古人之詩也，蓋於一唱三嘆之音有所歉焉……其末流甚者，叫噪怒張，殊乖忠厚之風，殆以罵詈為詩。

又〈詩評〉云：

> ……本朝人尚理而病於意興；唐人尚意興而理在其中……
> 唐人與本朝人詩，未論工拙，直是氣象不同。

〈答吳景仙書〉對氣象說補充道：

> 又謂盛唐之詩，雄深雅健……坡、谷諸公之詩，如米元章
> 之字，雖筆力勁健，終有子路事夫子氣象。盛唐諸公之詩，如
> 顏魯公書，既筆力雄健，又氣象渾厚，其不同如此！

所言「諸公」者，以李白、杜甫為尊：

> 詩之極致有一，曰入神，至矣，盡矣，蔑以加矣，唯李、杜
> 得之，他人得之蓋寡也。（〈詩辨〉）
> 論詩以李杜為準，挾天子以令諸侯也。（〈詩評〉）
> 李杜數公如金鵄擘海，香象渡河，下視郊島，直蟲吟草間
> 耳。（〈詩評〉）
> 夫學詩者入門須正……盛唐為師，不作開元、天寶以下人
> 物，若自退屈，即有下劣詩魔入其肺腑之間……（〈詩辨〉）

從嚴羽這些評論，可見他對唐宋詩的態度有着很大的差別：
其一，「詩必盛唐」，而以李詩之飄逸、杜詩之沉鬱為最高楷模，
「論詩當以為準」。其二，把氣象和筆力結合起來，倡言筆力雄壯，
氣象渾厚。可見，他對詩歌境界的追求偏於壯美一途。其三，詩
之內容應如唐人主性情，理自在其中，而最忌如宋人以散文、議
論、才學入詩，破壞其形象之美。

如果從嚴羽對唐宋詩歌特徵的總體概括觀之，其詩論是極具
參考價值的，譬如說宋詩「主理」、以「文字，才學、議論」為詩
的特色，這是得到學術界的認同的，然而，卻不能純粹從藝術審

美的表象或據個人的喜好而走上「復古」的偏狹道路。應當知道，任何文學風格與內容的出現都有其賴以存在的客觀現實與規律，漠視這些固不能中肯地評論「文質代變」的原理，也不能對文學進程起到任何積極的作用。事實上，嚴羽身後並沒有出現他所趨崇的盛唐氣象，中國的詩歌隨着時代的進展而風貌代變。驗之於嚴羽本身，其詩歌創作也「徒得唐人體面」，「少超拔警策處」，「俱具聲響」而「全乏才情」。其所宗雖乃李杜，實乃王維、孟浩然沖淡空靈一派。

　　《滄浪詩話》最大的局限，是嚴羽始終沒有對「詩變」與「世變」的關係作深層的剖析，僅注重從消極方面指出蘇黃詩風和江西詩派的某些弊端，而未嘗全面檢視當時業已形成的宋詩的藝術特質，更未及探究這種藝術特質之所以形成的種種原因。這就暴露出兩個問題：第一，嚴羽的批評與事實不盡相符，不能反映宋詩的實際成績和真實面貌；第二，《滄浪詩話》理論上的片面性。下面，試從六個方面作全方位透視，藉以說明宋詩形成的種種原因，探討嚴羽「尊唐抑宋」理論上的不足，並從文學史上關於文體流變的研究與定位怎樣才能達到不偏不倚的客觀評議之角度，提出筆者的看法。

二、「文化身分」多元一體

（一）詩人角色的轉型

　　論唐宋詩，首先必須注意的是作為詩歌的創作主體 —— 詩人，注意他們在唐宋兩代截然不同的「文化身分」屬性。「文化性格」對詩人的創作心態與傾向有着根本性的主導作用。

　　論及宋代士大夫的獨特精神面貌，王水照指出，「宋代士人的身分有個與唐代不同的特點，即大都是集官僚、文士、學者於一身的複合型人才，其知識結構，一般比唐人淵博，格局宏大。」「政治家、文章家、經術家三位一體，是宋代『士大夫之學』的有機構成。」[1] 這裏，王水照很有見地地點明了唐宋之交士大夫主體特徵的明顯轉型：即當士作為社會和政治精英出現在宋代時，他們已同時具備了參政主體、文學主體和學術主體的特徵。造成這個文化屬性的原因是多方面的。最重要的是在科舉制度全面實施的宋代，士人長時期充當了「政體」（polity）中的主要精英，成功地支配甚至左右整個政局的發展；而在唐代，科舉出身的士大夫在政治上的角色則相對薄弱。唐宋士人的轉型，說明宋代詩人同時兼具參政主體與學術主體的多重性身分，他們比起盛唐時期詩人的文學主體本位複雜多了。

　　被嚴羽奉為圭臬的詩人李白，在政治上大不得意，且屢遭挫折，二進長安都沒有登上仕途，可以說是以一個純粹性的詩人身分出現在盛唐文壇的；至於詩人杜甫，安史之亂後，「支離東北」、「漂泊西南」，也沒有真正踏入政治行政中樞。而十一世紀前後的宋代詩人如王安石、蘇軾、黃庭堅、張耒、晁補之等等，他們首先是政治家或學者，其次才是文學家[2]。從本質上看，他們的詩歌與文學較着重形象思維，政治參與重理性議論，學術思想則偏重思辨分析。在宋詩中，這三者有時有機地統合在一起，但更多的是議論思辨超越了形象思維，因而，在宋人詩中，較難找到好像李白的「豪情澎湃」、杜甫的「熱情滿腔」那樣一以貫之的系列詩作。

1　王水照：《宋代文學通論》（鄭州：河南大學出版社，1985 年），頁 27。

2　包弼德：《斯文：唐宋思想的轉型》（南京：江蘇人民出版社，2001 年），頁 49。

　　譬如同樣是詠廬山的詩，李白〈望廬山瀑布〉云：

　　　　日照香爐生紫煙，遙看瀑布掛前川，
　　　　飛流直下三千尺，疑是銀河落九天。

遙望巍巍香爐，紫煙飄飄，青山縹緲，飛瀑直瀉，似巨大的白練
高掛其間，疑是銀河從天而降 —— 一幅光色變幻的飛瀑畫卷！全
詩充分表現出李白豐富的想象力與構思神奇的浪漫主義色彩。蘇
軾詩〈題西林壁〉則云：

　　　　橫看成嶺側成峰，遠近高低各不同，
　　　　不識廬山真面目，只緣身在此山中。

蘇軾的〈題西林壁〉則從廬山不同的形態變化，帶出人們之所以
從不同的方位看廬山會有不同的印象，是因為「身在此山中」，
未能超越廬山的遮蔽，全面把握廬山的真正儀態。這首從字面上
看是寫自然景觀，實則寓含着人情世事中「當局者迷、旁觀者清」
的辯證法。詩人從全方位的觀照中而悟出「身」的局限，說明了
欲見事物本質，還須跳出狹隘框框的道理。全詩脈絡清晰，視點
轉移可尋，着重在從整體之中抽出特別視角，以進入哲學層次的
理性思考。

　　通過對兩詩的比較可見，前者以欣賞之「情」始，以驚嘆之
「情」結，詩人的「感性」之突顯使情與景契合無間，全詩給人以
特有的形象藝術美；而蘇詩則別開生面，以欣賞之「情」始，以探
究之「理」結，賦予詩作以新的思想意義。兩詩各擅其勝，除了其
他因素如學風的滲入之外（見後），兩代詩人角色轉型帶來的思維
上的偏重實不容忽視。

　　又如杜甫的〈詠懷古跡〉其三：「羣山萬壑赴荊門，生長明妃

尚有村。一去紫台連朔漠，獨留青塚向黃昏。畫圖省識春風面，
環佩空歸月夜魂。千載琵琶作胡語，分明怨恨曲中論。」黃庭堅
的〈徐孺子祠堂〉：「喬木幽人三畝宅，生芻一束向誰論？藤蘿得
意干雲日，蕭鼓何心進酒尊。白屋可能無孺子，黃堂不是欠陳蕃。
古人冷淡今人笑，池水年年到淚痕。」同為吊古詠懷而自吐胸臆，
杜詩「只敘明妃，始終無一語涉議論，而意無不包」（清‧李子德
語）。而黃詩則如姚鼐在〈五七言今體詩抄〉中所評：「自杜公（甫）
〈詠懷古跡〉來，變其面貌，陳議事跡，兀傲縱橫。」

（二）唐宋學風的遞變

　　學風方面，宋代是文化史上繼戰國之後另一個思想騰湧的時
代。這一方面表現在儒釋道三教的合流而衍生的「新儒學」（理學）
體系，另一方面表現在學派林立的爭鳴局面上。宋代文化理性精
神突顯的深層原因，與當時哲學思辨風氣的滲透息息相關，尤其
是理學的興盛。

　　北宋就有以周敦頤（1017-1073）為代表的濂學派，張載
（1021-1078）為代表的關學派，程顥（1032-1085）、程頤（1033-
1107）為代表的洛學派，邵雍（1011-1077）為代表的象學派，他
們幾乎同時出現在北宋中期，並各自對傳統儒學提出思辨性的闡
釋，同時，也要求詩歌應該具有「載道」的思想，創作時做到「以
詩人比興之體，發聖人義理之秘」。在嚴羽之世，理學已在學術
思想領域中佔據了主導地位。另以司馬光為代表的「溫公學派」
與王安石的「新學派」，三蘇的「蜀學派」與二程張載的「理學派」，
前兩者由於對儒家思想闡析的分歧及政治的對立而長期處於交鋒
狀態，後兩者則由於學術觀點的差異而截然分立。然而，正是由
於爭辯的劇烈，遂成為促進人們思想活躍的推動力，造成身兼詩
人的學問家文學思維與哲學思維的互動。

　　反觀盛唐時代，儒釋道三教仍只是處於並行的階段，終唐之世，以佛教而言，仍是一種異質文化。唐代士人，「是包容異質文化而不失自己的主體文化」[3]。後世冠李白以「詩仙」，冠杜甫以「詩聖」的尊稱，與他們詩歌的文化內涵是分不開的。這一方面固然說明兩位大詩人對儒道精神的私淑與全面突顯 —— 這是任何其他詩人所難以比擬的，另一方面，也說明他們所接受的思想層面要比宋代詩人狹窄。因此，我們也就不難理解後世研究杜甫的學者總將其與儒家的思想掛鈎，甚至以儒家道統的繼承人視之，認為應在思想史上予杜甫以應有的地位[4]。而論李白者，則偏重對他自由奔放的道家精神的探討。

　　相對來說，研究宋詩就必須更具宏闊的視野。如在蘇軾詩中，既有儒家的深情厚意，如〈饋歲〉、〈別歲〉、〈守歲〉，又有參透佛道的〈書雙竹湛師房二首〉，也有儒釋道三家思想滲雜一起的作品，如著名的〈和子由澠池懷舊〉：

> 人生到處知何似？應似飛鴻踏雪泥。
> 泥上偶然留指爪，鴻飛哪復計東西？
> 老僧已死成新塔，壞壁無由見舊題。
> 往日崎嶇還記否？路長人困蹇驢嘶。

從中可見蘇軾早年所具有的儒家的積極入世觀，以及對佛釋生命哲理的思辨，這與蘇軾作為「縱橫之學而亦雜於禪」的蜀學代表是有一定的學術淵源的。

　　理學家朱熹的〈觀書有感〉更可以說是一首典型的哲理詩：

3　參鄧小軍：《唐代文學的文化精神》（台北：文津出版社，1994 年），頁 531-541。
4　吳森：〈情與中國文化〉，《明報月刊》，第 9 卷第 9 期。

> 半畝方塘一鑒開，天光雲影共徘徊。
>
> 問渠哪得清如許？為有源頭活水來。

此種詩類在審美上就不能唯情而論了。詩人不是抽象地發議論，而是緊緊扣住自然景觀說出自己獨特的感受，用通俗的語言深入淺出地表達哲理，讀來親切自然，耐人尋味。這半畝大的方形池塘，好像打開鏡匣中的鏡子，映照出天色和雲彩的浮動。如果問它為什麼那麼清澈？這是因為有活水從源頭不斷地注入。朱熹以小池塘為例，指出池塘因為有活水注入才能保持清澈，比喻思想要不斷提高才不會停滯和僵化。從鮮明的形象表達自己在學習中悟出的道理，很具啟發性，又不缺乏詩味。

三、詩維的多元互契

（一）政風與詩風的互動

　　前面所論述的是從一個宏觀的視角審視唐宋詩分流的學術背景，而直接促動宋詩議論化突顯的，則要歸於有宋一代「議論煌煌」的士風。

　　「平生事筆硯，自可娛文章，開口攬時事，論議爭煌煌。」[5] 這是文學家歐陽修的自我寫照，也是慶曆以後整個時代士風的一種普遍特徵。其中的原因是多方面的：

　　一方面，是由於宋代科舉重策論過於詩賦。唐代進士雖以詩賦、帖經、策論取士，但實際上輕經策而重詩賦；宋初沿襲唐制，但對重詩賦文辭而脫離現實的偏向有很多批評。早在北宋前期，

5　〈鎮陽讀書〉，《居士集》，卷 2，《歐陽修全集》，頁 14。

策論的地位和重要性已明顯提高。嘉祐年間，蘇軾在〈擬進士廷試策〉內就說：「昔祖宗朝崇尚詞律，則詩賦之士曲盡其巧；自嘉祐以來，以古文為貴，則策論盛行於世，而詩賦幾至於熄。」太宗太平興國三年（978）以後至南宋高宗紹興三十年（1161），輕重次序儘管時有更替，但總體而言，「重義理先於記誦，重議論先於聲律」的學風漸成主調，高宗紹興三十一年後，經義、詩賦和策論並行，且成定制。

　　另一方面，也是最重要的，如前所述，由於宋代士人長期充當了行政主體，並成功地支配着整個政局的發展。北宋中期，隨着熙、豐黨爭的加劇，詩壇上也逐漸呈現活躍的創作景象。「就政治而言，文人士大夫因政見不同而分野，而論爭，體現了中國政黨政治的某些特徵。就文學創作而言，肇始於慶曆前後的詩文革新運動至此取得了全面的勝利。」[6] 的確，被嚴羽批評最烈的「東坡體」和「山谷體」，正是在此時成型的。以詩托諷，甚至用作攻訐政敵的工具，成為當時政治鬥爭中詩歌的主要功能。這一時期，要數蘇軾的「政治詩」最為突出，著名的「烏台詩案」，便與蘇軾以詩議政有直接的關係。如〈山村〉第二首云：「老翁七十自腰鐮，慚愧春山笋蕨甜。豈是聞韶解忘味，邇來三月食無鹽。」描寫山中之人雖已年老，猶自采笋蕨充饑，目的在於譏諷王安石新法中的鹽法之弊端，指出「官賣」食鹽的措施雖然能為政府贏利，但卻由於官吏的貪污腐敗，反而對平民百姓日常生活造成騷擾。詩歌切中新法病民之弊，表達了自己的政見。

　　又如〈和李常來字韻〉：「何人勸我此中來，弦管生衣甑有埃。綠蟻霑唇無百斛，蝗蟲撲面已三回。磨刀入谷追窮寇，灑涕循城

6　　沈松勤：《北宋文人與黨爭》（北京：人民出版社，1998年），頁239。

掩棄骸。為郡鮮歡君莫笑，何如塵土走章台。」削減公使錢是王安石新法中經濟方面的一項重要措施，其目的在於為國家節省開支，然而這樣做卻為地方財政帶來了困難，蘇軾此詩便是緣詩人之義，以詩托諷，對其所造成的「窘束」之狀進行明譏暗諷。該詩同樣是着眼於政治現實的。再如〈與湖州知州孫覺詩〉：「嗟余與子久離羣，耳冷心灰百不聞。若對青山談世事，直須舉白便浮君。」詩載蘇軾與友同飲，如言及政事，則罰酒示戒。實則隱諷時事，指行新法者多為小人，是以多言不便，說亦不盡。

以上所舉都是蘇軾「政」、「詩」合一的例子，這只是其詩作的局部寫照。與黨爭結下不解關係的蘇軾，是舊黨中的重要代表人物之一，終其一生，他與政治的關係頗為密切，對新法也作了較多的批評與審視。因此，其詩歌的「現實主義」精神也最為突出，而且切中當時的社會「實質」。

另外如黃庭堅的〈次韻答宗汝為初夏見寄〉：「勸鹽殊未工，追呼聯纏索。聞君欲課最，豈有不龜藥。我民六萬戶，過半客棲泊。棘端可沐猴，且願觀其削。官符晝夜下，朝播責暮獲。射利者誰其，登隴彎繁弱。」該詩與蘇軾〈山村〉詩有異曲同工之妙，從不同的側面反映了鹽法的病民情況。其他如〈按田〉、〈和謝公定河朔漫成八首〉、〈丙辰仍宿清泉寺〉、〈和謝公定征南謠〉等詩作，皆着眼於對現實社會的反映與披露，突顯了作為參政主體以詩托諷的深刻性。

以此比照杜甫詩，細心者則會發現，兩人之詩與杜詩的現實主義實有異質，試以著名的〈三別‧垂老別〉為例，詩中有云：

四郊未寧靜，垂老不得安。子孫陣亡盡，焉用身獨完！
投杖出門去，同行為辛酸。幸有牙齒存，所悲骨髓乾。

　　　　男兒既介冑，長揖別上官。老妻臥路啼，歲暮衣裳單。

　　　　孰知是死別，且復傷其寒。此去必不歸，還聞勸加餐。

　　　　……

　　　　萬國盡征戍，烽火被岡巒。積屍草木腥，流血川原丹。

　　　　何鄉為樂土？安敢尚盤桓！棄絕蓬室居，塌然摧肺肝。

全詩以老翁自訴自嘆，忍人自忍展開敘寫，對人物由沉重憂憤至自解的心理刻畫細緻入微，而且層次分明，情由景生，跌宕婉轉，無論敘事寫情，的確都能做到「立足生活，直入人心……通過個別反映一般，準確傳神地表現他那個時代的生活真實，概括勞苦人民包括詩人自己的無窮辛酸和災難」[7]，讀來感人肺腑，這在蘇黃詩中很難找到。但從另一個角度觀之，比之蘇黃，詩人觸及「現實」的核心也相對要寬泛些，因而，詩歌在言志的實質效果這方面比之蘇黃稍有局限。

　　詩人兼政客的雙重身分促使政風與詩風的互動，隨着黨爭的愈演愈烈，詩歌的議論傾向也達到了頂峰。詩歌戰鬥性突出的同時，也反證了傳統溫柔敦厚的詩教觀之不合時宜。從此觀之，大量具有「現實主義」的議論詩之出現可謂必然。嚴羽一生「不肯事科舉」，尚隱逸生活，他對於政治與詩歌的二重關係所導致的風格變異或許未能全面把握，最起碼相對唐代詩人而言，認識宋代詩人要困難得多。因而，如果我們只一味強調「格力」、「氣象」，則易漠視詩歌賴以創作的「現實內涵」。就嚴羽論李杜詩而言，也明顯沒有涉及對其思想成就、社會意義作剖析，而只重視了藝術風格的探討。

7　《唐詩鑒賞詞典》(上海：上海辭書出版社，1983 年)，頁 493。

（二）文風與詩風的互滲

如果以「詩國」來概括唐代文學的主要面貌的話，那麼，有宋一代則可以以詩文詞三者並舉。文學家的身分可再細分為詩人、散文家、詞客三重屬性，其中以「詩文」兩者的關係更為密切。

在古代，詩文一直被視為「正體」，「詩言志」、「文以載道」有其共同的價值內涵與標準。在儒風高振的宋代社會，道統觀念更加濃厚。北宋中葉以歐陽修、蘇舜欽為首的詩文革新運動，就是打着恢復「文道合一」的旗幟成功展開的。唐宋古文八大家除了韓愈、柳宗元是唐人外，歐陽修、蘇洵、蘇軾、蘇轍、曾鞏、王安石等六人均是先後出現在這時期，同時又是以詩家身分活躍於文壇的。

從本質上看，散文既可抒情，亦可議論，但由於宋代文人地位的突顯，散文和詩歌一樣，與政治繫上了不解之緣，議論性佔了絕對優勢。「文人」、「詩人」角色的重疊，造成了內在創作思維的互化。回視盛唐時期，整個文壇盡是詩家的天下，要到中唐韓柳之時，散文才出現新氣象。在李白、杜甫、孟浩然、崔顥等人的詩作見不到明顯散文化傾向，也就不足為怪了，因為他們從始至終更多的是作為純粹的「詩人」出現在盛唐文壇的。

以散文傳世較多的李白為例，其名篇〈與韓荊州書〉更多的是表現出詩人李白一貫的浪漫氣質：

> ……雖長不滿七尺，而心雄萬夫。王公大人，許與氣義。此疇曩心跡，安敢不盡於君哉！
> 君侯製作侔神明，德行動天地，筆參造化，學究天人。幸願開張心顏，不以長揖見拒。必若接之以高宴，縱之以清談，請日試不言，倚馬可待。今天下以君侯為文章之司命，人物之

權衡，一經品題，便作佳士；而君侯何惜階前盈尺之地，不使白揚眉吐氣，激昂青雲耶！

文中不論述己或頌人，都大量運用誇張的筆墨，「安敢不盡於君哉」，「不使白揚眉吐氣，激昂青雲耶」，可謂滿腔豪情，這種風格與其詩風的豪邁是有其一致性的。

反觀「詩人」歐陽修、王安石、蘇軾、黃庭堅，也皆有大量的古文名篇行世。以蘇軾的〈前赤壁賦〉為例，全文的層次分明，情景融為一體，加之駢散並用，文彩斐然，充分體現出蘇文「汪洋恣肆」的藝術風格。蘇軾的文章亦最能反映蜀學「三教合一」的思想特色：自幼懷有「書劍報國」的蘇軾，被貶黃州後，仍表現出其「忠君愛國」的高尚情操，所謂「望美人兮天一方」，乃借用屈原以「美人」比喻楚王的方式，憂慮心目中的明主宋神宗被身邊小人包圍而終被蒙蔽。政途上的風風雨雨，並沒有令蘇軾消沉頹廢，相反仍抱着達觀的胸襟，以莊子齊物與佛釋變與不度之理思，在矛盾複雜的人生裏頭尋覓合適的處世哲學。比之前文所舉的〈和子由澠池懷舊〉，可見蘇軾詩文無論在思想或風格上，皆有着一脈相承的「共色」。可見，嚴羽過多地強調詩文之別，是由於沒有充分留意宋代詩文互滲的新態勢。

四、風流一去不復返

研究文學史發展者，總是不厭其煩地引用近人王國維的評述：「文體通行既久，染指遂多，自成習套。豪傑之士，亦難於其中自出新意，故遁而作他體，以自解脫，一切文體所以始盛中衰者，皆由於此。」就唐宋詩的遞變而言，同樣離不開文學演進的公例。

嚴羽「尊唐抑宋」說最受後世批評的，就是漠視了文學本身的時代局限性，只「面對詩歌的過去，而背對詩歌的未來」[8]，沒有充分對文體流變作全盤的觀照。就唐詩而言，尤其盛唐時期正處於新舊詩歌的轉捩點：一方面，六朝詩在形式、音律、辭藻上已奠定了基礎；另一方面，辭賦僵化，新文體尚未產生，加上貞觀開元之世強盛開放的社會背景，詩歌有着充分的發展空間。因之，一時間盛唐詩派紛呈，王維的山水田園詩，李白的浪漫詩，杜甫的現實詩，高適、岑參的邊塞詩等等，共同將唐詩推向了輝煌的頂峰。其後中唐的元（稹）白（居易）、韓（愈）孟（郊）、韋（應物）柳（宗元），晚唐的李商隱、杜牧、溫庭筠，儘管沒有再重續盛唐剛健明朗的詩風，但都分別從不同領域將詩歌創作發揮到了極致。

如果說宋人懾於唐詩的成就而求新變，那倒未必，但無可置疑的是，要重復唐詩的風貌是沒有多大可能了。一方面是時代大背景使然，從唐經五代入宋，「盛唐氣象」已夢逝難尋；另一方面，唐人也的確在詩歌領域達到了高峰，因而，如果宋人為「唐詩」，雖也不是完全不可能，但最終的結局則可能只是矯揉造作。因此，在「變」與「不變」的選擇之間，宋人選擇了變，而並非全變，他們在「承繼」前人的基礎上，別出機杼，自立新意，豐富了詩歌內容，突顯了多元化的風格。以東坡詩為例，就既有杜詩強烈的忠君愛國情愫，李白的豪邁宕蕩風格，也有陶王一脈相承的悠然自得之趣，而在集前人之大成的基礎之外，更融入了個人所處的時代風尚，形成了獨特的詩歌風格。嚴羽認為宋一代無詩，其實是未能正確從文學的「進化論」角度客觀地對詩歌予以定位，

8　暢廣元、李西健：〈滄浪詩學發微：對一個理論文本的解讀〉，收於《文學文化學》（瀋陽：遼寧人民出版社，2000 年），頁 292-328。

其狹隘的復古主義文學觀只會將詩歌的生命力扼殺，歸結到「一代文學不如一代」的反向結論。由此，詩歌創作如果不是一潭死水，也只能是停滯不前了。

五、唐風與宋調

由於未能正確認識文學的遞變，連帶影響到嚴羽對詩歌本體的認知局限，因而，嚴羽論詩唯在「情性」，唯在「氣象」，沒有對詩歌思想內容的和審美特徵的多元並存予以應有的重視。

中國傳統詩學觀的「詩言志」說，無疑有其重要的思想指導價值。「志」即心情，情志本一，建安文人發展了其內涵，文學自覺時代的到來，卻將六朝文學的「緣情」推向偏極，「志」的缺席致使文學綺靡之風大盛。嚴羽所推許的盛唐詩歌，正是在詩歌史上「情」、「志」在矛盾統一中取得最佳狀態的結果。[9]到宋代，由於儒風高振，理學家「重道輕文」、「以理抑情」的文學觀有着廣泛的影響力，「理」佔了主導，「情」之內涵相對隱沒，使詩歌在「經夫婦，成孝敬，厚人倫，美教化，移風俗」方面達到唐人難以企及的高度。宋詩思想內涵的涵攝性、豐富性與複雜性，都是着重「以藝論藝」的嚴羽未能看到的。

事實上，「情」、「理」作為詩學範疇的統合分整，正是歌詩繁榮興盛的景象。從文學的長遠發展觀之，「唐音」「宋調」，「兩極化的實踐，與理論的形成，正是因此而為後世文學得以向着不同的方向發展留下了廣闊的空間和餘地」。從詩歌的審美角度觀之，則論詩標準也應持有宏闊的視野，如論建安詩以「風骨」，論唐詩

9　許總：《宋明理學與中國文學》（上海：百花洲文藝出版社，1999 年），頁 305。

以「意境」，論宋詩以「氣調」，論晚明詩以「性靈」，論清詩以「神韻」、「格調」、「肌理」，等等，不必盡同。嚴羽試圖以「氣象」衡量宋詩，則未免給人以劃一的、偏狹的審美眼光之嫌。所謂「時運交移，質文代變」，「詩變」在內容，連帶的是詩歌審美的新變，牽涉到的是整個時代創作主體的創作心態。考察唐宋詩學，唐人尚「風骨」、「境象」、「興寄」，到宋代已被「格」、「韻」、「味」、「趣」等欣賞觀念所代替[10]，傳統的審美觀念隱沒或融合在新的審美範疇之中，造成了一代有一代的審美時尚與心理之狀況。

因此，要客觀地給一代之詩的本色定位，就不能拋離特定的時代語境。

六、結語

《滄浪詩話》出現之後，由於其理論體系的系統化，在詩歌理論史上產生了深遠的影響，其「尊唐抑宋」的觀點，成為後世論唐宋詩者的濫觴，並得到大多數評論者的認同。明前後七子主「詩必盛唐」，認為「宋無詩」，以至近人王國維雖有「一代有一代之文學」的巨眼，也認為「唐詩後世莫能繼」，而以「詞」作為宋代最有代表性之文學，與唐詩並舉。持論中肯者如清代的蔣心餘，謂「唐宋皆偉人，各成一代詩」[11]，卻終未能從一個全方位的角度進行觀照。對唐宋詩之總體評價，繆鉞所言最切中肯綮，他在〈論宋詩〉[12]中指出：唐詩以韻勝，故渾雅而貴醞藉空靈；宋詩以意勝，而貴深析透闢；唐詩之弊為膚廓平滑，宋詩之弊為生澀枯淡；唐

10　周裕鍇：《宋代詩學通論》（成都：巴蜀書社，1997 年），頁 286-330。

11　蔣心餘：《忠雅堂詩集》，卷 13，咸豐蔣氏四種本。

12　繆鉞：《詩詞散論》（上海：上海古籍出版社，1982 年）。

詩之中有下開宋派者，宋詩之中也有酷肖唐者；就內容論，宋詩
比唐詩更為廣闊，然而情味則不及唐人之醇厚；就技術而論，宋
詩比唐詩更為精細，卻乏興象之華妙。誠然，唐宋詩實各有優劣，
互見長短，宋詩非能勝於唐詩，卻自有異彩，於承繼中有所新拓，
刻上時代的鮮明烙印。綜本文所論，由唐詩至宋詩乃必然的發展
道路。

詩，隨時變成雙刃劍

　　北宋以文治國，詩人參政的機會大大提高。詩人以詩議政，
發揮儒家政教精神，本為積極有為的行為。但是，北宋詩禍連連，
和新舊黨爭密切相關，具有突出的政治色彩，成為影響詩歌發展
的重要政治事件。新舊黨人在熙寧時期尚能為國事而爭，然而元
豐二年（1079）以後，以「烏台詩案」為始點，漸由政見之爭變成
黨同伐異的政治鬥爭。元祐的「車蓋亭詩案」，則是舊黨根除熙
豐新黨勢力的轉折點，但這一報復性的詩禍事件又激化紹述年間
新黨以嚴厲手段打擊元祐更化的舊黨士人，為崇寧立「元祐黨人
碑」，全面禁止元祐文學和學術埋下禍因。哲、徽、欽三朝，詩禍
愈演愈烈，黨派之爭最終變成純粹的意氣之爭而置國事於不顧。
經此連綿的打擊，詩人由熱心議政而轉向尋找如何安身立命。詩
案對詩歌的發展影響深遠，是北宋詩歌和政治關係的一個重要切
入點。本文依時間先後，深入考察元豐烏台詩案、元祐車蓋亭詩
案和崇寧全面文禁的政治本質，並析述各起詩案對北宋詩歌領域
所造成的影響。

一、蘇東坡與烏台詩案

（一）詩案的本質：變法之爭

　　熙寧二年（1069），王安石正式啟動影響北宋長達半個世紀
的變法，他據「三不足」的變法精神，表現出力排眾議的決心，由

於政治上得到神宗皇帝的全力支持，得以大刀闊斧進行改革；但以司馬光為首的舊黨士人，卻對變法持有相反意見，當中尤以蘇軾，緣詩人之義，寫詩託諷，最為突出。這一時期，蘇軾作為政治主體和創作主體是一致的，其突出的標誌是參與意識的全面張揚，政治詩歌創作發揮了載道言志的功能，成為直接批評新法的工具。

從熙寧四年（1071）至元豐二年（1079），蘇軾歷任杭、密、徐、湖等州的地方官。元豐二年，蘇軾自徐州移知湖州，到任時因曾進〈湖州謝上表〉，監察御史里行何正臣（1039-1099）、舒亶、御史中丞李定（？-1087），利用台諫言事的職能，以蘇軾〈湖州謝上表〉及此前詩作，羅織其「譏謗新政」的罪名，炮製「烏台詩案」。何正臣元豐二年三月所奏云：

> 臣伏見祠部員外郎、直史館、知湖州蘇軾〈謝上表〉，其中有言：「愚不識時，難以追陪新進；老不生事，或能牧養小民。」愚弄朝廷，妄自尊大。宣傳中外，孰不嘆驚。夫小人為邪，治世所不能免。大明旁燭，則其類自消。固未有如軾為惡不悛，怙終自若，謗訕譏罵，無所不為。道路之人，則又以為一有水旱之災，盜賊之變，軾必倡言，歸咎新法……今法度未完，風俗未一，正宜大明誅賞，以示天下。如軾之惡，可以止而勿治乎？

考蘇軾〈湖州謝上表〉，不外例行公事，略敘過去政績，再敘皇恩浩蕩，唯其「愚不識時，難以追陪新進；老不生事，或能牧養小民」，被台諫摘引彈劾，扣上「愚弄朝廷，妄自尊大」的罪名。事實上，何正臣所奏的主要目的乃在於為新法掃除障礙，單憑〈表〉中片言並未能完全置蘇軾於大獄，為了進一步羅列罪證，舒亶進一步列舉了蘇軾所譏諷新法的詩句，指出其「觸物即事，應口所

言，無一不以譏謗為主」[1]，造成傳播內外，朝野無人不知。其彈文列出了蘇軾涉及批評新法的部分詩句：

> 蓋陛下發錢以本業貧民，則曰：「贏得兒童語音好，一年強半在城中。」
>
> 陛下明法以課試郡吏，則曰：「讀書萬卷不讀律，致君堯舜知無術。」
>
> 陛下興水利，則曰：「東海若知明主意，應教斥鹵變桑田。」
>
> 陛下謹鹽禁，則曰：「豈是聞詔解忘味，爾來三月食無鹽。」[2]

然而，蘇軾入御史台獄後，唯供〈山村〉一詩，干涉時事，餘皆否認[3]，又出於保護舊黨詩人，稱並無往復詩文等干涉新法文字。因此，烏台之勘雖給其他詩人帶來牽連，但總的來說範圍還受到一定控制。經過四個多月的勘治，結果蘇軾下御史台獄，被關103日後貶為黃州團練，歷經生死未卜、驚心惶惶的心路歷程。這一起詩案，被貶和受責的共計25人[4]，除蘇軾外，主要詩人還有蘇轍（1039-1112）（謫監筠州酒稅）、張方平（1007-1091）、李清臣（1032-1102）（各罰銅30斤），司馬光、黃庭堅（各罰銅20斤），涉及蘇門詩人羣和江西詩人羣。儘管熙寧九年（1076）王安石辭相後已退居金陵，蘇軾始終認為烏台之案的操控者「王安石實為之首」[5]。從所牽涉人物的罰則來看，除蘇軾外，比起後來的車蓋亭詩案，其他人尚算不幸中的大幸。這也從側面說明詩案還

1　徐乾學：《資治通鑑後編》，收入《四庫全書》，第342-345冊，卷84，頁2。

2　（宋）朋九萬：《東坡烏台詩案》，監察御史里行舒亶箚子，頁2；又參李燾：《續資治通鑑長編》，元豐二年七月己巳條，卷299，頁7266。

3　（宋）朋九萬：《東坡烏台詩案》，中使皇甫遵到湖州勾至御史台，頁31。

4　徐乾學：《資治通鑑後編》，收入《四庫全書》，第342-345冊，卷84，頁5。

5　蘇軾著，孔凡禮校點：《蘇軾文集》（北京：中華書局，1986年），卷29，〈論周穜議配享自劾箚子二首〉其二，頁833。

未致於為了大規模清除異己而不擇手段，和紹述以後必把政敵置於死地而後快的意氣心態有所分別。

但是，從北宋詩歌的發展而言，其負面影響也是不容低估的。在考察烏台詩案的影響前，首先，必須搞清楚蘇軾因詩得禍，究竟是否欲加之罪。蘇軾批評新法的詩歌是烏台詩案的主要「罪證」，據現存宋人朋九萬《東坡烏台詩案》、周紫芝（1082-1155）《詩讞》和清人張鑒（1768-1850）《眉山詩案廣證》等所錄，攻擊新法的詩文可劃分為兩類。

其中大部分和新法並沒有直接的關係。如〈八月十五日看潮五絕〉之四：「吳兒生長狎濤淵，冒利輕生不自憐。東海若知明主意，應教斥鹵變桑田。」[6] 舒亶指此詩是攻擊「陛下興水利」，考其詩中所言，謂東海龍王假如領會神宗禁止弄潮的旨意，應讓滄海變成桑田，讓弄潮兒自食其力，免去他們冒利輕生，所寫的乃是詩人的願景，並沒有指責神宗之不是，舒亶的勉強嫁接，是曲解了其本意。再說，這首詩也沒有譏諷之虞，最多只能憑「冒利」片言推想其批評新法的冒進。又如〈與湖州知州孫覺詩〉：「嗟予與子久離羣，耳冷心灰百不聞。若對青山談世事，直須舉白便浮君。」[7] 意謂言談不想指涉時事，言時事多有不便，說亦難盡，若認為「世事」即讒謗新法，也不夠具體。他如〈書韓幹牧馬圖〉，謂其譏諷執政大臣無能，謂〈張安道見示近詩〉形容朝廷小人當道，謂〈和李邦直沂山祈雨有應〉誣衊執政君臣為社鬼等，其牽強附會成分明顯。如以此為「鐵證」定案實難令人信服。

6　蘇軾著，孔凡禮點校：《蘇軾詩集》（北京：中華書局，1982 年），第 2 冊，頁 484-485。

7　蘇軾著，孔凡禮點校：《蘇軾詩集》，第 2 冊，頁 406-407。

另一類詩歌涉及諷刺新法，卻是不爭的事實。這一點治之有據，對舒亶等人不能責之太苛。烏台詩案中涉及批評鹽法的詩如〈李杞寺丞見和前篇復用元韻答之〉和〈山村〉之三，諷刺青苗法的詩如〈山村〉之四，攻擊新法用人不得其法的詩如〈送劉道原（恕）歸覲南康〉，以此等詩定讞尚有可據。不過，蘇軾詩中所指出新法的不足之處也不能全盤予以否定，如〈戲子由〉抨擊僅以「明法」取士的流弊，又如〈和劉道原詠史〉以劉恕（1032-1078）比鶴，眾人喻雞，意指當今朝廷進用之人，君子小人雜處，如烏之不可辨其雌雄。證之王安石身邊，充斥着善於巧辯的佞人也是不爭的事實。蘇軾的反對新法之詩固然有其保守和煽情的一面，然而其以詩論政所表現出來的公忠為國，並不能一概抹殺。

（二）元豐前後的詩歌寫作

烏台之案以詩定讞，揭開了北宋政治鬥爭以詩相互傾軋的先例，故其影響北宋詩歌的發展亦深。

僅以政見之不同而定罪，對個別詩人以詩議政造成一定的衝擊，難免使其心存忌憚。烏台詩案的始作俑者是沈括其人，他把蘇軾到杭州後所作詩文密呈御史台，交給曾與蘇軾有過節的李定；不過，從當時的政治形勢看，幕後的主事者應是退居金陵的王安石，沈括此舉，除了個人品格問題外，也是順應時勢。在新法甫行之初，王安石就遇到舊黨士人的極大阻力，從變法者的角度看，對蘇軾這類人物加以究治，以儆效尤，是為推行新法掃除障礙的重要一着。從新黨「應口所言，無一不以譏謗為主」的奏文，印證蘇軾的詩歌，顯然是誇大其詞；烏台詩案的政治動機，從奏文「今法度未完，風俗未一，正宜大明誅賞，以示天下。如軾之惡，可以止而勿治乎」說得很清楚，即：在法度未完、風俗未一的變法背景下，亟需挫一挫蘇軾的銳氣，以保證新法能夠順

利推行。故蘇軾其他觸物即事，應口所言，都一律視為反對新法的證據，目的十分清楚，即是使舊黨不敢動輒「以詩亂政」。

而台諫角色在勘治的過程中，則扮演着人主之耳目，濫用權力彈劾政見不合之詩人。雖然達到抑制異己的結果，卻給熱心議政的詩人深為忌憚，使其產生行踐儒家政教理想的同時，又畏罪及身的矛盾心態。這樣一來，烏台之案既開了北宋以詩入罪的實例，也對元祐車蓋亭詩案以至崇寧全面文禁產生了負面的影響。

烏台之勘起因，從其本質言，實緣於蘇軾對王安石及其新法之譏諷。追溯蘇軾詩作，如熙寧八年（1075）於密州時書寫的〈寄劉孝叔〉[8]一詩，當可見其論政詩風之一二。此詩批評方田均稅法對抑制豪強隱瞞田產的作用有限，無法真正實現富民的目標。蘇軾說「方田訟牒紛如雨」，形象地以「雨」指出了丈量土地後引發的大量訴訟案件，以當時的事實言明，語氣上並不客氣。詩的首部分諷刺神宗、王安石意欲富國強兵，可惜不得其法，結果訟案紛起，事與願違：

> 君王有意誅驕虜，椎破銅山鑄銅虎。
> 聯翩三十七將軍，走馬西來各開府。
> 南山伐木作車軸，東海取鼉漫戰鼓。
> 汗流奔走誰敢後，恐乏軍興汙資斧。
> 保甲連村團未遍，方田訟牒紛如雨。
> 爾來手實降新書，抉剔根株窮脈縷。
> 詔書惻怛信深厚，吏能淺薄空勞苦。

次以自嘲口脗，追述蘇轍因反新法而被罷三司條例司，並述密州

8　蘇軾著，孔凡禮點校：《蘇軾詩集》，第 2 冊，卷 13，頁 631。

百姓以草木泥土充饑，「況復連年苦饑饉，剝齧草木啖泥土。今年雨雪頗應時，又報蝗蟲生翅股。」人民生活未見改善，自己卻有心無力，間接言新法並無奏效。不過，詩中也流露出「彫弊太甚，廚傳蕭然」，乃「危邦之陋風」、而非「太平之盛觀」的保守觀點[9]，蘇軾寫道：「憂來洗盞欲強醉，寂寞虛齋臥空甌。公廚十日不生煙，更望紅裙踏筵舞。」對官員利益的受損有所辯護。詩的最後一部分則以幽默的語氣，嘲笑新法中那些俗吏尸位素餐，並間接敘述自己志在天下，為自己不歸隱作解說。對於現實政治的無可為，是進或退，如何求得安心之所，則希望能得到故人的指點：

> 故人屢寄山中信，只有當歸無別語。
> 方將雀鼠偷太倉，未肯衣冠掛神武。
> 吳興丈人真得道，平日立朝非小補。
> 自從四方冠蓋鬧，歸作二浙湖山主。
> 高蹤已自雜漁釣，大隱何曾棄簪組。
> 去年相從殊未足，問道已許談其粗。
> 逝將棄官往卒業，俗緣未盡那得睹。
> 公家只在雪溪上，上有白雲如白羽。
> 應憐進退苦惶惶，更把安心教初祖。

詩風不改其縱橫雄健的特色，蘇軾向有忠直之名，此詩指出了核心的問題：即方田均稅法產生訟諍不斷的流弊。

詩案發生後，蘇詩的論政詩風和內容出現了較大的轉折點。觀蘇軾「再閏黃州正坐詩，詩因遷謫更瑰奇」[10]，從「捨身報國」的豪情壯志回歸到對生命、宇宙本體的思索之轉變歷程，烏台詩案

9　黃淮：《歷代名臣奏議》（《四庫全書》，第 433-442 冊），卷 30，頁 31。
10　王十朋（1112-1171）：《梅溪後集》（《四庫全書》，第 1151 冊），卷 15，頁 15。

發揮着直接的促動因素。從〈獄中寄子由〉的詩中所云：

> 百年未滿先償債，十口無歸更累人。
> 是處青山可藏骨，他年夜雨獨傷神。[11]

可知蘇軾下獄後以為凶多吉少、必死無疑的心態。貶謫後的蘇軾，一方面，論政詩一改其劍拔弩張的怒罵作風[12]，變得較為含蓄，雖有再指涉新法，所運用的方法卻多以間接諷刺來表達。

　　另一方面，政治上的升沉變化，是蘇軾深入佛道思想的促動因素之一。在詩案前，他已開始思索「仕」與「隱」的問題。試見其〈遊金山寺〉，詩云：

> 我家江水初發源，宦游直送江入海。
> 聞道潮頭一丈高，天寒尚有沙痕在。
> 中泠南畔石盤陀，古來出沒隨濤波。
> 試登絕頂望鄉國，江南江北青山多。
> 羈愁畏晚尋歸楫，山僧苦留看落日。
> 微風萬頃靴文細，斷霞半空魚尾赤。
> 是時江月初生魄，二更月落天深黑。
> 江心似有炬火明，飛焰照山棲烏驚。
> 悵然歸臥心莫識，非鬼非人竟何物。
> 江山如此不歸山，江神見怪驚我頑。
> 我謝江神豈得已，有田不歸如江水。[13]

11　蘇軾著，孔凡禮點校：《蘇軾詩集》，第 3 冊，頁 998-999。

12　參杜若鴻：《北宋詩歌與政治關係研究》（北京：北京大學出版社，2015 年），第十章，〈蘇門詩人群的政治詩〉「蘇軾」一節。

13　蘇軾著，孔凡禮點校：《蘇軾詩集》，第 2 冊，卷 7，頁 307-308。

熙寧四年（1071）十一月，蘇軾赴任杭州，途經鎮江金山，夜宿寺中，而作此詩。這首詩描繪了金山寺的山水名勝，萌生歸隱田園、遠離政治漩渦的念頭，反映出蘇軾對政治生涯的思索。當然，詩案前政途上偶爾的風雨，雖有壯志難酬的心情，但也未令東坡全然消沉頹廢。詩案發生後，蘇軾詩中的釋道思想成分卻明顯增多了，常以佛道之自足自樂，來消除儒家詩教積極用世所帶來的挫折，在複雜的現實裏頭，尋覓處世哲學。

其他如司馬光，則產生了「矢口不談新法」的決心，藉優遊世外寄寓身在江湖、心存宋闕的濟世懷抱。他在洛陽雲集了一大批具影響力的名公巨卿，「雅敬（邵）雍，恒相從游，為市園宅」[14]，在新法風行之時，堅守自己的政治立場，學問上相互推重，於洛陽漸漸形成與開封相抗衡的另一學術文化中心；其詩作，溫厚平和之餘，更增幾許恬淡，歸根究底，離不開政途上的失意所致。蘇轍謫監筠州酒稅至元祐更化前的政治詩作，則幾無可觀[15]；黃庭堅對於詩歌風格的看法本屬溫柔敦厚一脈，歷經烏台詩案的有驚無險後，更堅定了他所認為的「嬉笑怒罵、要非本色」的思想。[16]

二、政黨利益和車蓋亭詩案

（一）詩案的本質：黨派之爭

元豐八年（1085）神宗病逝後，哲宗即位，次年宣仁太后（1032-1093）聽政，起用司馬光為首的舊黨大臣，欲盡廢新法。

14　脫脫：《宋史・邵雍傳》（北京：中華書局，1977 年），第 36 冊，卷 427，頁 12727。

15　參杜若鴻：《北宋詩歌與政治關係研究》（北京：北京大學出版社，2015 年），第十章，〈蘇門詩人群的政治詩〉「蘇轍」一節。

16　同上注，參第十一章，〈江西詩人群的政治詩〉「黃庭堅」一節。

元祐元年（1086），份屬新黨重要成員的蔡確出知陳州（今周口市淮陽縣），次年又謫安州（今湖北省安陸市），在安州遊車蓋亭時，寫下〈夏日遊車蓋亭〉10 首絕句。

當時知安陽軍吳處厚以此組詩作為罪證，上奏「內五篇皆涉譏訕，而二篇譏訕尤甚，上及君親」[17]，指出「矯矯名臣郝甑山，忠言直節上元間」之句，用唐上元年間高宗傳位於武后事影射高太后，實為大逆不道。身居台諫之職的舊黨梁燾（1034-1097）、范祖禹（1041-1098）、劉安世（1048-1125）等人均贊成此說，於是相繼上奏彈劾，遂成大獄。結果蔡確貶為英州別駕（今廣東省英德市），移嶺南新州（今廣東省新興縣）安置，四年後，困死於此荒蕪之地。

考蔡確其人背景，乃仁宗嘉祐四年（1059）進士，王安石掌政時，得到賞識，被薦為三班主簿，是推行新法的中堅分子，王安石變法中的免役等法皆成於其手。元豐五年（1082），蔡確拜尚書右僕射兼中書侍郎，官運顯赫，但蔡確其人「善觀人意、與時上下」、「屢興羅織之獄，縉紳士大夫重足而立矣」。[18] 他和吳處厚早有間隙。《宋史》載：「蔡確嘗從處厚學賦，及作相，處厚通箋乞憐，確無汲引意。王珪用為大理丞。王安禮、舒亶相攻，事下大理，處厚知安禮與珪善，論亶用官燭為自盜。確密遣達意救亶，處厚不從，確怒欲逐之，未果。珪請除處厚館職，確又沮之。珪為永裕山陵使，辟掌箋奏。確代使，出知通利軍，又徙知漢陽，處厚不悅。」[19] 吳處厚正是利用當時舊黨得勢的政治環境，

17　李燾：《續資治通鑑長編》（北京：中華書局，1995 年），元祐四年四月壬子條，卷 425，頁 10270。

18　脫脫：《宋史》，第 39 冊，卷 471，〈蔡確・吳處厚附〉，頁 13698、13699。

19　脫脫：《宋史》，第 39 冊，卷 471，〈蔡確・吳處厚附〉，頁 13702。

乘宣仁太后企圖樹立權威的時機，擴大這組詩的含沙射影成分，
網羅罪名。詩案的動機實則是喜同惡異，報復性的成分居多，非
關變法實質問題。對於治車蓋亭詩案，宣仁太后辯說：「確罪前後
不一……輒懷怨望，自謂有定策大功，意欲他日復來，妄說事端，
眩惑皇帝，以為身謀。」[20] 更清楚說明，蔡確策立哲宗之功在宣仁
太后心中早存在芥蒂。因此，詩案只是導火線而已，即或不因詩
之譏謗，蔡確也有被欲加之罪的其他可能。

　　當然，動機是一問題，實質詩歌指涉又是另一問題。吳處厚
的箋證是詩案證據是否屬實的關鍵，試見〈夏日登車蓋亭〉五首[21]
以析之：

> 靜中自足勝炎蒸，入眼兼無俗物憎。
> 何處機心驚白鳥，誰人怒劍逐青蠅。（其一）

> 紙屏石枕竹方床，手倦拋書午夢長。
> 睡起莞然成獨笑，數聲漁笛在滄浪。（其二）

> 風搖熟果時聞落，雨滴餘花亦自香。
> 葉底出巢黃口鬧，波間逐隊小魚忙。（其三）

> 矯矯名臣郝甑山，忠言直節上元間。
> 古人不見清風在，嘆息思公俯碧灣。（其四）

> 喧豗六月浩無津，行見沙洲束兩濱。
> 如帶溪流何足道，沉沉滄海會揚塵。（其五）

20　李燾：《續資治通鑑長編》，元祐四年五月丁亥條，卷 427，頁 10328。

21　厲鶚輯撰：《宋詩紀事》（上海：上海古籍出版社，2008 年），卷 22，頁 548-549。

《宋詩紀事》卷二十二引《堯山堂外紀》云：

> 　　時吳處厚知漢陽軍，箋注以聞。其略云：「五篇涉譏諷，『何
> 處機心驚白鳥，誰人怒劍逐青蠅』，以譏讒譖之人；『葉底出巢
> 黃口鬧，波間逐隊小魚忙』，譏新進用事之人；『睡起莞然成獨
> 笑』，方今朝廷清明，不知確笑何事？『矯矯名臣郝甑山，忠言
> 直節上元間』，按郝處俊，封甑山公，唐高宗欲遜位天后，處俊
> 上疏諫，此事正在上元三年。今皇太后垂簾，遵用章獻明肅故
> 事，確指武后以比太后；『沉沉滄海會揚塵』，謂人壽幾何，尤非
> 佳語。」[22]

吳箋所述，有五處問題需要釐清：其一，這組詩的創作背景是夏
日登亭時所見，首先他的創作動機是作為即景詩，寫所見所聞。
參蔡確所奏：「臣臨溳溪，觀水之漲落，偶然成句，臣僚言臣是
譏謗君親，其誣罔亦不難曉。臣此數詩，並是閒詠目前事跡景
物。」[23] 如以詩類劃分，乃屬閒適詩，是詩人當時處「僻左無事之
地」[24] 環境下的作品；其次，所謂「涉譏諷」部分，都有捕風捉影
成分，謂其譏新進用事之人不當云云，實則乃「所見草木禽魚，
各遂其性，偶入詩句」[25]，寫眼前所見景象；至於吳氏謂朝廷清明，
詩人何故獨笑？乃因「漁歌往來，景物可樂」[26]，故偶作詩句中，是
閒適滄浪情懷的寫照，和政事並沒關涉；謂以武后比太后，本屬
寬典，接上後句「古人不見清風在」，於是「嘆息思公」，意思更清
晰，乃借典詠寫思念安州安陸人郝處俊（607-681）之清名，「但

22　厲鶚（1692-1752）輯撰：《宋詩紀事》，卷 22，頁 549。

23　李燾：《續資治通鑑長編》，卷 426，頁 10302-10303。

24　王得臣（1036-1116）：《麈史》，收入《四庫全書》，第 1479 冊，謂：「安陸雖號節鎮，
　　當南北一統，實僻左無事之地。」卷 3，頁 22。

25　李燾：《續資治通鑑長編》，卷 426，頁 10304。

26　同上注，頁 10303。

嘆郝處俊忠直，而不曾指事」[27]；最後「沉沉滄海」句，感喟人壽幾
何，所指涉更非定讞關鍵。

　　考察此數首詩作的寫作原由，實則蔡確所述極為明晰，其奏
云：「臣前年夏中在安州，其所居西北隅，有一舊亭，名為車蓋，
下瞰溳溪，對白兆山。公事罷後，休息其上，耳目所接，偶有小
詩數首，並無一句一字輒及時事。亦無遷謫不足之意，其辭淺近，
讀便可曉。」[28] 可是政敵卻於詩外多方箋釋，橫見誣罔。雖不及某
事，卻捕風捉影，以某事罪之。

　　基於以上考察，我們不難對詩案得出結論：吳處厚對蔡詩的
箋釋，不過是逢迎時勢，以報一己之仇，而台諫在此過程中則又
充當了希風承旨，借言事之能製造冤案，最終則是當權者宣仁太
后得以維護權力。對於反對變法的舊黨來說，詩案的結果並非只
為勘治蔡氏一人，而是借以對元豐以來新黨勢力進行一次反擊。
《資治通鑑後編》卷八十一載梁燾論蔡確，謂「確本出王安石之
門，相繼秉政，垂二十年。羣小趨附，深根固蒂，謹以兩人親黨，
開具於後：確親黨：安燾、章惇、蒲宗孟、曾布、曾肇、蔡京、
蔡卞、黃履、吳居厚、舒亶、王覿、邢恕等四十七人。安石親黨：
蔡確、章惇、呂惠卿、張璪、安燾、蒲宗孟、王安禮、曾布、曾
肇、彭汝礪、陸佃、謝景溫、黃履、呂嘉問、沈括、舒亶、葉祖
洽、趙挺之、張商英等三十人。」[29] 實則就是把蔡確看成王安石一
脈，必除之而後快。此名單一出，元祐黨人在蔡確被謫新州不久，
即對新黨詩人進行大規模降職重貶，嚴加防範。其結果遠遠超乎
詩案本身牽涉的當事人。以此觀之，則車蓋亭詩案實質上乃為元

27　同上注，頁 10304。

28　同上注，頁 10301。

29　徐乾學：《資治通鑑後編》，收入《四庫全書》，第 342-345 冊，卷 89，頁 17。

祐詩壇一起重要的政治事件，其對北宋詩歌所起的負面影響比烏
台詩案來得更為深遠。

（二）對元祐以後詩歌的影響

首先，烏台之勘起因於蘇軾對王安石及其新法之譏諷，治之
尚稱有據，而車蓋亭詩案則充分發揮捕風捉影之能事，打擊詩歌
的自由表達功能，成為當權者排斥政敵、羅織罪名的文學依據。
當中的詮釋並沒有客觀標準，而以法斷之，令言事者心寒。如是，
則誠如蔡確所云：「凡人開口落筆，雖不及某事，而皆可以某事
罪之。」[30] 而台諫角色在此過程中依然扮演着人主之耳目，排擊異
己，加深了元祐後詩人行踐儒家詩教理想的同時，又畏罪及身的
矛盾心態。崇寧全面文禁的非理性可以說在車蓋亭詩案已立下了
先例。

其次，烏台詩案，從其本質上言，仍是為國事之爭，但車蓋
亭詩案發展到最終結果已超越個人恩怨的問題，而成為黨派之爭
的政治事件，是元祐舊黨對王安石、蔡確新黨羣體的傾覆性報
復，夾雜意氣之爭的成分。崇寧新黨復起，全面文禁，所治元祐
諸公，則又在此基礎上變本加厲，全然發展到意氣行事。

其三，車蓋亭詩案對新黨詩人的影響殊深。沈括、舒亶、蔣
之奇、陸佃等新黨詩人羣在熙豐年間的政治詩尚有一定數量，如
沈括有 12 首政治詩，舒亶有 16 首政治詩，蔣之奇有 10 首政治
詩，陸佃有 12 首政治詩，張商英有 10 首政治詩，曾肇有 6 首政
治詩。但在元祐以後，直接涉及政治的詩作無復可觀，這是舊黨
以文字入罪的一項結果。詩案發生後，在他們的作品中，政治貶

30　李燾：《續資治通鑒長編》，卷 426，頁 10301。

謫和山水抒情詩歌，卻明顯增多。風格方面也有所轉向，如沈括的詩，感情變得憂鬱、幽冷，其〈寄贈舒州徐處士〉中所云：「誰知墮世路，譬如羈飛翮。林皋未脫去，紛紛頭欲白。」「幸已棄韋帶，遠謝功名跡。」對官場的厭倦之情溢於言表。其他詩作如〈次韻辛著作興化園池詩〉其二、〈游秀州東湖〉、〈佚老堂為江州陶宣德題〉等等，皆寄寓了政治上的鬱鬱不得志。又如舒亶詩尋道問禪，嚮往與塵世隔絕的仙境，處處表現出自然之趣，而沒有塵事紛擾，官場傾軋。[31] 類似的主題在舒亶的〈和樓試可遊育山〉一詩亦可見之：

> 參天松柏綠陰陰，古佛巖前一路深。
> 猿鳥不驚如有舊，雲山相對自無心。
> 數泓寒水雲藏雨，十里輕沙地布金。
> 杖屨更知非世境，上方日日海潮音。[32]

這種尋道問禪的行為反映了詩人嚮往與塵世隔絕的仙境，詩中所寫松柏古寺，猿鳥青山、寒水海潮……處處表現出自然之趣，沒有塵事紛擾，官場傾軋。其〈遊五磊山〉也表現出相同的意趣：「五磊峰高筆插天，長松合抱幾千年。塵氛灑落非人世，風露清明近月邊。」[33] 類似這種具清逸風格的作品，在舒亶未經政治風波前並不多見。審視這類詩的政治背景，其極力描寫的深隱意旨和北宋後期詩案息息相關。

31　參杜若鴻：《北宋詩歌與政治關係研究》，第九章，〈新黨詩人羣的政治詩〉。
32　《全宋詩》，第 15 冊，頁 10392。
33　同上注，第 15 冊，頁 10404。

三、膽顫心寒的文禁

　　北宋詩禍，於崇寧年間達致頂峰。徽宗即位後，蔡京擅權，控制台諫勢力，對元祐舊黨進行全面的報復。崇寧元年（1102）九月，立下「元祐黨人碑」，御書刻於端禮門，司馬光、蘇軾等元祐諸公被扣以「元祐奸黨」的帽子。被刻上黨人碑的官員，重者關押，輕者貶放遠地，非經特許，不得內徙。崇寧三年（1104）六月，又加入哲宗元符年間反對冊立自己的新黨士人，加以追貶，是為「元祐黨籍碑」，徽宗親書刻石於文德殿門東壁，確立黨人名單為 309 人。[34] 當時身任尚書左僕射兼門下侍郎的蔡京，大義凜然上奏：「皇帝嗣位之五年，旌別淑慝，明信賞罰，黜元祐害政之臣，靡有佚罰。乃命有司，夷考罪狀，第其首惡與其附麗者以聞，得三百九人。皇帝書而刊之石，置於文德殿門之東壁，永為萬世子孫之戒。又詔臣京書之，將以頒之天下。臣敢不對揚休命，仰承陛下孝悌繼述之志。」[35] 然而，元祐黨人何以累計三百有餘？《梁谿漫志》卷三謂「至崇寧間，（蔡）京悉舉不附己者籍為元祐奸黨，至三百九人之多。於是邪正混殽，其非正人而入元祐黨者，蓋十六七也。」[36] 考其名單，曾任宰臣執政的司馬光、蘇轍，曾任待制以上官員的蘇軾（故），餘官秦觀（故）、黃庭堅、晁補之、張耒等舊黨詩人輩，無不名列其中。很多姓名不見經傳，尤其是

34　參脫脫：《宋史・徽宗一》，崇寧三年六月壬寅條：「戊午，詔重定元祐、元符黨人及上書邪等者合為一籍，通三百九人，刻石朝堂，餘並出籍，自今毋得復彈奏。」第 2 冊，卷 19，頁 369。

35　徐乾學：《資治通鑑後編》，收入《四庫全書》，第 342-345 冊，卷 96，頁 3。

36　費袞（生卒年不詳）：《梁谿漫志》，收入《四庫全書》，第 864 冊，卷 3，頁 6。

「武臣」、「內臣」[37]，大部分不知其所據為何。總之，其牽涉之廣，遍及朝野上下，宋史未曾見。

詩歌之禁，是崇寧全面文禁的首要一環。《宋稗類鈔》卷五《詩話》云：「政和中大臣有不能詩者，因進言詩為元祐學術，不可行。」[38] 故「詆黃（庭堅）、張（耒）、晁（補之）、秦（觀）等，請為科禁。」[39] 詩賦為元祐學術之論調和北宋科舉改制關係密切。宋代科舉，策論詩賦之爭一直沒有停止過。北宋初期，沿襲唐制，進士科仍以考詩賦為主；到仁宗天聖五年（1027），正式下令進士須兼考策論，此為第一次改革；仁宗慶曆新政期間，范仲淹上「十事疏」，提出「精貢舉」方案，此為第二次改革，進士先考策論後考詩賦，而諸科則重經旨大義；第三次是神宗熙寧三年（1070），王安石的新法中罷黜諸科，獨留進士科，殿試所考者唯時務策，廢詩賦。元祐年間，司馬光廢置熙寧八年（1075）所頒佈的《三經新義》，重新恢復詩賦取士，故新黨復起，以為詩賦為元祐之學術重心，詩歌領域首當其衝，而蘇門詩人在舊黨中又是最具代表性的以詩立身的一羣，自然成為全面排擊元祐黨人的重打對象。

然而，元祐學術之禁本質上乃黨派的奪權之爭，舊黨的詩人大都能詩善文，其思想不唯在詩，亦存於文章史論著述之中。因此，學術所禁之初繫於詩賦，而不可能盡限於此，這是其迅速發展到全面文禁的必然過程。於是，崇寧元年（1102）十二月，崇

37　武臣：張巽、李備、王獻可、胡田、馬諗、王履、趙希夷、任濬、郭子旂、錢盛、趙希德、王長民、李永、王庭臣、李愚、吳休復、崔昌符、潘滋、高士權、李嘉亮、李琉、劉延肇、姚雄、李基。內臣：梁惟簡、陳衍、張士良、梁知新、李倬、譚扆、竇鉞、趙約、黃卿從、馮説、曾燾、楊偁、梁弼、陳恂、張茂則、張琳、裴彥臣、李偁、閻守懃、王紱、李穆、蔡克明、王化基、王道、鄧世昌、鄭居簡、王化臣。

38　潘永因：《宋稗類鈔》，收入《四庫全書》，第 1034 冊，卷 20，頁 27。

39　周密（1232-1298）：《齊東野語》，收入《四庫全書》，第 865 冊，卷 16，頁 7。

寧二年（1103）四月、十一月，朝廷一年間先後連發四詔：

> 詔：諸邪說詖行，非先聖之書，並元祐學術政事不得教授
> 學生，犯者屏出。[40]
> 詔：焚毀蘇軾《東坡集》並《後集》印板。[41]
> 詔：三蘇集及蘇門學士黃庭堅、張耒、晁補之、秦觀，及
> 馬涓文集，范祖禹《唐鑒》、范鎮《東齋記事》、劉攽《詩話》、
> 僧文瑩《湘山野錄》等印板，悉行焚毀。[42]
> 詔：以元祐學術政事聚徒傳授者，委監司舉察，必罰無赦。[43]

變成全方位的詩文之禁。[44]「學術」和「政事」，混為一談，其所
必罰無赦者，實質上就是指以文事反對新法的政治異己。換句話
說，文禁實質上就是黨禁。這也是黨籍為何無限擴大的深層原因。

四、北宋晚期的詩運

崇寧文禁所牽連詩人之多在北宋詩壇史無前例，其對於北宋
後期詩歌的影響，可概括為以下兩方面。

首先，崇寧文禁的本質，和車蓋亭詩案無異，乃當權者排擊
政敵的手段。但這一次更為深刻體現黨派利益完全高於一切，因

40　徐乾學：《資治通鑑後編》，收入《四庫全書》，第 342-345 冊，崇寧元年十二月丁丑
　　詔，卷 95，頁 9。
41　黃以周（1828-1899）等輯注：《續資治通鑑長編拾補》（北京：中華書局，2004 年），
　　崇寧二年四月丁巳詔，卷 21，頁 739。
42　同上注，崇寧二年四月乙亥詔，卷 21，頁 741。
43　徐乾學：《資治通鑑後編》，收入《四庫全書》，第 342-345 冊，崇寧二年十一月庚辰
　　詔，卷 95，頁 24。
44　關於詩文集具體詔禁情況，參蕭慶偉：《北宋新舊黨爭與文學》（北京：人民文學出版
　　社，2001 年），第六節，〈元祐學術之禁〉，頁 71-76。

人廢詩，全然意氣行事。葛立方《韻語陽秋》所云：「政和中，遂著於令，士庶傳習詩賦者，杖一百。畏謹者，至不敢作詩。」[45] 周密《齊東野語》也指出政和中，「李彥章為中丞，望風旨，遂上章論淵明、李杜而下皆貶之，因詆黃、張、晁、秦等，請為禁科。何清源至修入令式，諸士庶習詩賦者，杖一百。聞喜，例賜詩，自何文縝後，遂易為詔書訓誡。」[46] 作詩隨時惹禍上身，對打擊創作者的心態可想而知。

其次，詩人遭受無辜排擠，是崇寧以後二十五年間政治詩歌凋零的原因。據筆者統計，蘇門詩人羣的政治詩以蘇軾最突出，今存蘇詩 2823 首，政治詩所佔比例 359 首，約百分之十三，從絕對值而言，是有宋詩人中最為突出的一位；張耒詩佔 2167 首，政治詩佔 182 首，佔百分之八；秦觀詩 439 首，當中有 44 首政治詩；蘇轍存詩 1826 首，政治詩佔 165 首，佔百分之九。但是，此創作量大都集中在文禁前，經歷崇寧全面文禁後尚在世的舊黨詩人 —— 除張耒、蘇轍間有政治詩作外，政治詩的創作總量寥寥可數。江西詩人羣中，黃庭堅存詩 1338 首，其中 108 首政治詩，佔百分之八；陳師道 655 首作品中，政治詩佔 56 首，約十分之一。兩人政治詩的絕對數不多，但於江西詩人羣中已算最為突出。崇寧三年（1104）六月「元祐黨籍」正式立碑後，詩人橫遭無辜排擠，在世江西詩人羣成員 —— 除呂本中、陳與義等極個別詩人外，政治詩的總創作量大幅下滑。黨籍、文字之禁到靖康元年（1126）二月，欽宗始詔除。然而此時，金人鐵騎已兵臨城下，宋室元氣消磨將盡。隨着秦觀卒於元符三年（1100），蘇軾、陳師道卒於建中靖國元年（1101）、黃庭堅卒於崇寧四年（1105）後，北宋詩壇出現一片蕭條景象。江西詩人羣的追隨者繼續把關注點

45　葛立方：《韻語陽秋》，收入《四庫全書》，第 1479 冊，卷 5，頁 5-6。
46　周密：《齊東野語》，收入《四庫全書》，第 865 冊，卷 16，頁 7。

導向對詩藝技法的追求，這和北宋後期政治文化環境的變化關係
密切。

五、結語

　　北宋以儒立國，詩人走上政治舞台，以詩議政，發揮儒家政
教精神，本為自然不過的事。但是，詩禍和新舊政爭密切相連，
由烏台詩案的政見之爭，到車蓋亭詩案的黨同伐異，再到崇寧全
面文禁的意氣用事，始終貫穿着以政治影響詩作內容的特色。烏
台之勘排斥蘇門詩人羣，車蓋亭詩案報復新黨詩人羣，崇寧文禁
打擊蘇門詩人羣和江西詩人羣，詩人的命運隨着黨派的得勢與否
而浮沉，而且波及的詩人人數一次比一次嚴重。黨派之間的權力
之爭，喜同惡異，使詩人難以獨善其身及保持創作的獨立批評精
神。詩歌的創作經此連綿的政治打擊，由經世致用轉向尋找安身
立命和追求純粹技藝的局面，崇寧四年（1105）後，北宋詩壇批
評政治的詩歌踏入歷史低谷，凡此，與北宋詩案的政治化本質而
造成的負面影響息息相關。

宋代詞壇的「柳永熱」現象

　　北宋以來，對柳永詞之褒貶儘管難以達到一致的看法，然而其流傳範圍之廣卻是沒有異疑的。可以毫不誇張地說，在詞的文學領域中，柳詞之廣受性足冠羣流，究竟當中緣由何在？又具有什麼特別的文學以至文化意義呢？本文將就其思想內容和藝術技巧進行綜合概括，並結合北宋的社會文化史，對宋代詞壇「柳永熱」的獨特現象提出解說。

一、「柳永熱」的特質

　　宋翔鳳《樂府餘論》謂：

> 柳耆卿失意無俚，流連坊曲，遂盡收俚俗語言……編入詞中，以便伎人傳習。一時動聽，散播四方。其後東坡、少游、山谷輩，相繼有作，慢詞遂盛。

　　《後山詩話》則載曰：

> 柳三變……作新樂府，骩骳從俗，天下詠之。

　　又徐度《卻掃編》載：

> 劉季高（岑）侍郎，宣和間相國寺之知海院，因談歌詞，力詆柳氏，旁若無人者。有老宦者聞之，默然而起，徐取紙筆跪于季高之前，請曰：「子以柳詞為不佳者，蓋自為一篇示我乎？」

劉默然無以應，而後知稠人廣眾中，慎不可有所臧否也。

劉克莊詩〈哭孫季蕃二首〉亦有曰：

> 相君未識陳三面，兒女多知柳七名。

所謂「天下詠之」、「散播四方」，道出了柳詞的傳播範圍並非只局限於一隅；至如徐度所載老者為柳永辯護云云，則又可見柳詞之深入民心。《皇朝事實類苑》尚有記載：「邢州開元寺僧法明，每飲至大醉，唯唱柳永詞。」有偈曰：「平生醉裏顛蹶，醉裏卻有分別。今宵酒醒何處，楊柳岸曉風殘月。」又有道士王喆作〈解佩令〉詞，自注：「愛看柳詞，遂成。」可見佛門、道教中人，也愛好柳詞。

然而，以上之說只指出柳永在文化層次較低的市民階層之流傳，忽略柳永於文化程度較高階層的流行程度。柳永的許多名作，不單「市井之人悅之」，實際上是「雅俗共賞」的。曾敏行《獨醒雜志》卷二載：

> 坡、谷同游鳳池寺，坡公舉對云：「張丞相之佳篇，昔曾三到。」山谷即答云：「柳屯田之妙詞，那更重來。」時稱名對。

王明清《揮塵後錄》卷八：

> 朱仲新少仕江寧，在王彥昭幕中，有代彥昭春日留客致語云：「寒食止數日間，才晴又雨；牡丹蓋十數種，欲拆又芳。」皆魯公帖與〈牡丹譜〉中全語也。彥昭好令人歌柳三變樂府新聲，又嘗作樂語曰：「正好歡娛，歌葉樹數聲啼鳥；不妨沉醉，拼畫堂一枕春醒。」又皆柳詞中語。[1]

1　按朱翌，字仲新，政和八年（1118）進士。王漢字彥昭，熙寧六年（1073）進士，《宋史》有傳，王彥昭精研《樂章集》，故能化柳詞為「樂語」。

俞文豹《吹劍續錄》則載：

> 東坡在玉堂，有幕士善謳，因問：「我詞與柳詞何如？」對曰：「柳郎中詞，只好十七、八女孩兒，執紅牙拍板，唱『楊柳岸、曉風殘月』。學士詞須關西大漢，執鐵板，唱『大江東去』」。公為之絕倒。」

又蘇軾於〈與鮮于子駿書〉云：

> 近卻頗作小詞，雖無柳七郎風味，亦自是一家。呵呵。數日前獵於郊外，所獲頗多，作得一闋，今東州壯士抵掌頓足而歌之，吹笛擊鼓以為節，頗壯觀也。

有意與柳詞相比，從中亦可知蘇軾對柳詞的關注。據趙令時《侯鯖錄》卷七載，東坡嘗云：世言柳耆卿曲俗，非也。如〈八聲甘州〉云：「『霜風淒緊，關河冷落，殘照當樓』。此語於詩句，不減唐人高處。」又可見東坡對柳詞肯定的一面。事實上，東坡詞〈念奴嬌·赤壁懷古〉受柳永〈雙聲子〉之啟迪已有定評。凡此，可知柳詞在士大夫階層影響之一斑，是以即使如對柳詞甚有排斥態度的蘇軾，也不無對其詞的優缺面貌有深入的了解。

柳永詞尚遠傳異域，《避暑錄話》卷三載：

> 柳永……為舉子時，多游狎邪，善為歌詞，教坊樂工每得新腔，必求永為詞，始行於世，於是聲傳一時。……余仕丹徒，嘗見一西夏歸朝官云：「凡有井水飲處，即能歌柳詞。」言其傳之廣也。

西夏歸朝官如此云云，可知「凡有井水飲處」，並非只限於當時的「中國」，又據《鶴林玉露》卷十三，金主亮聞歌〈望海潮〉，欣然

有慕於「三秋桂子，十里荷花，遂起投鞭渡江之志」。柳詞還流傳遠至高麗，《高麗史》卷七十一《樂志二·唐樂》載高麗王朝宴享朝會，所用歌詞六十幾首中，十五首詞作 [2] 中作者可考的共八人，其中柳永一人佔了八首，其餘每人只佔一首，即使是晏殊、歐陽修、蘇軾也不例外。

　　綜以上所引證，可得出柳永熱三項特色如下：

　　其一，影響階層廣泛。上自君主、士大夫，下至普通市民、歌妓伶工，不論其文化程度之高低，皆直接或間接成為柳詞的接受客體，於此可見柳永詞衝破了「雅」「俗」階層的傳播隔閡，契合時人的審美情趣。

　　其二，影響地域廣闊。其流傳不止限於中原大地，而是遠傳域外，衝破地域的界限。

2　十五首分別為：

　　歐陽修詞〈洛陽春〉（紗窗未曉黃鶯語）

　　柳永詞〈傳花枝〉（平生自負）

　　趙企詞〈感皇恩〉（騎馬踏紅塵）

　　柳永詞〈夏雲峰〉（宴堂深）

　　柳永詞〈醉蓬萊慢〉（漸亭皋葉下）

　　晁端禮詞〈黃河清慢〉（晴景初升風細細）

　　柳永詞〈傾杯樂〉（禁漏花深）

　　蘇軾詞〈金殿樂慢〉（清夜無塵），即〈行香子〉

　　李甲詞〈帝台春慢〉（芳草碧色）

　　阮逸女詞〈花心動慢〉（仙苑春濃）

　　柳永詞〈雨淋鈴慢〉（寒蟬淒切），即〈雨霖鈴〉

　　柳永詞〈浪淘沙令〉（有個人人）

　　柳永詞〈御街行令〉（燔柴煙斷星河曙），即〈御街行〉

　　晏殊詞〈少年游〉（芙蓉花發去年枝）

　　柳永詞〈臨江仙慢〉（夢覺小庭院）

　　其三，影響具有「共時性」與「歷時性」雙重特色，除了對同時代的作家羣體有影響外。在其身後，「柳永熱」尚延續不衰。事實上，一直至宋末，柳永的詞壇地位還是不可輕易動搖的，當時能與柳永相提並論的唯推有「冠冕詞林」之稱的周邦彥，然就其廣泛影響，終有所不及柳詞盛況。

　　柳永熱這三方面的特色不期然引發我們思考，究竟其中深由何在？它對於全面把握柳詞風貌不無昭示意義，因為研究其「多元」的影響特質，除了要涉及當時的社會文化背景，必然還要回到作品本身的藝術和思想風貌。可綜合出柳永熱的形成，有如下四個主因：

　　其一、雅俗並陳；

　　其二、題材多元；

　　其三、以情為尚；

　　其四、善擇腔調。

　　在具備以上文本的多重內涵外，加上當時最重要的傳播媒介 —— 歌妓中介 —— 相結合，於是廣泛流傳開去。關於以上數項，可參拙著《柳永及其詞之論衡》，現再分項論述。

二、雅俗並陳格局

　　柳詞中有俗的一面，亦有雅的一面，雅俗時又並陳一首作品之中，因此，不論是喜愛「陽春白雪」之歌的士大夫階層，抑或文化程度較低的市民，都能夠找到接受空間。士大夫階層由於文化較高，因此無論是雅語、雅情、雅境或「通俗」成分都較易理解。

普遍市民文化水準低下，甚或「下里巴人」，目不識丁，要使他們
能夠接受就更考究技巧了，尤其在用詩用典方面，就必須做到渾
化無跡，以淺易通俗的語言出之。柳詞由於傾向「直說」、「淺率」
的語言風格而使其作品呈現「俚俗」的弊端，然而，從詞的普及
化而言，卻是好處。蓋太「雅」的詞文，極不脗合市民大眾的審美
口味，而淺露之言易懂，一聽即明白就容易引起感趣。因此，我
們會發現柳詞儘管具有「雅」的內涵，卻往往以「俗」表陳之，撇
開其「雅之又雅」的詞作，剩下的大部分「通俗」作品卻切切實實
地同市民的認知能力相接近。柳詞中大量運用俗字俚語是一大特
色，而且往往不忌重複使用。如：

「一餉」

> 望仙鄉，一餉消凝，淚沾襟袖。（〈笛家弄〉）
> 但贏得，獨立高原，斷魂一餉凝睇。（〈內家嬌〉）
> 青春都一餉，忍把浮名，換了淺斟低唱。（〈鶴衝天〉）

「人人」

> 有個人人真攀羨（〈木蘭花令〉）
> 有個人人，飛燕精神（〈浪淘沙令〉）
> 淡黃衫子郁金裙，長憶個人人（〈少年游〉其五）

「怎生／好生」

> 問怎生禁得，如許無聊。（〈臨江仙〉）
> 待怎時，等着回來賀喜，好生地剩與我兒利市。（〈長壽樂〉）

「乍」

> 韶光明媚，乍晴輕暖清明後。（〈笛家弄〉）

巷陌乍晴，香塵染惹，垂楊芳草。（〈滿朝歡〉）

時節輕寒乍暖，天氣才晴又雨。（〈西平樂〉）

小院新晴天氣，輕煙乍斂，皓月當軒練淨。（〈傾杯〉）

「伊」

算得伊家，也應隨分。（〈慢卷紬〉）

以此縈牽，等伊來，自家向道。（〈法曲〉第二）

「次第」

旋次第，歸霜磧。（〈尾犯〉）

見次第，幾番紅翠。（〈玉山枕〉）

「那更／那堪」

柔腸斷，還是黃昏，那更滿庭風雨。（〈祭天神〉）

夢覺透窗風一線，寒燈吹息，那堪酒醒，又聞空階夜雨頻聲。（〈浪淘沙慢〉）

「取次」

取次梳妝，尋常言語，有得許多姝麗。（〈玉女搖仙佩〉）

取次梳妝，自有天然態，愛淺畫雙蛾。（〈西施〉其一）

「抵死」

不會得都來些子事，甚恁底死難拼棄。（〈滿江紅〉）

「是處」

是處紅衰翠減，苒苒物華休。唯有長江水，無語東流。（〈八聲甘州〉）

是處麗質盈盈，巧笑嬉嬉。(〈拋球樂〉)

「特地」

特地柔腸欲斷。(〈清平樂〉)

特地快逢迎。(〈少年游〉)

「無端」

問伊今後敢更無端。(〈錦堂春〉)

「都來」

細屈指尋思，舊事前歡，都來未盡平生深意。(〈慢卷紬〉)

其他如「等閒」(〈洞仙歌〉)、「隨分」(〈女冠子〉)、「舊家」(〈少年游〉)、「驅驅」(〈滿江紅〉)、「幾許」(〈古傾杯〉)、「畢竟」(〈憶帝京〉)等等，或口語或方言，皆可入詞，因為具有時代感，貼近市民的日常生活，所以讀來倍感親切，容易引起共鳴。

推究引起「流俗」之人「尤喜道之」的原因，實離不開《樂章集》中一部分「浮媟冶豔」的作品。黃升《花庵詞選》謂：

耆卿長於纖豔之詞，然多近俚俗，故市井人悅之。

此說不無道理，柳永俚詞中有一部分屬於「庸俗」作品的類別，「襲五代淫詖之風氣」[3]，涉及色情的大膽刻畫，《樂章集》中這一類詞句頗多，此等文字唯以「卑俗」出之，其風靡一時的意義誠不足推許。然而，從「柳永熱」的全方位影響觀之，卻是不可或缺的組構元素；論文學價值，確無甚可談，從審美情趣的角度觀之，卻

3　夏敬觀：《手評樂章集》。

又滿足了市俗階層的好尚。

三、題材多元化

《樂章集》的題材是多元並存的，舉凡歌妓情態、都會承平、懷人思鄉、詠物詠史、羈旅行役皆有涉獵，衝破了晚唐五代以來詞題材的狹隘，開拓了詞的境界。這對柳詞多階層的影響是很重要的。因為從實際接受層面，普通人民對較少寄託的反映生活狀況的承平和遊樂詞作較喜愛，而上層社會如君主則往往對頌詞感興趣，士大夫更傾向於欣賞感慨深邈的「羈旅行役」詞，從不同接受客體的角度觀之，都有選擇的空間。

而從其外放形態觀之，柳永詞亦確有其過人之處。如歌頌承平者「能道嘉祐中太平氣象」[4]、「鋪敘展衍，形容盛明，千載如逢當日」[5]。祝穆《方輿勝覽》卷十載范蜀公云：「仁宗四十二年太平，鎮在翰苑十餘載，不能出一語詠歌，乃於耆卿詞見之。」至如羈旅行役詞的「思力沉摯」、「言近意遠」、「幽思曲想」，「達難達之情」，從其思想主線，又典型地抒寫了「仕子宦遊」的得失無奈之主題，在北宋之世，這類作品是很容易引起失意讀書人歡迎的。

至如其描繪冶遊縱樂的詞作，固未真如《卻掃編》所載：及眉山蘇氏出，「柳氏之作殆不復稱於文士之口」，或胡寅〈酒邊詞序〉：「及眉山蘇氏，一洗綺羅香澤之態，擺脫綢繆宛轉之度，使人登高望遠，舉首浩歌，而逸懷浩氣超然乎塵垢之外，於是《花間》為皂隸，而柳氏為輿台矣。」北宋文人士大夫的審美思維是

4　黃裳：〈書樂章集後〉，《演山集》，卷 35。

5　李之儀：《姑溪居士文集》，卷 40，〈跋吳師道詞〉。

多元並存的。一方面，他們對「立德、立功、立言」表現出正面的態度，但這並不代表這種羣體的價值取向完全排除個體以生命本質為內涵的情感意念，因此宋人以傳統詩文為崇，對於「小道」詞亦喜為之，「歌妓情結」在宋代士大夫之間仍是審美意蘊的重點之一。當時有名望的士大夫大都視填詞為「副業」，不會張揚，然而在現實層面，從花間以至柳詞中的豔曲，依舊是有很大的接受空間的，按黃昇《唐宋諸賢絕妙詞選》卷五，錄了柳永〈晝夜樂〉（秀香家住桃花徑）一詞，注曰：「此詞麗以淫，不當入選，以東坡嘗引用其語，故錄之。」柳詞中有「層波細翦明眸，膩玉圓搓素頸」句；東坡〈滿庭芳〉（香靆雕盤）有「膩玉圓搓素頸，絲嫩新織仙裳」句，一語相同，故有謂「東坡嘗引用其語」。可知如東坡，亦非完全沒有綺羅香澤之語；至如歐、晏、張諸公，豔詞屢見更是不容爭辯的事實。

　　約言之，柳詞詞材的多元化在當時小令當行的時代確豐富了詞的內涵，使其具有更廣泛的社會基礎和接受空間。

四、以情為尚

　　詞乃「以情感人」的文學樣式，柳詞的情感主線，「痴」與「狂」的結合在更深的程度上打動了接受客體。

　　與「豪放」詞派風格相異，柳永的痴情詞情深意婉，其濃郁的纏綿悱惻情調，代表着典型的婉約詞風，時又摻雜「脫放」特徵；從其詞情觀之，呈內斂式與外放式多維的審美特徵。若其「痴」者，或「千般思慮」，或「輾轉無眠」，或「懨懨似病」，或「凝眼慘懷」，或「銷魂」，或「幾度垂淚」，或「萬恨縈紆」，或「憑欄盡日」，深情綿邈，愁腸百結；若其「痴狂」並陳者，情緒空間卷挪翻躍，

愁懷淩亂（內）而狂歌（外），復又愁緒難整（內）（如〈傾杯〉）；或黯然凝愁（內），狂歌痛飲（外），而終許以痴情無悔（〈鳳棲梧〉其二），表現出多層的結構模式。若論其情致之專注，則確乃「兒女情長，風雲氣少」，以「才子佳人」式的情結為尚。

就其「狂」之表現特徵。則又在一定程度上昭示着「今之從政者殆已」、「再言之者，傷之深矣」而轉向疏狂的行為特徵。這一點不難理解，柳永一生仕履無定，入世不得，出世又不甘，煎熬其間。放浪形骸的行為背後或多或少意味着失意、潦倒，甚或對現實事功的汲汲不得而憤激、失望等複雜情感內涵，它的出現不全是社會制度壓抑的產物。當中創作主體狂放不羈的浪漫性格發揮着一定作用，現實社會與個人性格的不協調，以至出現反撥，深化了這種狂的意涵。同樣道理，觀之於柳永對痴之私淑，亦復如是。從其本質觀之，無論是痴抑或狂，都有太過而未能做到「執中」，如依學理釋之，則是「執中無權」，一味痴或狂以許之，實質上有「執一」之偏，容易造成「思深而失雅」。不過，從社會文化學或心理學的角度觀之，則誠然又包含着對社會生活本質上某個層面的揭示。

其「情感」內涵固有「卑俗」的一面，然當中不乏「情真意切」的一面，從道德價值的角度觀照，誠然有很多值得批判的地方，然而以詞審美意蘊的認識把握，「就不能僅以傳統社會價值觀點作為衡量的尺碼，而應以個體生命的存在形式及對自我的認識這一角度，去分析宋詞的生命意識。」[6]柳詞中，撇開一些較具爭議性的作品，其對「情」之主題的詠嘆，同樣在高度上體現了人類追求身心相對自由的終極關懷，雖帶有消極傾向，卻有一定的合理

6　孫立：《詞的審美特性》（台北：文津出版社，1985 年），頁 105。

性。因此，對其情之內涵正不必悉意以排斥之。

　　從實質的接受層面，無論是其纏綿悱惻的真情雅情，抑或放縱風流的「濫情」，由於皆發揮到「極致」，因而頗有「直入人心」之功，知之高雅者愛之惜之，不知之者或鄙之者則聊資談笑。無論如何，柳詞的「情」之突顯確乃其詞作感染人的關鍵之一。

五、善擇腔調

　　論新聲曲調的創制之功，就數量看，柳永比周美成多，又高蘇軾幾許。所謂「柳詞曲折委婉……高處足冠羣流，倚聲家當尸而祝之。」[7]誠非虛言。詞從音節上言，有長短急慢之異，從聲情上，有哀樂剛柔之別，其與音樂之關係在發展初期可以說是不可分割的「二合一體」，所以音樂對於詞比起詩歌辭賦等文體就更顯得重要了。

　　張炎〈詞源・制曲〉有云：「作慢詞看是甚題目，選擇曲目，然後命意。」楊纘〈作詞五要〉亦曰：「第一要腔。」可見為詞先擇腔調的前提，蓋「凡聲既以宮分，而一宮又有悲歡、文武、緩急、閒鬧，各異其致」[8]。柔媚之詞忌雄曲，豪放之詞忌豔歌，否則南轅北轍，聲調離異。由於柳永在音樂方面的突出天賦，最善度曲選調，而且善於根據同一曲調的大體輪廓，進行各種變奏處理，使之符合於不同的內容要求，給予了詞更大的自由調度空間，所以儘管在曲調的「規範化」不及周邦彥，亦未能定立嚴格的法度格律，然而就其接受範圍而言，卻因之而廣闊許多。《碧

7　宋翔鳳：《樂府餘論》。

8　查繼佐：《九宮譜定總論》。

雞漫志》所載柳永「能擇聲律，諧美者而用之」云云，正道出柳詞多美腔與新聲之特色。吳熊和亦謂：「教坊樂工的新腔，聲律諧美的美腔，構成了柳永詞調的主體。柳詞聲傳一時，連不識字的人也喜歡，同這些新腔、美腔是分不開的。」[9]姑勿論他們對柳詞的內涵真正了解有幾許，然動聽確是認識以至接受不可或缺的第一環。觀乎《樂章集》，如〈訴衷情〉、〈訴衷情引〉、〈臨江仙〉、〈雨霖鈴〉、〈柳腰輕〉、〈佳人醉〉、〈紅窗迴〉、〈蝶戀花〉等等，婉約柔媚，相題選調，一拍即合，因而詞之聲情並茂。而且，由於「裁體」有度，技法得宜，大多能揮灑自如，有如行雲流水，聲情流麗，歌不滯澀，自然不會使人聽之廢然。

加之，柳永之世，「新聲競逐」，假若能自構詞調，超越花間範式，是普遍人們所喜見的。《樂府餘論》就謂仁宗之世，「中原息兵，汴京繁庶，歌台舞席，競賭新聲」。柳永生當其時，《樂章集》的新聲，就印證了這一盛況。柳永有〈玉蝴蝶〉一詞，描述了市井間歌妓「索新詞」、「按新聲」的概況，另如「佳娘捧板花鈿簇，唱出新聲羣豔伏」（〈木蘭花〉）、「風暖繁弦脆管，萬家競奏新聲」（〈木蘭花慢〉）、「是處樓台，朱門院落，弦管新聲騰沸」（〈長壽樂〉）云云，皆可互為印證。正是由於與時代風氣緊密契合，柳詞因而聲傳四方，風動一時。

六、傳播範式

上面所論，說明從種種角度觀之，柳詞皆具備了「流行」的條件。然而深入解析，何以以當時社會的交通訊息，會傳播得如此

9　吳熊和：〈選聲擇調與詞調聲情〉，《詞學論集》（杭州：杭州大學出版社，1999年），頁28。

廣泛？當中除了《樂章集》的抄本較早面世外，其主要傳播範式：

創作主體（詞人）→傳播中介（歌妓）→接受客體（聽眾）

可以說發揮着相當重要的傳播力量。

　　從詞的社會文化學角度：「在唐宋，歌舞佐酒與填詞聽歌，是司空見慣的社會文化現象。歌妓獻藝尊前，歌舞佐酒，是為了娛賓遣興；文人競采尊前，應歌填詞，是為了獲取『心醉』的美感享受。兩者雖然相互牽掣，各有羈絆，但相輔相成，相互驅動。」[10]可知歌舞佐酒對詞人創作意慾的推動和傳播之功。「柳耆卿為舉子時，多遊狎邪，善為歌詞，教坊樂工每得新腔，必求之為詞，始行於世，於是聲動一時。」[11]更清楚地說明了彼此間的互動關係。

　　可以說：「詞人→歌妓→聽眾」這個傳播範式，是整個唐宋詞得以發展不可或缺的環節之一。而柳永之詞，較諸兩宋詞人，更典型地代表着「伶工」與「士大夫」合作無間的模式。一方面，它沒有完全脫離晚唐五代以來伶工之詞的本質，另一方面，也未完全走向詞後期唯格律是尊的境地，從詞的發展歷史觀之，柳永詞正處於由「伶工之詞」過渡到「士大夫之詞」的轉捩點。這就從根本上決定了柳詞比之稍後的作家在音樂性和文學性的兩方面表現得更為均衡的特色。是以李清照〈詞論〉雖對柳詞「詞語塵下」有微詞，對其音律諧婉而大得聲稱於世卻是肯定的，對蘇詞則在肯定其「學際天人」的才華後，曰之「皆句讀不葺之詩爾，又往往不協音律者。」李氏所論，固未能洞察蘇詞「不喜裁翦以就聲律」[12]的一面，亦未能就柳詞聲律諧婉提出進一步解釋。如今審視之，

10　沈松勤：《唐宋詞社會文化學研究》（杭州：浙江大學出版社，2001年），頁105。

11　葉夢得：《避暑錄話》，卷下。

12　陸游：《老學庵筆記》。

當可知歌妓藝人的中介發揮着重要的作用，因為詞要備「歌欄酒榭，絲而竹之」的大前提，就必然要合樂叶律。

北宋之世，尤其在仁宗之時，天下大治，勾欄瓦舍、酒樓茶館林立，當時歌妓唱詞，為市民提供娛樂和消遣普遍成風，「歌管歡笑之聲，每夕達旦，往往與朝天車馬相接，雖風雨着雪，不少減也。」[13] 又孟元老《東京夢華錄》載：「輦轂之下，太平日久，人物繁阜。垂髫之童，但習鼓舞；班白之老，不識干戈。時節相次，各有觀賞……舉目則青樓畫閣，繡戶珠簾，雕車競駐於天街，寶馬爭馳於御路，金翠耀目，羅綺飄香。新聲巧笑於柳陌花衢，按管調弦於茶坊酒肆。八荒爭湊，萬國咸通。集四海之珍奇，皆歸市易；會寰區之異味，悉在庖廚。花光滿路，何限春遊；簫鼓喧空，幾家夜宴。伎巧則驚人耳目，侈奢則長人精神。」可想象在這種場地唱詞，其接受客體之廣之雜。當其時，柳永是歌妓伶工「要索新詞」的重要詞人之一，「一經品題，聲價十倍」[14]。因而傳唱者「愛其詞名」，「每得新腔，必求永為詞」也就不足為怪了。藉着傳唱者動人的詞腔，樂器的配合和舞蹈的表演等形式，又加強了其傳播的力量。

綜而言之，雅俗並陳，題材多元，以情為尚和善擇腔調的文本特色雖已具備流傳之潛力，但脫此傳播模式很難想象「柳永熱」在詞學領域會達到如此的盛況。

13　《武林舊事》，卷 6。

14　羅燁：《醉翁談錄》。

詩壇奇葩 —— 思若三齋詩詞

　　香港詩壇的古典詩詞創作活躍，然而鮮能引起學者重視和專門研究。本文以《思若三齋詩詞對聯集》[1]（以下簡稱「思若三齋詩詞」）為考察中心，略窺當代代表詩家的創作特色。這部作品是香港南來詩人杜振醉五十多年文學創作結集及評注版，從 1962 年廈門大學學生時代到香港的工作生活，抒寫了個人的情感及對歷史、人文等多層面的深邃思考。作品具有傳統詩詞典雅文華的美學意蘊，句有其秀，神有其美；並以具史識和文識的佳作表現出文化底蘊和新知卓見；亦具鮮明的時代感，尤其是針對中國社會和國際時事的作品；同時，展現了當代知識分子曲折的心路歷程。本文精選該文本的代表作品，結合理論，綜合梳理出四項主體特色，亦試圖揭示當代南來詩人寫作古典詩詞的獨特性。

一、詩中有畫，畫中有詩

　　「思若三齋詩詞」具有典雅文華的美學意蘊。詩篇表現出情景交融、人情物理相得的本色，不乏「詩中有畫，畫中有詩」的意境清新之作。本集所選早期田園和校園的作品，佳作最多。田園詩源於個人對生活環境的感知；校園詩則顯現作者大學時代的風華。如小令〈夢江南・廈門素描〉（五首）、絕句〈校園春曉小雨〉、〈山村抗旱風景線〉、詞作〈采桑子・踩水車〉與七律〈曉晴〉，等等。

1　杜振醉：《思若三齋詩詞對聯集》（廈門：廈門大學出版社，2016 年）。

（一）校園風光

　　首先，以〈夢江南·廈門素描〉[2] 為例。這一組詞寫於 1960 年代初，為詩人大學時代的作品。組詞中所描繪的是當時廈門的風貌，讀完令人對鷺島產生一種「秀美甲東南」的印象。詞在擇調方面，選取了輕靈約美的〈夢江南〉，而重點則轉向描寫詞壇上罕有涉及的「夢東南」，填補了當代詞人描寫鷺鄉景觀的從缺。詞作五首，全用第十二部「尤」韻，一韻到底，「尤」韻柔和的獨特效果，彷佛輕曲五疊，反覆詠唱。藝術上做到「形散神凝」，句有其秀，神有其美，洵為佳構。

　　　　其一

　　　　閒望遠，鷺島正清秋。氣爽天高舒麗日，潮平岸闊漾輕舟。陣陣起沙鷗。

　　　　其二

　　　　風致別，鼓浪綠芳洲。曲巷彎街塵不染，翠遮紅映小洋樓。琴韻幾聲悠。

　　　　其三

　　　　佳麗地，集美盡風流。碧瓦紅磚羣校舍，天空海宇一方疇。僑領喜回眸。

　　　　其四

　　　　天籟也，廈大獨清幽。面海背山連古寺，荷塘菜圃芙蓉樓。樓外鳳凰遊。

　　　　其五

　　　　沙灘好，夕照落霞浮。同學課餘閒信步，亦陪童稚壘沙丘。拾貝樂連留。

2　同上注，頁 177。

　　首闋詞從大處着墨，環顧鷺島。起句「閒望遠」，縱目遠眺，一個「閒」字，一個「遠」字，神態悠閒，意境開闊。清秋時節的鷺島，天朗氣清，雲淡風輕。詞人寫道：「氣爽天高舒麗日」，一個「舒」字，呼應前面的「閒」字，寫出鷺島的大自然氛圍。接着寫「潮平岸闊」，則突出了「遠眺」所見。一個「漾」字，閒情雅態，盡顯無遺。風帆過處，更伴着沙鷗陣陣，海闊天空，自由地飛翔。這一闋詞，格調輕盈，節奏清通明快，其情景寫來賞心悅目，觀之令人心曠神怡，一幅清新淡然的「鷺島清秋圖」躍然讀者眼前。第二闋詞鏡頭聚焦於鼓浪嶼。小島上「曲巷彎街」，縱橫交錯，清潔幽靜，特別是一幢幢小樓，風格各別，紅磚與綠樹相映，顯得格外醒目。由於歷史的原因，鴉片戰爭後，廈門是首批對外通商的五個口岸之一，晚清以來，很多洋人都集中聚居在這個風景秀麗的「綠芳洲」上。詞中「翠遮紅映小洋樓」，是小島這道獨特風景線的真實寫照，訴說着歷史留下的印記。鼓浪嶼素有「鋼琴之鄉」的稱號。在明淨的小島上閒逛，經常可聽到悅耳的鋼琴和小提琴聲，音樂與海浪的節拍相和，特別迷人。詞的結句「琴韻幾聲悠」，美妙之音，彷彿就在人們的耳畔迴旋。接着第三闋詞，鏡頭聚焦於集美區。詞中以「碧瓦紅磚羣校舍，天空海宇一方疇」突顯這一道獨特的人文風景線。集美學村校舍林立，是由著名華僑領袖陳嘉庚捐資建造的現代建築羣。其一式的「碧瓦紅磚」，林木掩映，蔚為奇觀。鼇園於 1950 年，由陳嘉庚捐資興建並親自督造，其最顯著特色，除地貌妙合天然外，就是以門廊兩廂為主而遍佈全園的青石雕刻，內容包括歷史人物故事與各界名流的題辭、楹聯，融匯了飲譽中外的閩南石刻藝術精華，有「石刻博物館」之稱。此兩句既形象地突出集美這顆璀璨的明珠光芒四射，也從側面詠讚了陳嘉庚對集美所作出的貢獻。第四闋詞，詞人把鏡頭聚焦其正在就讀的校園 —— 廈門大學，表現出一位「校園

詩人」獨特的審美觀。廈大校園可詠寫的風物眾多，詞人擷取了菜圃荷塘與芙蓉樓三個別具風韻的意象，勾勒出校園之幽美。逾百畝的菜圃，柳掩荷塘，阡陌縱橫，四時蔬菓繁茂，恰如一方碧玉鑲嵌在校園正中央，饒有田園風味。而芙蓉樓是廈大最具特色的建築羣，樓如其名，富有美感。樓羣一式四幢，依五老峰山勢的走向而建，並以百畝菜圃為圓心而形成新月形的佈局。芙蓉樓羣用作學生宿舍，學子們朝夕對着這嬌青嫩綠的園池，增添了幾許生活情趣。芙蓉樓前均種植有一行鳳凰樹，春來花開，豔紅似火，與芙蓉樓相映成趣，傳說鳳凰常棲於此。詞人以「樓外鳳凰遊」作結，豐富的聯想力使芙蓉樓披上一層神奇的色彩。最後的一闋，詞人擷取了學子們課餘在海灘漫步的一個場景，抒寫大學時代天真純樸的生活情趣。此詞寫來筆調輕鬆，似不經意，卻字字珠璣，環扣主題，形似散，而神實不散。詞人以沙灘拾貝的課餘逸致，有意無意間帶出「沉醉不知歸路」的詞意，從而，白城沙灘作為又一景，和前四闋綴成一串閃爍的珠鏈。

　　如今，廈門已然成為一個繁華的海港城市，廈門大學規模亦已數倍於前。組詞中所吟詠的廈、鼓、集美物華及廈門大學天籟，展現了上世紀中葉廈門的文學圖像及當年的廈大校園風光，更具歷史文化價值。再看看〈校園春曉小雨〉[3]一詩：

> 耳畔輕雷池上蛙，校園小雨潤春華。
> 芙蓉樓外披新綠，五老峰頭籠白紗。

大學時代，風華正茂，正是豪興滿懷的年齡，詩情畫意，往往自然流露於作品中。廈門大學的校園生活，校園的一草一木，在詩人的心目中，都是那麼的美好。作者的詩詞集中，涉及抒寫校園

3　同上注，頁115。

情景的篇章，多有佳構。〈校園春曉小雨〉是其中之一。此詩以
廈大校園的「春曉小雨」為題，運用清麗的白描手法，營造出幽美
的意境，而又情在言外。首兩句「耳畔輕雷池上蛙，校園小雨潤
春華」，從聽覺和視覺上着墨，應「春曉小雨」的主題，貼切傳神：
校園清曉，春雷初動，青草池塘，蛙聲和鳴，細雨如絲，潤物無
聲。「小雨潤春華」五字，體物入微。春天萬象更新，物華競秀，
本來就是美好的，令人振奮的；而美麗的校園，一花一草一木，
欣得「好雨」的滋潤，更是生機勃勃，春意盎然。這使人自然地聯
想起杜甫〈春夜喜雨〉「好雨知時節……潤物細無聲」的詩意。首
二句娓娓道來。隨之，詩中突顯出兩個雨中饒有特色的景觀：「芙
蓉樓外披新綠，五老峰頭籠白紗。」作為廈大主體建築羣之一的
芙蓉樓，美如其名。在細雨霏微中，樓前一行行、一株株的鳳凰
木，柳岸桃蹊、阡陌縱橫的百畝菜園，顯得更加枝葉扶疏，青翠
欲滴。而校園背倚風光奇秀的五老峰。換一個角度，舉目仰望五
老峰頭，但見輕雲薄霧繚繞，有如籠罩着一層白紗，增添了幾分
神秘感。這兩句一句一景，自然構對而意象逼真，加上「披」字、
「籠」字的畫龍點睛，呈現出一種清新中帶矇矓的圖景。此詩寫
來，文辭約美，筆調輕清，物象動靜有致，色彩濃淡相宜。讀之，
使人如臨其境。

（二）田園意趣

　　思若三齋詩詞中的田園詩各擅勝場，別有風味。試看〈山村
抗旱風景線〉[4]，可見一斑：

> 三月山村春旱急，池邊溪畔水車稠。
>
> 光臀兜肚誰家稚，鼓點踩溜時吊猴。

4　同上注，頁 108。

此詩以七絕出之，在短短的四句 28 字中，詩人就眼前景輕輕拈來，點染出一道令人眼睛一亮的景觀，質樸無華而妙趣橫生，堪稱田園詩的「妙品」。夏曆三月的閩南農村，是春耕插秧的季節，水是不可或缺的。可偏遇上春旱，從溪底池中汲水注入農田便成為春耕的首要一環。池塘邊、小溪畔，分佈着一架架的水車。詩的開頭兩句：「三月山村春旱急，池邊溪畔水車稠」，正是從總體上概括描述這道「抗旱風景線」的景象。一個「急」字、一個「稠」字，亦將人們視線吸引到池邊、溪畔的水車上。接着，詩人不是一般地描寫農人怎樣使勁踩車，如何汗流浹背，而是宕開一筆，突顯一個特寫的鏡頭：「光臀兜肚誰家稚，鼓點踩溜時吊猴」，帶給人們一個驚奇。但見有架水車上，一個小童，光臀赤背，只掛一隻兜肚，鼓點踩溜，腳步落空，雙手抓住扶桿，像猴子吊在樹椏上一樣。這情景帶點驚險，饒有趣致，但不是小孩玩遊戲，而是學車水頗難避免的現象。在上世紀六十年代或之前，閩南山村，幾乎每個農人都必須參與踩水車的勞動，且通常從小就要學會這種技能。初學階段，腳步未能和上車輪轉動的節拍，會時因「踩溜」而「吊猴」；稍為熟練，就不會再發生了。詩中還側面反映一種現象：當時農村的孩童（主要是男童），有不少是直到六、七歲還只掛着一隻兜肚，甚或是赤身的，可見當時農村還是比較貧困的，對孩子的撫養也是比較粗放的。此詩一如詩人的其他田園詩作一樣，詩風清新淡雅。詩境則帶有閩南農村的地方特色，在一定程度上反映出當地在這特定時期的民俗民情。

同是寫水車，〈采桑子·踩水車〉[5] 詩人則從另一角度，將費力使勁的農活，寫得輕清愉悅，洋溢着詩情畫意。其詞如下：

5　同上注，頁 205。

柳風蘭露晨方好，山色清奇，村野含暉。欸乃歌聲溪畔飛。

攀登千級人原在，腳步頻移，汗滴淋漓。日上青苗水滿畦。

〈采桑子〉詞牌，又名〈羅敷媚〉、〈丑奴兒令〉。唐教坊大曲有〈楊下採桑〉，南卓《羯鼓錄》作〈涼下採桑〉，屬「太簇角」。此雙調小令，就大曲中截取一段為之。〈尊前集〉注「羽調」。《唐音癸籤》歸入「清商西曲」。西曲多寫人婦的相思離別，或表現勞作的情境。本詞詠農事，副題「踩水車」，相調選題合宜，是一首具本色的小令佳作。詞作 44 字，上下闋各四句三平韻，分別為第三部之「奇」、「暉」、「飛」、「移」、「漓」、「畦」。

　　閩南丘陵地帶的農田作物，即使是「好雨知時節」，亦經常要用水車從小溪或池塘汲水灌溉，而遇上天旱不雨，更不待言。故「踩水車」（俗稱「車水」）為農事的常規作業之一。據作者憶述，他七八歲就學會踩水車並開始參加這種勞動。這首詞，蘊含着作者親身的經歷。

　　詞的上闋，寫的是大清早踩水車的氛圍。人在水車上，迎面晨曦初照，柳風輕拂，入眼「山色清奇，村野含暉」。末句「欸乃歌聲溪畔飛」，直接點出「踩水車」的主題。腳下水車轉動，發出「欸欸……乃乃……」的聲響，有如歌聲悠揚，從小溪畔飛起，在田野上迴旋。上闋藉踩水車時觸覺、視覺、聽覺等的美好感受，把這種強度甚大、好比登山的體力勞動，寫得輕鬆愉快，富有詩情畫意。下闋承接「欸乃歌聲」，形象地展現踩水車的真實情景：人在水車上，握着扶手，腳板使勁踩踏，卻是「攀登千級人原在」，腳步移、水車轉而人則原位不變。這正是水車這種灌溉農具設計巧妙、富有特色的地方，亦正是踩水車辛苦、人人「汗滴淋漓」的因由。然而，辛勞沒有白費，「日上青苗水滿畦」，朝陽冉冉升高，水流源源不絕地輸送到田間，滋潤着青苗。全詞純

用白描手法寫出，語言洗練，意境清新，不染一點塵埃，自然流露出獨特的田園風味，恍如詩經中的「國風」，「可以興，可以觀」（《論語・陽貨》）。

　　而〈曉晴〉[6]中所見的田野風光，則是人情物理兩相得，觸摸得着：

> 天上彩虹開曉鏡，人家煙紫裊晴空。
> 小溪流水猶平岸，滿野禾苗色更葱。
> 池畔黃鶯呼麗日，陌間新燕翦清風。
> 欣欣物理自相得，世外桃源畫卷中。

在文學創作上，有謂「文章本天成，妙手偶得之」。〈曉晴〉一詩，詩人從立意、選材、手法運用到意境的營造，匠心獨運，詩中情、景、理和諧交融，達到渾然天成的藝術境界，讀之使人有如沐浴於田野輕拂的清新之風。

　　先說立意。此詩題為〈曉晴〉，詩人立足山村，但眼界並不囿於山村，而是從所選取的景物揭示大自然的「欣欣物理」，以小見大。圍繞這思維，在選材方面，詩人從宿雨初歇，「天上彩虹開曉鏡」揭開序幕，剪取鄉村人家的裊裊炊煙、流水琤琮的小溪、田野青葱的禾苗、池畔陌間的鶯燕等親切可人的景物，從視覺和聽覺上帶出大地新晴清曉、生機盎然的景象。詩人以純熟的白描手法，並運用對比、擬人等多種修辭技巧，清脆的鶯啼聲和潺潺的流水聲就好像音樂的協奏曲，與蔚藍的天空、青葱的田野，蔚成有靜有動、和諧協調的山村氛圍，處處突顯「清新嫩綠」的色調，以回應「曉晴」的主題。而景物之間似乎都有靈性，「池畔黃鶯呼

6　同上注，頁50。

麗日，陌間新燕弄清風」，牠們之間互相唱和，樂也融融。一幅清新、澹然、和諧的「世外桃源」畫圖躍然紙上。詩的點睛之句「欣欣物理自相得」，融情入景，寓含哲思，讀者自可細細尋味。詩以意境為上。品讀此詩，「詩中有畫，畫中有詩」，有幾分肖似唐代詩人王維筆下的詩境，而出於七言律句，尤不易為。

（三）山水畫卷

山水田園，可說是田園詩的雙翼。思若三齋詩詞中有不少篇章是吟詠山水景觀的，藉古體詩〈西湖行〉、七絕〈西湖雪景〉與小令〈夢江南〉（二首）為例，亦典型體現出句有其秀、神有其美的特色。

〈西湖行〉[7]是詩情畫意西湖浪漫遊之寫真：

> 萬里驅車欲赴京，中程少駐在杭城。
> 夢遊西湖成真實，攜友遊湖繞湖行。
> 天公作美顯奇景，巧排一日陰雨晴。
> 山色空濛樓台隱，湖光瀲灔亭榭明。
> 西子顰笑俱佳好，麗質媚態本天成。
> 柳拂蘇堤似春曉，曲院風荷猶婷婷。
> 斷橋殘雪話借傘，平湖秋日漣漪輕。
> 花港觀魚魚潛躍，未到柳浪先聞鶯。
> 雙峰插雲雲腳低，虎跑流泉泉水清。
> 雷峰夕照暮雨歇，南屏晚鐘傳遠聲。
> 小瀛洲上尋仙跡，三潭印月待月昇。
> 斗轉星移興未了，沉醉湖山何限情！

7　同上注，頁11。

全詩可分為四部分。開首四句為第一部分，寫「繞湖行」的緣起；接下六句為第二部分，總體描狀「一日陰雨晴」中的西湖風貌；從「柳拂蘇堤」到「待月昇」十二句為第三部分，分別描繪西湖十景的景觀；最後兩句為第四部分，收束全篇。據詩人回憶，1966年秋，在北行赴京的列車上，即跟同班同學周炳文約定：杭州駐足時，一起徒步環遊西湖。清早起來，卻逢秋雨濛濛，兩人更加雀躍，在湖畔小攤檔各買了一把紙傘，加上一幅「西湖全景圖」，開始了一日的遊程。「天公作美」，因緣巧合，一日之中，時陰時雨時晴，更為美麗的西湖展示出不同的風貌。詩人自然而然地聯想起坡翁筆下「初雨後晴」的西湖奇觀而點化入詩。「山色空濛」兩句，描繪出西湖在陰雨中與麗日下的各種景觀。「西子顰笑」兩句，以西子輕顰淺笑的不同嬌態比擬西湖陰晴的姿采。詩進一步以動態描寫勾畫出「西湖十景」，一句一景，連珠成串，把「十景」寫活，而筆墨極為清簡。「柳拂」兩句，把「蘇堤春曉」、「曲院風荷」融入秋遊的景觀中，別出心裁。「斷橋」兩句，以「話借傘」增添了「斷橋殘雪」的詩情畫意，而藉望湖亭的聯語寫出日間到遊「平湖秋月」的氣象。「花港」兩句，繪聲繪色繪影，「未到」「先聞」造語尤為工巧。「『雙峰插雲』雲腳低」寫眼前景，「雷峰夕照」、「南屏晚鐘」與「三潭印月」移時換景，照應一日遊。

此詩以「行歌」式的「歌行體」寫遊興，自由舒展，酣暢淋漓。音韻上，以接近上古漢語的閩南語言，隔句用韻，聲情並茂。詩風方面，「典雅文華」，一脈貫穿，遣詞造意，美不勝收。全詩的鋪排，也暗含起承轉合的結構特色，由杭城少駐，到「一日陰雨晴」的巧遇奇觀，再到「西湖十景」的勾勒，最後以「斗轉星移興未了，沉醉湖山何限情」作結，一氣呵成。明代文學家徐師曾在〈詩體明辨〉中對「歌」、「行」作了如下解釋：「放情長言，雜而無方者曰歌；步驟馳騁，疏而不滯者曰行；兼之者曰歌行。」唐人

張若虛〈春江花月夜〉的出現，可說是這種體裁成熟的標誌。本詩在創作上和美學方面，有〈春江花月夜〉的影子。

又，〈西湖雪景〉（次韻楊萬里〈曉出淨慈寺送林子方〉）[8] 一詩：

> 堪羨西湖數九中，銀妝不與綠妝同。
> 誰家玉女臨風立，標格紅妝分外紅。

此篇運用顏色對比的映襯手法，勾勒出西湖雪景中的一個獨特鏡頭。在詩人眼中，西湖的四時景觀，最堪羨慕的是在數九隆冬時節的雪景。因為西湖位處氣候和暖的東南沿海，與北方數九期間每有大雪飄揚不同，這是可遇而不可求的。偶爾一場飛雪，把綠水青山掩藏，銀妝素裹，分外妖嬈，與春天夏日常有的「綠妝」恰成一鮮明對比。當此之時，詩人眺望湖上那彎彎曲曲的小石徑，發現一位純樸清麗的玉女，臨風佇立，雪花點點，如夢似幻。隨後一句，「標格紅妝分外紅」，以點睛之筆，烘雲托月，在銀色世界中現出一點紅，登時讓人眼前一亮。全詩有點有面，色彩鮮明，一幅「紅衣玉女依雪圖」躍然讀者眼前。

小令〈夢江南〉（二首）[9] 異曲同工，一寫「西湖煙雨」，一寫「西湖初晴」，詞句優美，妙語連珠，盡顯詩情畫意，是具有意境的佳作。

> 其一、西湖煙雨
> 西湖美，煙雨籠平明。萬物斂妝生靜謐，一帆穿霧載歌行。人在紫霄廷。
> 其二、西湖初晴

8　同上注，頁 152。
9　同上注，頁 239。

　　　　西湖好，難得是新晴。山氣輕清凝翠黛，湖光瀲灩浴金星。
　　心鏡似波澄。

起句「西湖美，煙雨籠平明」，詞人詠讚西湖，碧波如鏡，清曉時
分，濛濛細雨，狀似輕紗覆蓋。一個「籠」字，用得精巧。接着
的「萬物斂妝生靜謐」，「斂」字也用得傳神，以「靜謐」的意境帶
出西湖的煙雨天。大自然的一切，在朦朧迷離之中，似乎早已渾
然未可知。當此之時，一葉輕舟無聲划過，遊人彷彿就在水晶宮
中漫行。一幅煙雨西湖的畫卷，躍然就在眼前。西湖新晴，湖光
山色，如同換上了翠綠的新妝，別有一番新意。詞中寫「山氣輕
清凝翠黛」，一個「凝」，帶出花草樹木於霧氣似散未散之際，含
着晶瑩的水珠，更顯翠綠。「湖光瀲灩」則暗用蘇東坡「水光瀲灩
晴方好」詩句，而其「方好」的地方，詞人以獨特的比喻指出，在
於「浴金星」：陽光點點，沐浴於波光粼粼之中。結句「心鏡似波
澄」，寫雨後初晴，心鏡恍如波鏡般明淨，澄澈通透，更是意在言
外。詞中「明」、「行」、「廷」與「晴」、「星」、「澄」的韻腳運用，
清揚輕快，和詞境相契，讀來使人對西子湖產生一種更為明淨的
感覺。

　　以上作品可以說是古韻新詠，帶有傳統詩詞的美學意蘊，具
有詩味、詩意、詩境。詩非散文，更非報告文學，最忌直白。當
代人寫作古典詩詞時，很容易受到現代白話文的影響，「我手寫
我口」，但詩應該有詩的語言，原則上應力求凝練、含蓄、形象、
文華，言有盡而意無盡，預留空間給讀者想象。本集中的「雙圓」
作品，大多朝着「詩本位」這一創作方向，昭示着現代人也可寫出
「詩情畫意」的作品。古典詩詞是一份寶貴的文學遺產，可點撥、
傳承及轉化，古為今用。唐詩宋詞的藝術成就確為人們提供了一
個典範，藝術美感並不會因為時隔千百年而生隔膜。

二、文識史觀，個性躍然

　　思若三齋詩詞中後期以具「文識」和「史識」的作品最為突出，這與杜氏治文史三十多年有深層的淵源。這也是其最具個性的一部分，以〈讀詩十絕句〉（外四首）和〈國共三大戰役感賦〉、〈讀史戲題〉、〈憶秦娥・中日關係回眸〉（六首）為代表。

　　現擷取〈讀詩十絕句〉其六〈南唐李後主集〉（外一首）[10] 證之。作者在「正詠」激賞李後主的詞品詞格之餘，進而就後主作為亡國之君的悲劇，將他置於歷史的漩渦中解讀：

> 問君能有幾多愁？南面帝王違命侯。
> 國祚已移新姓氏，豈容舊主再回眸！

李後主〈虞美人〉一詞之「問君能有幾多愁？恰似一江春水向東流」，是讀者耳熟能詳的名句。本詩另立新意，劈空一句，引用原詞入詩，跟着以「南面帝王違命侯」作答，甚是耐人玩味。「違命侯」是後主歸宋後太祖「賜」給的封號。對於本是尊貴無比的「南面帝王」來說，當然是莫大的諷刺。可自古以來，成王敗寇，一旦成為階下囚，也只能任人虜虐。李煜之所以愁似一江春水，由這一句詩正可坐正答案。這一答案以史實出之，用語直白而運思巧妙，「南面帝王」與「違命侯」組句，中間不用動詞，同句構對，形成極大的反差，寫出後主由南唐入宋的巨變，而留下「天上人間」的解讀空間，言近旨遠。後主歸宋後，過着近乎囚徒的生活，「此中日夕，只以眼淚洗面」。史載宋太宗有一天派南唐降臣徐鉉往見後主，言談之中，後主嘆息道：「當時悔殺了諍臣潘佑、李平。」徐鉉歸，太宗召問，鉉不敢隱，太宗忌之。又聞「小樓昨

10　同上注，頁 156。

夜又東風」及「一江春水」之句，一併坐之，遂有七月七夕後主
四十二歲生日賜牽機藥之事。「國祚已移」，當然不容許後主「再
回眸」，一代詞聖於是飲恨而逝。後二句議論兼抒情，以史入詩，
一方面為後主結局感到惋惜，另一方面，以反問語氣指出這似乎
是歷史的必然，別出機杼。

〈讀詩十絕句〉其七〈樂章集〉（外一首）[11]，從中可見作者的文
學史觀。

> 殘月曉風楊柳岸，大江東去浪悠悠。
> 詩壇李杜雙峰竝，詞苑柳蘇分作猷。

俞文豹《吹劍續錄》中載，東坡在玉堂，有幕士善歌。因問：「我
詞比柳詞何如？」幕士答道：「柳郎中詞，只好十七、八女孩兒，
執紅牙拍板，唱『楊柳岸、曉風殘月』。學士詞，須關西大漢，
執鐵綽板，唱『大江東去』。」從幕士的評論，可知柳永詞纏綿悱
惻，適宜少女歌喉，方能顯其婉約；蘇軾的詞豪邁不可羈勒，格
調高逸，需要關西大漢，執鐵綽板，引吭高歌，方能顯其豪放。
本詩「殘月曉風楊柳岸，大江東去浪悠悠」兩句，以畫龍點睛的筆
觸，巧妙地化用了〈雨霖鈴〉「今宵酒醒何處？楊柳岸、曉風殘月」
和〈念奴嬌・赤壁懷古〉「大江東去，浪淘盡、千古風流人物」詞
意，從柳詞與蘇詞的名篇名句，帶出兩人一婉約、一豪放的風格。
後兩句「詩壇李杜雙峰竝，詞苑柳蘇分作猷」則從文學史的宏觀
角度，以李白杜甫在詩壇上的雙峰並立比擬柳永蘇軾兩人在詞壇
上的地位，饒有新意。在詞的發展史上，柳永在格律體制的開拓
精神是最為突出的，對於柳永所取得的階段性成就，是應該予以
充分肯定的。從整個詞學的發展史觀照，柳永、蘇軾分別代表着

11　同上注，頁 157。

詞學發展的兩個高峰，柳永的角色是首要的一環，他為詞體的生命奠定了基調，儘管他當時未必有意作為「奠基者」出現在北宋詞壇，事實上，卻無疑扮演着這樣一個重要的角色。「正詠」其七「妾身累世不分明，扶正登堂賴柳卿」，正以生動形象的比喻，肯定了柳永在詞史上的這種地位。然而詞風的全面革新，詞境的全面擴大，詞品的進一步提升，其變革之功，卻要待至詞學史上的第二座里程碑蘇軾始完成。蘇詞「任情逍遙，隨緣放曠」，柳詞「哀婉淒涼，愁緒無垠」，各擅勝場。論革新詞風，柳永詞已然開其端，從較傾向於內斂型的情感達到一個高度，蘇詞雖有婉約之風，乃以豪放、雄健、曠淡為基調，在詞學史上既有相承，又有新拓，相互輝映。綜觀全詩，有點有面，有史有評，於形象中有概論，於概論中見形象。

至於「史識」方面，可從〈國共三大戰役感賦〉[12] 見之：

> 兩軍對決三連捷，問鼎中原指顧中。
> 堪嘆蔣軍亡陣將，曾為抗日活英雄。

此詩前兩句簡括國共內戰的一段史實：1948 年 9 月 12 日至 1949年 1 月 31 日的三大戰役 —— 遼瀋戰役、淮海戰役、平津戰役，雙方均傾全力對決，共產黨三戰連捷，掩有東北、華北及中原廣大地區，堪稱「定鼎之戰」，而國民黨三戰皆北，大勢盡去。後兩句筆鋒折回，回望歷史場景，想想那失敗的一方，許多陣亡將領，乃是八年抗日戰爭中九死一生而倖活下來的民族英雄，不因外戰死，卻為內戰亡，成為殉葬者。這就是歷史。怎能不令人發一浩嘆？詩中「兩軍對決三連捷，問鼎中原指顧中」兩句，出語利落，勁力十足，以凝練的概括力，寫出激戰連場，時局急轉直下，似

---

12 同上注，頁 146。

天風海雨，無可掩抑。「對決」、「三連捷」、「問鼎」、「指顧中」，用詞傳神。接着「堪嘆蔣軍亡陣將，曾為抗日活英雄」句，「堪嘆」兩字承轉得當，轉向對歷史的思索。

詩人自 1978 年從內地移居香港後，三十多年來，一直從事歷史和中文教科書的編著工作，對以往所接受的史學觀點多有反思。其所著《國史述要》在上世紀八、九十年代即廣受香港學界的好評；及後主編的《新理念中國歷史》、《新視野中國歷史》課本等，獲得學校廣泛採用。此詩表現其以詩筆寫史的才力，其中所寓的春秋筆法，微妙地表達作者的看法，引發人們對國共內戰的嶄新思考。

而〈讀史戲題〉[13] 也別出巧思：

> 齠齡童女憑妝扮，敗寇成王任貶褒。
> 玄武門中如失手，秦王奪嫡罪難逃。

此詩題為「讀史戲題」，但並不是遊戲文字，而是讀史的體悟與反思。

詩的首兩句以七八歲的女孩子任人打扮這一日常生活中司空見慣的現象，來比擬史書是由成功者編寫並按其意志加以褒貶的。一個「任」字，用得精當，有力地說明了「成王敗寇」這一千古不易的現象。緊接着兩句：「玄武門中若失手，秦王奪嫡罪難逃。」以「玄武門之變」的典型事例，形象地詮釋何謂「成王敗寇」。雖然歷史是不能假設的，但「玄武門之變」結果的另一種可能性是可以想見的。假若秦王李世民在玄武門中失手，被擊殺的不是太子李建成而是他自己，那麼，李建成以世民「企圖奪嫡」

13　同上注，頁 148。

之罪書之正史不是順理成章的嗎？較諸李世民聲稱建成欲加害於己，可信度不是更強嗎？千百年來，唐太宗李世民被捧為獨步龍廷的明君英主典範。不過，他的皇帝寶座乃是通過發動「玄武門之變」奪嫡而來的。按照傳統禮制，得來並不光彩。唯李世民奪嫡成功，對於「玄武門之變」自可依其主觀意志大書特書，而當朝史官亦不能不「為成功者諱」，李建成便命定為歷史的反角了。此詩立意並不在否定唐太宗作為明君英主的形象，而是在對「成王敗寇」這一古今不易的歷史現象寄予感慨。

接着，再引〈憶秦娥（六首）‧中日關係回眸〉詞組略說。這個詞牌的格式，共 46 字，有仄韻、平韻兩體。聲調激越者，例用仄韻格，且多用入聲韻。此調上下片各三仄韻之餘，還有一特別之處，即第二句與第三句須用一疊韻，且第二句末三字和第三句例用連珠辭格，反覆吟詠，方能達致聲情上的層層推進。思若三齋詩詞本組詞作立題選調合宜，見出本色。詞分別用入聲韻第十七部（後四闋）及十八部（前二闋），格調激越高亢，風格一致。這六首詞詠寫的主線貫穿甲午風雲至抗日戰爭，歷半個世紀中日關係的變幻。詞作乃有感而發，筆鋒勁峭，蘊涵感情，具有強烈的愛國精神；而且運用春秋筆法，針砭時事，托興深遠。作者以史入詞，從詞中表現其史識及史觀。詩有詩史，詞亦可以有「詞史」，以這樣一個嶄新的視角來細味這組具有「史家之言」韻味的詞作，當會別有所得。

僅以其二〈「五九」國恥〉[14] 與其六〈「七七」抗戰〉[15] 為例。先言〈「五九」國恥〉：

14　同上注，頁 141。

15　同上注，頁 243。

　　　　西風烈，歐洲戰火忙傾奪。忙傾奪，倭人算計，野心難捺。
　　苛條疊疊蠻要挾，急圖稱帝和盤接。和盤接，鑄成國恥，北洋
　　軍閥。

　　「五九」國恥釀成於《馬關條約》簽訂二十年後的民國四年（1915）。
起句「西風烈，歐洲戰火忙傾奪」，指第一次世界大戰爆發，戰況
慘烈。「忙傾奪」三字的反覆詠嘆，既強調國際風雲變幻，亦抨擊
列強爾虞我詐。當此之際，日本乘西方列強無暇東顧之機，向袁
世凱政府提出「二十一條」，包括要求中國政府承認日本從德國手
中奪走的山東特殊權益。片末「倭人算計，野心難捺」兩句，突顯
日本軍國主義者機關算盡的亡我之心。下片具體寫事，夾敘夾議
兼抒情。是年 5 月 7 日，日本發出最後通牒，對袁世凱威迫利誘。
「苛條疊疊蠻要挾」，既痛陳條款之苛細，亦形象地顯現日人迫不
及待、加緊勒索的情狀；然而，袁氏為爭取日本支持他稱帝，於
5 月 9 日作出答覆：「二十一條」除第五號「容日後協商」外，其餘
「即行應諾」，幾乎可以說是「和盤接」，照單全收。日本的「蠻」，
固然令人痛恨，袁氏的「順」，更令人切齒。一句「和盤接」的反
覆詠嘆，對其賣國行徑予以強烈譴責。袁世凱政府不顧國家民
族的權益而接受日本的無理要求，可謂中國的奇恥大辱，國人視
5 月 9 日為國恥日，這就是詞中所詠的本事——「五九」國恥。
結句「鑄成國恥，北洋軍閥」，音韻鏗鏘有力，議論剴切，對軍閥
誤國的切膚之痛溢於言表。

　　而〈「七七」抗戰〉一詞，詞意沉雄，氣概豪邁：

　　　　形勢厄，國軍奮起飛鳴鏑。飛鳴鏑，醒獅怒吼，古橋馳檄。
　　地無南北連方域，人無老幼同心力。同心力，堅持抗戰，攘除
　　強敵。

1937 年 7 月 7 日，日軍藉口一名士兵失蹤，要求進入宛平城搜尋被拒，當晚隨即突襲宛平城，並砲轟盧溝橋，挑起「七七」事變。詞起句突出一個「厄」字，表明形勢已到萬分緊急的狀態；於此形勢下，駐防當地的中國軍隊奮起還擊，拉開了全民族抗日戰爭的序幕。「醒獅怒吼，古橋馳檄」，猶言中華民族有如甦醒的雄獅，被逼發出最後的吼聲，以盧溝橋事變為始點，向日「馳檄」，喚起國人抗擊日本帝國的不義侵略。此兩語即景取意，繪影繪聲地展現了這場血與火的民族保衛戰序幕。

「地無南北連方域，人無老幼同心力」兩句，是對蔣介石「盧山談話」內容的高度概括。事變後十天，即 7 月 17 日，國民政府軍事委員會委員長蔣介石在盧山發表談話，向國人宣示：「如果戰端一開，那就是地無分南北，年無分老幼，無論何人，皆有守土抗戰之責任，皆應抱定犧牲一切之決心。」詞中「同心力」三字的反覆詠嘆，有加強呼籲的效果，更顯示炎黃子孫同氣連枝、矢志不移的決心。結尾兩句「堅持抗戰，攘除強敵」，斬釘截鐵，擲地有聲。

由中日甲午戰爭到中日全面戰爭前後五十年的歷史，說明國與國關係並非「我不犯人、人不犯我」，一個民族要立足於世界，固然應該具有「化干戈為玉帛」之心，但必要時也應該有「以其人之道還治其人之身」的準備。正是在這前提下，這六闋詞其情激亢，其思深邃，主題具有民族色調而又衝破了狹隘的民族主義，足以引發我們思考中日以至其他國際關係的問題。

「詩人之詩」也好，「學人之詩」也好，無論那一類，主要還是以感性為詩之主脈，理性是隱然的、內緣的。詩的魅力應來自於運用抒情的筆法進行理性思索，而非硬銷式的議論。本集涉及文史識見的作品，筆鋒常負載感情，而非純粹以才學為詩，值得予以肯定。

三、時代意識，國際視角

「一代有一代之文學」，詩詞有其獨特的時代美感。古典詩詞在新時代貴在創而「新」之，才能有文學生命，主題上是可以大刀闊斧變革的。抒寫上具有時代感，是刷新古典詩詞創作的法徑，對傳統詩歌語言及風格帶來一定的質變也是可喜的文學現象。事實上，以古典詩詞寫具時代感的作品尤考功夫。思若三齋詩詞具有鮮明的時代特色，尤其是針對中國社會和國際時事的作品；如詞作〈水調歌頭・登日光岩〉、七律〈九一一嘆〉、古體詩〈薩達姆・侯賽因受刑一問〉、〈毒奶粉事件感賦〉，針砭時事，洵為佳作。

〈水調歌頭・登日光岩〉[16] 寫於 1960 年代初，借登臨送目抒發對國際時事的感喟：

> 登上晃巖頂，極目海天寬。鷺江帆影來去，風動水雲閒。錦繡芳洲鼓浪，旖旎花園綠島，集美霧輕漫。陣陣起靈鴿，不覺在前沿。　　天涯路，古巴事，動心弦。可堪凶鱷爭鬥，倒海攪狂瀾。熱化東西冷戰，驚爆千鈞一髮，寰宇忽如懸。兩霸一丘貉，敵愾髮衝冠。

上闋開頭兩句，寫詞人聊發清興，遊覽鼓浪嶼，登上日光巖。其時，詞人剛入讀廈門大學；此次登臨，應是首次，縱目遠眺，倍覺海闊天空。「鷺江」兩句，寫海上高帆遠影，往來穿梭；秋風清勁，白雲輕飄。一個「閒」字，既突出眼前景的清悠，亦顯見作者神色的悠閒。接下三句，由近及遠，次第寫出腳下的鼓浪嶼、面前的廈門島及遠處的集美學村。「錦繡芳洲鼓浪」的「鼓浪」，既是指鼓浪嶼，又是寫鼓浪嶼這顆東海明珠好像在水上浮動；廈門

16　同上注，頁 187。

島素以疊翠堆綠見稱，別名「綠島」，風光旖旎，有如花園一樣；眺望遠處的集美，這方佳麗地則披上一層輕紗，若隱若現。加上飛鴿陣陣，構成了一幅賞心悅目的廈鼓美景圖。

　　詞的上片，處處表現出詞人的閒雅意態。上片尾句，「不覺在前沿」的「不覺」，並非真的「不知」。儘管海峽兩岸的局勢比起是年春夏間有所緩和，但廈門市仍然處於大陸前沿備戰的狀態，只不過是詞人就眼前景宕開一筆，以渡入下片詞意的轉折。下闋詞鋒一轉，由閒適而憤激，即事抒情。過片「天涯路，古巴事，動心弦」三句，點出心境轉向的關鍵。第二次世界大戰後，美國和蘇聯分別代表兩個截然不同的經濟體系和思想陣營，世界歷史進入了東西冷戰時期。1959 年 5 月蘇聯與古巴新政府建交。古巴領袖卡斯特羅於 1961 年 4 月宣佈實行社會主義制度，從而古巴成為拉丁美洲唯一的社會主義國家，最接近美國本土。美國將古巴看作是共產主義向南美洲和中美洲滲透的一顆棋子，從 1959 年開始，美國乘機在意大利和土耳其部署對準蘇聯的核導彈，這是後來古巴危機的導火線。1962 年 5 月，蘇聯也開始秘密在古巴部署導彈。由是，美國與蘇聯之間於是年 10 月爆發了一場嚴重的軍事危機，是為「古巴導彈危機」，亦稱「加勒比海危機」，詞中「可堪凶鱷爭鬥，倒海攪狂瀾」所詠即此。「凶鱷」，指美蘇兩個霸國。古巴導彈危機被看作是冷戰的頂峰，一場核戰爭一觸即發。「寰宇忽如懸」，世界被拖入驚爆的噩夢中。詞人對美蘇兩個超級大國用世界命運作賭注的爭霸行為深惡痛絕，結句「兩霸一丘貉，敵愾髮衝冠」，抒發了這種憤激之情。詞的上下闋在節奏上一鬆一緊，用筆上一輕一重，情感上一閒一怒，恰成強烈的對比。

〈九一一嘆〉[17]則是一首情理兼備、發人省思的詩作。詩人「以詩為誌」，描寫了「九一一」這一起震驚國際的事件，而着墨於由此而引發的後續問題：

> 一聲霹靂震寰宇，大廈傾頹難再扶。
> 反恐尋仇燃戰火，揮拳擊蚤類狂夫。
> 夭夭兇手知何處，渺渺目標看卻無。
> 強國不甘吞苦果，弱邦豈可累無辜？

2001年9月11日，美國遭受恐怖襲擊，紐約世貿中心兩幢110層高樓及附近多個建築沒入火海，化為灰燼，死傷三千多人，涉及八十多個國家。此事件吸引了國際媒體連月的大幅報道，故詩的首聯寫道：「一聲霹靂震寰宇，大廈傾頹難再扶」，形容其情其景，如同歷歷在目，讀之令人不寒而慄。「九一一」恐怖襲擊，令人髮指；而美國的善後，卻又極不理性。小布殊政府藉反恐為名，貿然出兵阿富汗，欲圖捉拿阿蓋達組織頭目布拉丁；但是稽查不周，情報失誤，結果不單找不到兇手，無情戰火還禍及無辜的平民百姓。然而，作為「強國」的美國事後卻不認錯，故詩中以「狂夫」的行為，形容這種毀人家園的所作所為，譴責其製造了另一起災難。可見詩人愛恨分明，並不為強者諱。「夭夭兇手知何處，渺渺目標看卻無」，承接「揮拳擊蚤」語意，指控其盲目興兵，而兇手仍然「逃之夭夭」，不見蹤影，頗具諷刺意味。詩的尾聯，以詰問句出之：「強國不堪吞苦果，弱邦豈可累無辜？」進一步引發讀者思考這場所謂「反恐戰爭」帶來的禍害，感喟之餘，猶對美國行為亦有所鞭撻。讀此詩，可與古體詩〈薩達姆‧侯賽因受刑一問〉並觀之，從中皆可見詩人關心世局，同情弱者，思考公義的

17　同上注，頁73。

寫作出發點。

〈薩達姆・侯賽因受刑一問〉[18] 是一首抨擊強權的作品。詩人以詩議論世事，抒寫了自己的獨立見解：

> 以假當真有卻無，毀人家園類屠夫。
> 為何判死薩達姆，不是元兇小布殊？

2003 年 3 月，美國小布殊政府出兵伊拉克。其戰爭藉口是侯賽因政府擁有生化武器和與「九一一」恐怖襲擊事件有關。但事實卻是美國政府捕風捉影，誤判情報，「以假當真」，結果是既沒有找到生化武器的痕跡，亦沒有找到侯賽因政府與「九一一」有關的證據。小布殊政府這種近似「屠夫」的行為，對伊拉克造成了嚴重的破壞，烽火連天，經年累月，致使伊國人民家不成家，國不成國。這還不夠，美軍活捉了侯賽因，小布殊政府借刀殺人，利用其扶植的伊拉克傀儡政府的法庭，把侯賽因判處死刑。對此，詩人義憤填膺，以詰問式直接呼問：「為何判死薩達姆」，而「不是元兇小布殊」？造孽的人逍遙法外，而無辜的人卻被判處絞刑，這是多麼的諷刺。這一首詩反映出詩人敏銳的時事觸覺，對恃強凌弱的行為，進行了無情的鞭撻。在表現手法上，此詩以〈侯賽因受刑一問〉為題，「一問」用得精警，寓含伸張公理之義；而詩的後兩句，以反詰式出之，義正辭嚴，與「一問」互相照應，運思巧妙。

〈毒奶粉事件感賦〉[19] 亦是一首帶有時代感、富有思想性的詩作。此詩在嚴辭譴責毒奶粉事件之餘，別有懷抱，寓意深沉，發

18　同上注，頁 28。
19　同上注，頁 30。

人深省：

> 問題食品幾度聞，毒奶泛濫尤心驚。
>
> 萬千嬰幼受荼毒，父母怨恨憑誰訴？
>
> 幼苗出土半枯焦，嬌兒變成大頭佛。
>
> 奸商貪官固可憎，造孽深重該天刑。
>
> 轉念哺乳期中眾嬰孩，因何不哺母奶喂牛奶？
>
> 時代女性應反思，哺育天職安在哉！

2008年揭發出來的中國毒奶粉事件是一起嚴重的食品安全事件。起因是很多食用三鹿集團奶粉的嬰孩及幼兒被發現患有腎結石等症狀，隨後在其奶粉中發現有化工原料三聚氰氨的添加劑。國家質檢總局公佈有關檢驗報告後，順藤摸瓜，包括一些其他大企業在內的多個廠家的奶粉及奶製品也檢出三聚氰胺，事態的嚴重性令人「談奶色變」。事件重創「中國製造」商品的信譽，多個國家隨即禁止了中國乳製品的進口。詩的首二句帶出毒奶粉泛濫的令人「心驚」。接着寫「萬千嬰兒」如何受到荼毒。「幼苗出土半枯焦，嬌兒變成大頭佛」兩句，如實地刻畫出嬰兒吃了毒奶粉後成長的不正常，外貌畸型。面對此情狀，家長卻是怨恨不知何處訴。作者對那些奸商貪官發出義正詞嚴的斥責，認為他們「造孽深重該天刑」。「轉念」以下四句，筆鋒一轉，透過事件本身，提出另一重要問題，使詩的思想性提升到一個新的亮點。當我們在責怪奸商貪官的時候，「時代女性」是否也應反思，「因何不哺母奶喂牛奶？」哺育的天職，到底在新時代的女性身上，被丟到哪裏去了？身形的苗條，體態的窈窕，難道比幼苗的健康成長更為重要？作者或反問，或感嘆，語重心長，推源溯流，認為今日的女性如能有「哺育天職」的自覺，那毒奶粉事件的嚴重性本是可以減輕的。

四、心路婉曲，直筆抒發

　　思若三齋詩詞情感真摯，尤其是親情篇，如七律〈哀思〉二首，去盡蕪華，動人腑腑。又如〈詩筆塵封〉與同時期的〈古城秋聲〉、〈浪淘沙・畢業分配〉，即是詩人作為「老五屆」(1961-1965)大學生理想落差的心曲直白；而〈天堂〉、〈念奴嬌・從事教科書編著三十春秋感賦〉，則展現南來詩人在本土化過程中的風貌。

　　〈哀思〉二首 [20] 原有「後記」：「內子黃治英，於夏曆四月二十六日謝世。半紀夫妻，忽爾陰陽路隔。余一直沉緬於哀痛之中，摧心折筆。逮及臨近她的誕辰，回想去歲此際為她買生日禮物的情境，追思她平素自奉儉樸、唯子唯夫的無私奉獻，余更是情不能自己，日夜流淚。成此二律，聊寄哀思於萬一。」[21]

　　　　　　其一
　　　　　　雙鬢結緣同學妹，六年一字意拳拳。
　　　　　　酸梅初嚐新婚別，鴻雁迴飛望眼穿。
　　　　　　惜子惜夫唯克己，準男準女自承肩。
　　　　　　三更縫紉五更起，多受拖磨少睡眠。
　　　　　　其二
　　　　　　十年體弱志剛強，無力回春悲斷腸。
　　　　　　子女衣裙誰更買，詩文章句孰參詳？
　　　　　　元公顯達夜開眼，蘇子圓通鬢染霜。
　　　　　　鯉景淒淒嗟日月，香江漫漫思茫茫。

詩的第一首緬懷前期分居兩地生活的點點滴滴，娓娓道來，明白

20　同上注，頁 93。

21　同上注，頁 95。

如家常。首聯「雙髻」兩句，從與「同學妹」定情寫起。雙髻，即雙髻山，為作者家鄉的風景名山，亦為宗教名山。作者高中畢業離校當日凌晨，與同班幾位同學相約到山頂觀日出，低二屆的黃氏結伴同行。此行成為兩人締結婚盟的契機。六年後成婚。新婚不久，妻子剛剛在思食酸梅，作者卻要接受分配，遠赴北國山西工作了。南人北調，路途遙遠，一年只能回鄉探親一次；轉調回閩後不久，又赴港定居。妻子在家，只能望穿秋水，等待着遠人的來信。「鴻雁迴飛望眼穿。」婚後近二十年，過的幾乎都是這樣的日子。頸聯「惜子惜夫唯克己，準男準女自承肩」，寫妻子從一個「學生妹」到家庭主婦的擔當：既愛惜子女，照顧好子女，又關愛丈夫，讓丈夫在外安心；既能主中饋、掌家務，又能上山下田。從而，突顯出一位賢妻良母的形象。句中「惜子惜夫」、「準男準女」，帶有閩南語的風味。尾聯緊承頸聯，進一步寫妻子的辛勞。「三更縫紉」是指黃氏在高中畢業後曾從師學會裁縫手藝，為幫補家計而為左鄰右舍裁製衣服。因日間要理內理外，乃將布料收集回家，待深夜幼小兒女入睡後才挑燈製作。起早摸黑，「多受拖磨」，既是說妻子盡心盡力助夫持家，字裏行間，亦蘊含着作者對妻子的顧惜與感念。

　　第二首抒寫新近日子的悲傷思憶，當中亦追敘定居香港後一家團聚的生活情趣。起句「十年體弱志剛強」，寫妻子在近十年來抱恙，但意志頑強。雖然一家人悉心護理侍候，終是回天乏術。如今，以往的家庭生活情趣已成追憶，故作者以問句的形式沉痛地說：「子女衣裙誰更買，詩文章句孰參詳？」頸聯「元公顯達夜開眼，蘇子圓通鬢染霜」兩句，化用了元稹〈遣悲懷〉中「唯將終夜長開眼，報答平生未展眉」詩意，和蘇軾〈江城子・乙卯正月二十日夜記夢〉的「縱使相逢應不識，塵滿面，鬢如霜」詞意。元稹顯達後，倍加懷念貧困時的髮妻韋氏；曠達通變如蘇軾，因懷

念先妻王氏而滿鬢清霜殘雪。尾聯「鯉景淒淒嗟日月，香江漫漫思茫茫」，亦景亦情，寄寓了作者無窮無盡的哀思，涵蓋全篇。鯉景灣屋苑居所，「三面圍景一面海」，四時常青，面對維港，日出月昇，浮光掠金，但今時今日，在作者心中眼裏，日月失色，慘淡淒清，作者茫茫的哀思，有如漫漫香江水。

　　絕句〈詩筆塵封〉[22] 則是作者從學生時代理想馳騁到畢業分配後志向受挫的心境寫照：

> 憶在鷺鄉詩興多，書生氣概海舒波。
> 可堪屈志荒城隅，折筆埋塵奈若何？！

此詩寫於 1969 年秋。作者因何對「詩筆塵封」感慨殊深呢？原來他在大學時代曾有專攻詩詞的意向，詩作亦頗豐。開首二句：「憶在鷺鄉詩興多，書生氣概海舒波。」正是實事實情實寫，而以詩的語言表達出來。大學時代，鷺鄉的美麗風光，特別是廈大校園的濱海景觀，生發了作者的詩興，增添了作者的豪情。句中「海舒波」三字，用語尤見巧妙，形象地表達出「書生氣概」十足，「詩興」有如大海波濤，洶湧澎湃，同時切合廈大校園瀕臨東海的天籟。

　　接下兩句，筆鋒一轉，「屈志荒城隅」與「氣概海舒波」、「折筆」與「詩興」成了強烈對比。「可堪」二字，用得恰到好處，既起着承轉的作用，又表達了詩人內心的憤懣與掙扎。故此，結尾「折筆埋塵奈若何？！」以問句加感嘆出之，留下解讀的空間。綜觀全詩四句，字裏行間蘊含感情，起承轉合運思自如，而且時空穿插，對比鮮明，篇末則猶有餘音。

22　同上注，頁 138。

　　1970 年代，是南來詩人羣湧入香港的高峰期。古體詩〈天堂〉[23] 作於 1970 年代末，是當時初由內地移居香港的大學生遭際與心情的普遍反映，當中亦有作者自己的影子。

> 志昂昂，情豪豪，急急跨過羅湖橋。
> 一旦屈身矮簷下，天堂縹緲影動搖。
> 大學學歷成廢紙，妾身難明似小婦。
> 君不見苦力書生頭低垂，黃金蒙塵等泥土！

詩的起句「志昂昂，情豪豪」，表現出一種對前景充滿無限憧憬的豪邁氣概。接下一句：「急急跨過羅湖橋。」形象地描繪出那種恨不得三步併作兩步踏上香港土地的神態，以為一旦到了香港就可以大展拳腳。接下「一旦」兩句，詩意來個 180 度的大轉彎。儘管在內地大都學非所用，但還享有「國家幹部」的身分（當時內地大學本科畢業生在名義上都屬國家幹部的編制）；可一旦到了香港，在港英政府的「矮簷」下，那「天堂夢」就縹緲難尋。這是為甚麼呢？答案是：「大學學歷成廢紙，妾身難明似小婦。」內地大學畢業的學歷得不到港英政府承認，那畢業證書等如一張廢紙；加上當時社會上對大陸新移民的歧視，大學生亦不例外，可說是處於「二等公民」的地位。最後兩句：「苦力書生頭低垂，黃金蒙塵等泥土。」和開首兩句恰成強烈的對比。這並非誇張之辭。據作者回憶：當時南來大學生如要到工廠做粗雜工，或到地盤當苦力，在求職履歷表上最好是填上初中或小學文化程度；不然的話，如果廠家、判頭知道你是大學生，怕你低不下頭，吃不了苦，可能不僱用你。類似情況在當時是一種普遍現象。作者自己雖然到工廠做過一個短時期的粗雜工後，便應徵轉入文化教育出版行

23　同上注，頁 25。

業，能得「學以致用」，但更多的大學生則是一當苦力盡半生。此詩承轉自然，文淺意深，情感真切，讀之使人想見當年南來知識分子的生活情境。

而〈念奴嬌·從事教科書編著三十春秋感賦〉[24]一詞，作於2011年，是作者從事學校教科書編著三十年的心路歷程寫真。

> 驀然回首，算秋來春往，流年三十。鏡裏不辭霜鬢染，從業敬誠如一。作者班頭、主編名下，百部凝心力。孜孜矻矻，學生經典增益。　　行裏爭競流風，或求花巧，我但求平實。一字一詞明句讀，握緊墨繩班尺。正識弘文，培基固本，厚積輕輕發。春風時雨，滿園桃李生色。

詞人於上世紀七十年代末由內地到香港定居。從1981年起，受聘於教科書出版社，一手當作者、一手當編輯。歷任香港課室教材出版有限公司兼長河出版社總編輯，香港商務印書館教育圖書公司總編輯顧問，及香港大學中文學院中華文化研究顧問，並受聘為華僑大學客座教授。三十多年來，專注於香港學校中國歷史和中國語文教科書及中華文化叢書編撰工作。上片開首云：「驀然回首，算春去秋來，流年三十。鏡裏不辭霜鬢染，從業敬誠如一。」即是對此人生行跡的概括寫照。詞中「敬誠」兩字，顯示其敬業樂業的精神。接着，「作者班頭，主編名下，百部凝心血」，指詞人在處理編輯行政事務的同時，又親自執筆，或帶同一班又一班作者及編輯，編撰了數十種逾百冊的課本及教學參考書。據考，其中主要有：《中國語文》課本（全10冊）、《新理念中國語文》課本（全6冊）、《新高中中國語文》課本（全4冊）、《新理念中國歷史》課本（全6冊）、《新視野中國歷史》課本（全10冊，

24　同上注，頁235。

包括「必修」與「選修」)、《國史述要》(全 4 冊)、《中國史綱》(全 3 冊)、《國史問題析論》、《成語典故解讀》,及編審《中華文化擷英》、《中華文化承傳》、《中華經典導讀》、《中華經典啟蒙》叢書(全 10 冊)。上片尾句:「孜孜矻矻,學生經典增益。」當中反映了詞人對教科書的高度重視及其從業態度。詩人認為,教科書是「學生經典」,其所負載的知識是否精準,價值觀是否正確,關及青少年學生的心智發展,影響及於終身。基於這樣的識見,作者視教科書的編撰為別具意義的事業,長年來,每編撰一部教科書,都是「心隨書走」,精益求精。過片「行裏爭競流風,或求花巧,我但求平實」,帶出了在「一綱多本」的教科書市場的競爭。流風所及,有人以「花巧」媚俗;作為中國語文及中國歷史的主編及編審,作者從不隨波逐流,而以「平實」為質,建立在出版界的形象。詞中「一字一詞明句讀,握緊墨繩班尺。正識弘文,培基固本,厚積輕輕發」,是為這種平實風貌的寫照。

上世紀八十年代以來,香港中學文史等各科課程數度轉換。詩人與時俱進,竭力編撰更新課程的教科書。據說,詩人與一班曾受過他培訓督導的教科書編輯俊彥聚會,慨然談論編輯生涯。自謂:「自家長短自家知,我的長處不過是善於表述,文字簡明,要言不煩,條理清晰,學生易讀易解易記。」其中有位後學即席賦一絕,曰:「三十年來書百部,開編國史見才鴻。豈唯表述青爐火,匡正潮流尤可風。」詩中的「國史」指《國史述要》(丙編),為詩人的處女作,亦為成名作,獲得學校廣泛採用,奠定了詞人在香港教育出版界的地位。此詞的結句:「春風時雨,滿園桃李生色」,即表達了詩人對自己所編著的教科書能得學校喜見樂用、有益學子身心的欣慰之情。此詞帶有自傳色彩,讀者可據此進一步了解作者,「知人論詩」。

　　南來詩人羣在本土化的過程中表現出徬徨、勤勉、刻苦的普遍特徵，這是香港當代文學書寫值得結合歷史、政治、社會等因素來探討的一部心靈史。

五、結語

　　思若三齋詩詞因為時間跨越半個世紀，難免留有不同時期的時代烙印。作為結集，留住了那一刻的「真」，保留下一些當時的「原作」，具有豐富的歷史文獻價值，值得進一步結合其時代背景作深入的研究。本文希望藉此典型作品的探討，拋磚引玉，引起學界對香港當代古典詩詞創作面向的重視，進而專門研究。尤其可針對「南來詩人羣」、「本土詩人羣」、「學院詩人羣」、「社團詩人羣」作分門別類的探究，填補這個目前尚待開拓的領域。

新詩詩學觀探索與實踐

　　港大法律系畢業後，我毅然前往浙江大學學習宋詞，後又重新踏入港大校園攻讀博士學位，焦點轉向宋詩，最富青春年華的光陰就在學業與事業的追求中逝去了。對於心路歷程，新詩則成了這些年最好的印記。港大的星辰，陪伴了我十多個年頭。研究室前有個小河塘，裏面有幾尾金魚，看着牠們長大；更時聞音樂系傳來樂韻飄飄，助我清興。港大的英式古典大樓，人文氣息尤重，自由的思維氛圍，給我的新詩提供了創作的大環境。從《狂情實錄》的激情澎湃詩作，到《若鴻的詩》感性與知性的交雜，再到這些年來受到中西詩學的浸霪而寫成的《港大詩影》及中英雙語集《詩行者》，彷彿都有階段性。詩集着眼於遊歷不同地域的空間，尋求古典和現代的轉化和東方與西方文化匯通的可能，足跡遍及紐約、杭州、香港、北京、台北、泉州、新加坡等名城，彈指十五年，一部一腳印。其中，《若鴻的詩》、《港大詩影》成了大學「創意與創作」課程的參考書，本文原稿名為〈新詩的寫作經驗和創作方法〉，曾作為香港大學「創意與創作」課程的教材，則是意料之外的驚喜。於此，再作了調整及增補，通過自剖式論述，以求更完備，填補新詩學理論的相對匱乏，也為廣大的寫詩者提供一己之見。

一、翩婉詩風

　　這些年，解構詩歌的研究做得多了，愈想回到純粹的文學欣賞，詩最緊要是美感，文學分析往往犯了過分理性的弊端，有時詩讀了領悟了感受到美了就足夠了！詩人寫詩往往並不預期千古流傳，學者的工作有時是多餘的。現代新詩問題很多，自由的方尺並非無方演繹，無限中的有限要掌握得好，顯然寫詩非散文，更非報告文學，詩味、詩意、詩境的感覺不可缺，而其前提有可學有不可學，故人人可為詩，但「詩人」的定義可有寬嚴之別。李白詩天然，杜甫詩沉雄，後人難有及者，豈非詩人氣質不可學哉？！

　　新詩太雜，然亦有其時代特色，發展至今才近百年，而唐詩接近三百年，宋詞更不止三百年。故我對新詩的發展還是很樂觀的，發展過程中良莠不齊則是無可避免的，關鍵是要懂得選擇和分辨。一代有一代之文學，新詩亦然，但古典詩詞是寶貴遺產，可點撥成金、傳承及轉化。

　　關於我自己的詩，詩友談了很多，文字上我卻一向懶得整理一下，這一次結集是一個機緣。從開始創作，我的詩就帶有較濃厚的古典意味，沒有回歸不回歸的問題，很早就認定漢字寫成的古典詩詞是世界上最美的，小的時候，確曾以「詩國」自傲，這些年廣泛閱讀西洋詩，還是覺得中國詩最美，這觀點恐怕此生再不會改變了。但是西洋詩作為參照體，卻給我的漢詩提供了新的元素，和尋求題材新變的可能。

　　在文學研究方面，筆者專攻古典詩詞；在創作方面，更喜愛寫作新詩。注重韻律、格式勻稱、境界優美，是古典詩詞的妙處，在創作過程中，就自然地化用了。犁青說我的詩風，「翩若驚鴻，

婉若游龍。翩婉恰如曹子建，飄逸酷似蘇東坡，融現代與古典韵味於一爐。詩中的詩意、詩味、詩境俱臻佳地」，這確是我一直努力追求的「翩婉詩風」，也是後來一直嘗試建立翩婉詩派的奠基點，並從創作方面實踐開拓。

詩情的火花與哲理的感悟，是筆者篤信的詩之雙翼。一部詩書，對親情、友情、愛情、人情、世情、國情……等等多維層面的思索，博雜難解，時似朦朧隱約的詞，涓涓細水，時似豪邁奔放的詩，洶洶潮湧，無從按抑。

如第一部詩集，筆者一直致力於開創文學新模式的「雜『文』詩」，力求揉合詩、詞、曲、小品、散文、隨筆等文體的特色，使古典、詩情、浪漫、唯美風格交合之餘，融入新的語言元素和內容特色。值得詩家青睞的，不是直接在論思想、哲學的偉大，而必須是以詩的語言而入而出。

二、詩有靈氣

我的詩的產生不能劃一而論。但一首好詩往往不是慢慢想出來的，我的詩很多是在靈感的驅動下寫成的，這類詩更多是「心性」之詩，有次夜裏一個人，從包兆龍樓的小斜路舉頭凝望，月兒正上梢頭，說不出的靜寂美，感受化成了〈星海〉，多年後變成了〈心影〉的意境：

> 小窗前
> 燈光熹微
> 唯有獨影
> 陪着夜深
> 待月……

星空下
未許是心靜
抑或是
夜的塵埃
早已落定？！

在星月的搖籃中
我成了
無知的寵兒
悄悄　融入夜的靜謐……

　　有些詩是在經過一段時間蘊釀和知識積澱，突然遇到一個閃亮點，激發出火花，寫的時候只是數分鐘，如〈三月偶成〉；有的孕育期已有一段時日，如經常在港大校園漫步，寫成了〈港大詩影〉和〈港大的夜空〉。如果靠完成後的太多調度，便失天然。天作之合，是在創作過程中，形式和感知大致達到均衡的狀態。詩史上經典的產生可遇而不可求，邂逅多於相約。

　　詩有好多類，但寫甚麼主題都好，具備文學美感才是好詩，即「詩本位」，要不，乾脆看報章雜誌的報道文字好了。詩可講理，我曾在《若鴻的詩》裏有一輯「藝篇」和「道篇」，以「專輯」抒寫，或為首見；但寫理論詩要小心，寫敘事詩更要特別小心，如果成了記敘性的文字，即使主題如何偉大，也不值得詩學研究者的青睞。新詩的用字造句和散文的完整性大有不同，亦不需處處敘述透徹，很多人把寫詩當成寫散文，以為排成詩的模樣，就是新詩了，讀這類詩如同嚼蠟，遑論言盡而意無盡了。

　　「若鴻」二字，據家父振醉述說命名緣起，本出自曹植〈洛神賦〉：「翩若驚鴻，婉若游龍。榮曜秋菊，華茂春松。彷彿兮若輕

雲之蔽月，飄飄兮若流風之回雪。遠而望之，皎若太陽升朝霞；迫而察之，灼若芙蕖出淥波。」又取自蘇軾詩意：「人生到處知何似？應似飛鴻踏雪泥。泥上偶然留指爪，鴻飛哪復計東西？」婉約與豪放，痴情與激情，或纏綿悱惻，或深情綿邈，本非非此即彼，潛意識受到曹植和東坡意緒的影響，衍生出「情真」、「思深」、「調逸」、「言婉」之企慕。

這些詩稿，可以說是由一個個方塊字築起一個學術以外更真切的「我」，緣於學術研究的艱深苦悶，是使筆者更耽遊於詩域的無拘無束的原因之一，當然，也是得力於鑽研，給詩歌注入了新的血液。

徐志摩詩的流麗，曾引起筆者極大的共鳴。我的詩總是在豪放與隱約、矛盾與無奈的拉鋸中產生靈感，鄭愁予教授曾謂：「若鴻的詩作幾乎是我僅見的一種構成方式，因為詩的感性是來自知性，它們是文字學的、音韵學的，而主要是詩學的，所以構成了詩的八卦。卦詞中洋溢着道家的瀟灑、儒家的仁愛以及詩人的冥想……語意深沉、節奏明快，每一個字是一顆音符，這也幾乎是我僅見的一種抒情方式。」所言詩中有「道家的瀟灑」、「儒家的仁愛」，因為思想的內緣，所以衍生出「感性來自知性」之說，深契吾心。

我的詩作大都是在靈感閃現的剎那間寫成的，詩的感覺是筆者最為看重的。鄭愁予教授說他痴戀用漢字寫詩的獨特美，筆者深有同感。每次望着一個個方塊字，腦海中就會不期然產生詩的聯想。寫詩歌就恍如在挑一些自己喜好的字塊，讓漢字的音韵與文字的含意契合成流動的立體，產生火花，引起讀者感覺的燃燒。新詩有如宋詞，畢竟有「別是一家」之風，筆者的創作經驗是：易寫難精。詩友常詰問詩理，筆者在這裏約略概括一下：宋詞給了我情感，宋詩給了我精神，而唐詩的美學是筆者一直汲汲

追求的。這個「三腳架」和上多年的「文化學」研究，形成了「雜文詩」的構成方式和激情而帶張力的抒情方式，亦為博雜的文化內涵之淵源。而隱喻、意識流、夢幻化、朦朧化的技巧，是不可缺的手段。

三、獨創性

　　曾敏之曾評謂：「讀若鴻的詩，如繪人生繽紛的境界。詩人是循詩歌的特性力求獨闢新徑的，揉合古典與新詩的音韵美，特重境界的抒情，以求親情、友情、愛情、人情、國情凝聚於筆端，這是不辭艱苦的探索，有如經歷了王國維在《人間詞話》中所提著名的三境界，孜孜不倦，耐得寂寞，洞察世事，然後從苦吟的深邃境界中走了出來，豁然開朗……為詩壇留下了如袁枚所說的『夕陽芳草尋常物，解用都成絕妙辭』。」新詩的自由度大，但格律實可獨創，如宋詞的創調，本不一定要有先例可循。新詩的形式和題材的契合方式可以是無限的，但看能否發揮創意。能者常能開拓新格，不似古詩板眼字數俱已限定。〈霧裏〉是依古韻「唱作」的。但新詩也因為彈性大，高下可兩極。因而可說新詩確實易寫難精。詩可苦鑄，亦可達到一定高度，但最終的高度還是得看後天努力的和天性稟賦的綜合發揮程度。總體而言，新詩還是應追求格律美和形式美的，但不需動不動帶着鐐銬跳舞。如〈詩意棲居〉本無預設格式，是寫作時靈活處理而成的：

<blockquote>
冷鋒

細雨

斜風

依偎
</blockquote>

於
夜靄　朦朦
美的淒涼……

淡月
清輝
微風

偎擁
於
暗香　浮動
美的幽涼……

　　古詩也好，新詩也好，貴精不貴長，意在言外，要能預留空間給讀者思索。我自己較喜愛的有〈獨行〉、〈清叩〉：

臨
風
獨
上
孤
傲
中
的
淒
入心地品嘗
獨
行
夢……

　　　　　（〈獨行〉）

清雅中我細細雅思

風在哪裏吹起？！

雨從哪裏潤集？！

清雅中你細細應對

風已吹起億萬年！

雨早潤集天地裏？！

而如若

我願是清風

你願否化成雅雨？！

（〈清叩〉）

曾有讀者讀了我的〈西湖之夢〉：

綿綿的絲雨　如畫似詩

於是　我又迷迷痴痴

細細叮嚀　叮嚀

一聲珍重未落

眷戀的心頓然失據

畢竟　淡妝濃抹

早已烙上我的印記

我試圖

將詩人與學者的思維分離

拒絕感性的美

只是　古典　幽香

　　　溫柔　秀氣

　　　　　自那邂逅
　　　　　就注定一場綽約
　　　　　忘盡生死

　　　　　夢緣　是個美麗的佳約
　　　　　而你　卻永永優雅如斯
　　　　　我　捕捉了剎那芳華
　　　　　　　算是回饋一點
　　　　　你的靈氣

　　　　　撐一葉扁舟
　　　　　在你的波心橫渡　橫渡
　　　　　密密斟
　　　　　這痴　這狂
　　　　　這越了千年的夢……

事後便按圖去覓西湖，恐怕要失望多，因為詩的想象空間總比現實更美更廣闊。文字為實，想象為虛，虛實相生，故詩意無限。詩意能從歧義、隱義產生多義性，供多重解讀，故言可少而美感可多重。

　　新詩的主題可比古詩更為廣闊，如寫禪的〈星輝〉：

　　　　　以為　那夜星光燦爛
　　　　　哪知　剩下還有無限
　　　　　以為　看盡星光燦爛
　　　　　哪知　剩下更勝萬千

　　　　　彷彿聽見那遙遠的梵音

在敲動我的心扉
說着那道的神秘

我細細揉合
成了四字：「有涯・無涯」
才深悟：
何須眷戀星輝？！

又或以詩論詩的〈詩運〉：

如何言訴
詩運之高低起伏
在民族的靈魂深處

如何言訴
詩運之功敗垂成
在民族的興衰振靡

逆入回鋒　平鉤轉向
巧化中幾許凝重？！
卻不能主故常
極天才之世
而終究圓寂成灰……

詩人！偉大的詩人！
　　早已遠去
只留下慷慨悲歌……

和觀人品文的〈讀碧山詞〉：

深　曲　幽　隱

徘徊低唱

沉　鬱　纏　惻

孤深蘊藉

思　筆　情　力

一片衷腸　萬般淒咽

復一縷清寒

　　幾多依黯

道是：千古盈虛休問！

所謂春花秋月　剩水殘山

竟都成婉約……

再讀迷離中的激切

感發中的叨切

委嘆中的情真

湊合　湊合

現了又隱　欲露又藏

風致中翻轉　折進　開闔

浩瀚中竟不能成句吟誦

似這般愁淚入骨？

騷人墨客

千古同悲……

　　總之，新詩貴在創而「新」之，形式也好，主題也好，才有
文學生命。而詩若要新，靈感的來源也必要新之。以下三首作品
是我從網絡世界的瀏覽感驗中產生的作品，第一首直接寫網絡主

題；第二、三首節奏的跳躍性源自瀏覽感驗中的隨意和愉悅。其
中靈感、主題、跳躍性特色尤其值得一提，因這與網絡發展急速
的關係至為密切。如〈網遊〉一詩：

你是否相信
—— 這就是當年的憶記？
灰濛濛的一片光
裏伏於潛藏與挑釁之間

你能否相信
—— 這就是今日的狂狷？
粉紅紅的一抹光
薰染於隱藏與挑撥之間

瀏渡中的飛奔
抑止中的無動
統統可以落入不可解釋
許是理智的我
卻絲毫抵鎮不住
這看似磅礴的洪流

算吧　管他千世紀的多情
這一刻
且讓不設防的心潮
都交付給冥冥穹蒼⋯⋯

又或〈霧裏〉：

　　　　　風停了
　　　　　　雨住了
　　　　　　　霧不散

　　　　　船行了
　　　　　　客過了
　　　　　　　情不淡

　　　　　緣已了
　　　　　　淚乾了
　　　　　　　心未冷

　　　　　凝盡處：
　　　　　故人何在
　　　　　煙水茫茫……

又或〈愁思〉：

　　　　　古典　溫柔　綺思
　　　　　酸甜　苦辣　成痴；

　　　　　綽約　嫋娜　多姿
　　　　　纏綿　繾綣　愛意；

　　　　　楊柳　低垂　依依
　　　　　秋楓　帶黃　愁緒；

　　　　　落日　餘暉　唏噓

月兒　戀戀　心事；

靜夜　西風　亂絮
玉簫　低回　淒迷；

人世　浮情　空虛
靈魂　軀殼　寄寓……

　　有些詩歌美麗不可方物，需用心感受，如以上的〈愁思〉（句式脫胎自元曲〈天淨沙・秋思〉）；有些則有如竊竊私語，默默傾吐，如下兩首，賴慶芳博士特選與大學創作班的同學分享：

妳　就像一泓清泉
映襯着朝霞
　風和日麗

一紮青絲潔如白雪
輕輕握着溫柔的夢幻
飄向藍藍的天

而我　卻早已錯過風雨的日子
落籍在飄泊的征帆
美麗的邂逅　離我很遠很遠

如果　能留着最好……
畢竟　不願只是萍水相逢……
　　　　（〈如果…〉）

　　　　回了信　　痴盼妳覆
　　　　你覆了信
　　　　我欲不回
　　　　又怕妳傻等

　　　　原來回與不回
　　　　　　也費煞思量

　　　　妳告白　　盼着我覆
　　　　我覆了信
　　　　你欲不回
　　　　又怕我憨等

　　　　原來愛與不愛
　　　　　　也費煞思量
　　　　　　（〈愛情對白〉）

　而流行的，大多可歌可吟可解，如〈相逢在何時〉：

　　　　相逢在何時？
　　　　在那煙雨茫茫的江南。

　　　　相逢在何時？
　　　　在那泛黃帶紅的深秋。

　　　　相逢，是夢，是幻，
　　　　是千年的等待！

相逢，是痴，是狂，
是宿世的情債！

相逢在何時？
在那不經意的邂逅，
在那冥冥中的安排⋯⋯

似寫江南情結，卻是抒寫緣分的永恆主題，2008 年譜成曲在港大表
演，隨後多次演出，頗帶浪漫情調。王劍叢教授曾評云：「若鴻的詩
簡練，具古典意味，形式十分獨特，真令人開闊視野。」周裕鍇教授
也謂：「若鴻的詩作融詩情哲理於一爐，鑄古典現代為一體，輕盈，
婉約，真乃翩翩若鴻雁之驚，一瞥之間，令人回味。」深得吾心。

四、詩行者

　　詩有不可解，有〈剎那〉的美感，也可有〈黯動〉的渾然忘我，
往往不為文學史而為，切忌犯評論的過分理性。我的詩有崇尚唯
美的傾向，如〈春帷〉、〈綺羅香・紅葉續寄〉、〈一萼紅・梅思〉、
〈覓綠蔭〉、〈芳菲雜沓〉、〈賦絕〉，自己有點樂此不疲。下引〈梅
花賦〉一首：

幽柔愁斷
芳影零亂
飛花狂拂
一枝芳信凝暗香

向山高水遠
盡攜相思曲

> 舞一回風蹤
> 痴一抹情浪
>
> 對瑞雪霏霏
> 相映成清夢……

　　對於雨，也是情有獨鍾，如〈夜雨深深〉、〈雨絲〉、〈紐約的雨〉……不一而足。對於浩劫後的雨特感迷濛，如在〈愁雨〉中：

> 聽聽那愁雨
> 點點是離人淚
>
> 聽聽那愁雨
> 點點是相思血
>
> 聽聽那愁雨
> 我如今
> 竟聽不出一點美
>
> 愁雨啊愁雨
> 請憐惜
> 這浩劫後的天地
> 已承載不了一滴滴……

　　而家國情懷，不可回避。血脈裏愛着中華大地，自幼已然。或因文化工作天天在做，反而寫得不多，但《港大詩影》卻是收入最多的一次，自己較得意的有〈百年夢〉，這詩曾在多個場合朗誦，現場效果奇佳，卻是寫作時未曾意料到的。而文化反思的詩作，這些年愈寫愈多，如〈孔子塑像〉，從批孔到尊孔的斷想，其

中深深寄寓着我的思想：

> 你站立着，
> 默默守護歷史的滄然，
> 我的指尖從你的眼角滑下，
> 殘留的民族靈魂兀自感傷。
> 在北風中，你為何絲毫沒有反應？！

> 你的睫毛下垂，眼神神秘，
> 嫵媚中的注視，似在沉思，
> 思想何曾真正遠逝？
> 我的心只有顫動，
> 與你呆佇相對，
> 胸前的襟花兀自飄零。
> 在北風中，你為何依然故我？！

> 笑人力
> 怎總是抹殺這二千年的輝煌？
> 經受得起
> 宏偉與瑰麗的加冕；
> 又如何禁受
> 浮沉與興衰的一次次衝擊？！

> 何必總要別人多情，
> 把你低低放下，又高高舉起？
> 且讓不設防的胸襟，
> 都自然地交付給冥冥穹蒼，
> 用你的孤傲和本真，

> 抵抗這混濁的洪流，
> 讓世界在濾定的空氣中，
> 停下沸沸騰騰的腳步
> 不為何種目的⋯⋯

　　我創作期間往往又在做學術文章，大部分詩的產生是在感性和知性的交纏下迸發的衝動。如要分類，或可大致分為三類：一為心性之詩，那是純粹的詩人之詩；一為知性之詩，那是學人之詩；一為文化之詩，那是哲人之詩。但無論那一類，主要還是以感性為詩之主脈，理性是隱然的、內緣的。詩的魅力應來自於運用抒情的筆法進行理性思索，而非硬銷式的議論。

　　詩是戀人，一旦成了妻子，往往苦樂參半。理性一點，大不必把「詩意人生」看作當然，寫詩暫能抒愁，但愁會隨時再悄悄來臨，愁上更愁。詩是愈美愈好，生活還是愈平淡愈好。

　　佛家說痴是人生四大忌之一，可是我卻破不了，既然是生命的推動力，又無壞正事，何故非要放棄？！於是，緣於一個痴字，產生了這些年學術研究和文學藝術的多棲生涯，二十多部作品的提早完成是對文字生涯一個階段性的交代。這些日子對於我非比尋常，但以後的路還長着是，我的早隱思想太早熟了，恐還要交煎一大段日子，在矛盾之間產生詩之火花，狀態正如〈縱橫〉一詩中豪放瀟灑與婉約難解交契的複雜性：

> 浩然波瀾起伏
> 天地何曾偉言？
> 而下自成蹊！
>
> 動與靜之間

　　　　　　　　一股縱橫氣

　　　　　　　　在宇宙馳騁⋯⋯

　　　　　　　　看英雄兒女

　　　　　　　　底蘊承載

　　　　　　　　多少柔情淚？！

　　　　　　　　千千萬萬年⋯⋯

　　我是詩的信徒，詩乃我之信仰，詩友謂「詩行者」，誠許以詩修道，然而又因痴成狂，譜出一段詩緣，冀能「七十二變」，以彩筆拾掇記下。故有〈細斟北斗〉，成了雙語集《詩行者》的序曲：

　　　　　　　　天的湛藍已染成幽黝

　　　　　　　　斑斕的彩虹幻化於雲端

　　　　　　　　心是小小的孤島

　　　　　　　　四岸的青山緊緊圍繞

　　　　　　　　秋天的季節不是褪色了嗎？

　　　　　　　　為甚麼　還有片片飛花

　　　　　　　　霑落在　我的衣襟？

　　　　　　　　展望前路

　　　　　　　　去的征途正長

　　　　　　　　唯見　浪遏扁舟

　　　　　　　　細弱的桅杆在風濤裏搖

　　　　　　　　駛向渺遠的洞天

　　　　　　　　細斟北斗

在星海的搖籃中

俯瞰人間……

　　吳芷盈在〈代跋〉中說得恰切：「詩的要義在於內容，更在於寫詩的心境，若鴻之騰飛，天馬行空，無拘無束，如閃詩〈風中曲〉、小詩〈嗨！小朋友〉、短詩〈文武志〉、形象詩〈口品〉、立體詩〈千古同哭〉，無論是具象、印象、抽象，抑或幻象、想象世界，展現華文無極詩維空間之可能」。引之如下：

此情未許成追憶

有你的起舞

有我的共振

在風尖上……

　　　　（〈風中曲〉）

風兒啊在吹

鳥兒啊在飛

人兒啊在做些甚麼？

坐在那裏多浪費！

魂兒啊

何妨被風兒吹吹

魂兒啊

何妨陪鳥兒飛飛

　　　　（〈嗨！小朋友〉）

甚麼時候

也放下筆桿子

做一回震懾威儀。

　　　　　平生文武志

　　　　　讓天地豪情

　　　　　為我滙聚。

　　　　　吞風吐雷。

　　　　然後高喊一聲：

　　　　　書劍江山

　　　　　在我腳下……

　　　　　　　（〈文武志〉）

又見〈口品〉：

```
              口
          口       口
      口       口       口
    口       口       口       口
  口       口       口       口       口
口     口     口     口     口     口     口
  口     口     口     口     口     口     口
    口     口     口     口     口     口     口
      口     口     口     口     口     口
        口     口     口     口     口
          口     口     口     口
            口     口     口
              口       口
                  口
```

與〈千古同哭 —— 追憶四川大地震〉：

　　　　頃刻間
　　　地動　山搖
　　　已淚不出
　　　天下的生靈

　　　　珠
　　　　穆
　　　　峰
　　　　頂
　　青藏━━高原
　　　　峨
　　　　眉
　　　　山
　　　　麓
　　叫誰能防備
　竟是一場集體？！

　青蓮──何處尋？
「茅屋」──復怎歌？
　　坡公　武侯
　　更復如何
　　心昭日月？

　詩──平日的嫵麗
　如今　只剩下平白
　再「映秀」不起
　我用盡失語

向死川遙祭……

蒼天啊
——你何其不仁？！
竟讓這
千——古——同——哭！
不——明——不——白！

　　詩道漫漫，其修遠兮，深信詩海廣闊，定能孕育出不一樣的
新天地：

一點化
才知
詩遊者
原在當下

如若當年
西子湖畔
風雨中
盡成化語

一切　都有巧合
妙得的境界
是不在當場說話！
　　　　　　（〈詩行者〉）

五、結語

新詩之關捩，如語言之跳躍、倒裝、反智；語義之虛實、多義與歧義；語境之形象、多維與立體；抑或詩技之古典、現代、後現代；詩意之或儒或道或釋……一切是那麼天然地應運而生。尋尋覓覓，也為力建這新詩之尊嚴。我深諳可以大膽破體，但又不能失卻文體本位。助詞、副詞有時也嫌多餘。而感覺，不費多贅，何況感悟？中國詩自古貴短小精悍，意在言外，何勞長篇累牘？創新是我們的口頭禪和利器，但切忌為新而新，遠離詩之道。詩有道，非唯古人有之，我要後現代，更愛超現代，但我更時刻撫心自問，我是在寫詩嗎？因詩之故，但不能只具詩之名。

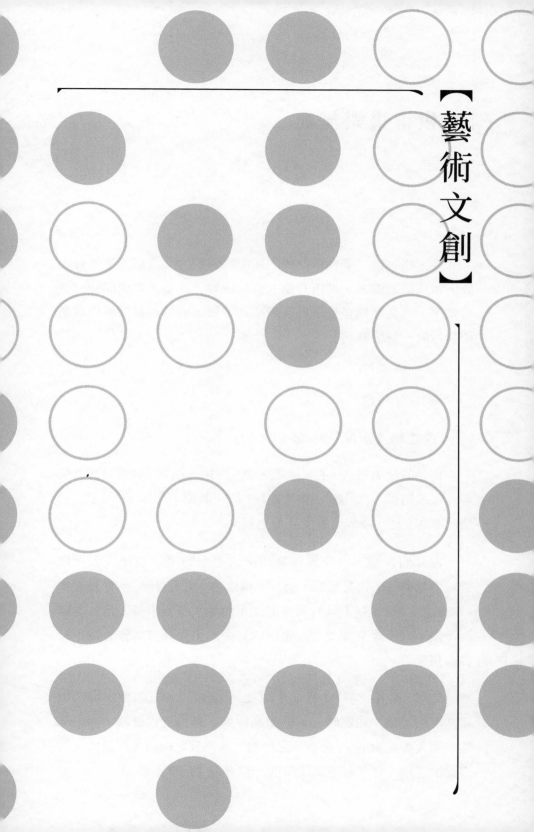

【藝術文創】

琴棋書畫樂無窮

琴、棋、書、畫合稱四絕，與中國傳統的文人結下了不解之緣。古代的讀書人，寫畫弄墨，博奕撫琴，成為了生活閒餘的賞心樂事。而從琴棋書畫所表現出來的特質，則可以窺探到中國藝術精神的一個縮影。

一、琴中有高意

(一)清虛雅淡和深情綿邈

古琴的歷史悠久，在〈禮記・樂記〉中，就有「昔者舜作五弦琴，以歌南風」的記載。至周文王、武王時期，增添了「文武」二弦，即為七弦，所以又有七弦琴之稱。

古琴的音韻，以清虛雅淡和深情綿邈的美妙旋律為人所樂道。精湛獨特的古琴音樂，也有人稱之為「文人音樂」。琴藝要求「樂有志，聲有容」，具有深厚的文化內涵，且要求美、情、景融為一體，因而歷來備受文人雅士的喜愛，用作彈奏清雅之音，抒發高雅之情。

比如〈梅花三弄〉，琴曲中以此為「逸品」，既描繪出梅花傲霜高潔的品格，也隱喻文人的崇高情操。風格清虛雅淡，明心見性。明人曾經說過：「梅為花之最清，琴為聲之最清，以最清之聲寫最清之物，宜其有凌霜音韻也。」（楊掄《佰牙心法》）

《律話》中也說：「處處三疊陽關，夜夜梅花三弄」。這裏的陽關意指琴曲〈陽關三疊〉，是根據詩人王維〈送元二之西安〉的意境譜寫而成的：

> 渭城朝雨浥輕塵，客舍青青柳色新，
> 勸君更盡一杯酒，西出陽關無故人。

全曲分成三段，基本上用一個曲調作變化，反覆疊唱三次，所以稱為「三疊」，音調純樸中帶激情，如訴如慕，情真意切，離別的傷感，黯然的沉鬱，訴說着對友人的無限關懷，聽來令人倍感依依。

（二）但識琴中趣，何勞絃上聲

文人愛琴，和古琴獨特的文化內涵是分不開的。古琴音樂深受儒、道思想影響，講求聲韻兼備，聲少韻多，表現一種溫柔敦厚的風格。「和雅」和「清淡」可說是琴樂一直以來所追求的審美情趣，意境自然、恬逸、閒適、虛靜、清雅、幽遠，是一種深微的境界，可意會而不可言傳，古人拈出「絃外之音」、「韻外之致」、「味外之旨」，需要細細地品味。

詩人陶淵明寫道：

> 但識琴中趣，何勞絃上聲？

李白在〈聽蜀僧濬彈琴〉詩中也作了很形象的描繪：

> 蜀僧抱綠綺，西下峨眉峰。
> 為我一揮手，如聽萬壑松。

白居易也作〈琴〉詩詠道：

> 置琴曲几上，慵坐但含情。
>
> 何煩故揮弄，風絃自有聲。

蘇軾的〈琴詩〉說得更是明白如話：

> 若言琴上有琴聲，放在匣中何不鳴。
>
> 若言聲在指頭上，何不於君指上聽？

所謂「松風流水天然調，攜得琴來不用彈。」讀書人作詩、操琴、度曲，正好聊寄清興，閒寫胸中之逸氣，又或從中提高情操之涵養。

古琴音樂，自是與文人結下了不解之緣。

（三）琴音妙絕，出神入化

數千年以來，古人對琴藝的推許，幾可用「出神入化」來形容。據說春秋後期晉國的師曠，他在彈奏琴曲〈清徵〉時，能引來玄鶴，「集於郭門，延頸而鳴、舒翼而舞」；奏〈清角〉時，則彷彿「飛沙走石，風雨暴至」，氣勢磅礴。

近代廣泛流傳的〈流水〉曲（根據清代琴家張孔山在原有基礎上加上古琴中一種叫滾拂手法的傳譜），借景抒情，情景交融，既具浩瀚之勢，又有深邃之境，更是備受推崇。琴家曾描道：起首二、三段，儼然「潺潺滴瀝，響徹空山」；四、五兩段，「幽泉出山，風發水湧」，時聞波濤，已有蛟龍怒吼之象，息心靜聽，宛然如坐危舟，過山峽，目弦神移，令人惊心動魄；七、八、九段，「輕舟已過，勢就淌漾。」水勢湍急、波濤洶湧的形象歷歷如在眼前。

二、棋局如戰局

（一）棋逢對手，樂在「棋」中

圍棋，古代稱之為「弈」。下棋對弈，在棋盤上互爭地域，既鬥智鬥志，更考心思。據說前秦苻堅起傾國之兵南侵，企圖併吞東晉，晉軍在淝水之戰中，打得苻堅「風聲鶴唳」，就和圍棋關係密切。

當時，被任命為征討大都督的東晉丞相謝安，在戰事緊急關頭，他卻閉口不談抗敵之事，反而邀請大將軍謝玄到山中下起圍棋來。棋畢，謝安對作戰計劃已了然於胸。謝玄依計而行，果如謝安所料，大破苻堅。捷報傳至京城，但見謝安依然氣定神閒，和友人對弈。

「謝安弈棋敗苻堅」的典故，就在這般輕鬆的氛圍下傳開了。

一個戰役的成敗，當然不會是表面看上去那麼簡單。然而，謝安借棋局思索戰局，運籌帷幄，決勝千里，卻多少說明了圍棋所隱含的軍事哲理。

古人愛好圍棋，非唯關戰事，也離不開生活審美的情趣。杜甫、杜牧、劉禹錫、白居易等詩人都寫下了許多有關圍棋的好詩。

安史之亂以後，杜甫支離東北，漂泊西南，衣食難繼，卻能在圍棋中尋得一片樂土：

> 清江一曲抱村流，長夏江村事事幽。
> 自去自來堂上燕，相親相近水中鷗。
> 老妻畫紙為棋局，稚子敲針作釣鈎。
> 但有故人分祿米，微軀此外更何求？

（杜甫〈江村〉）

有時只是觀棋之樂，也叫人陶醉其中：

> 對面不相見，用心如用兵。算人常欲殺，顧己自貪生。
> 得勢侵吞遠，乘危打劫贏。有時逢敵手，當局到深更。
>
> （杜荀鶴〈觀棋〉）

棋逢對手，以至從夕達旦，如痴如醉，自是賞心樂事。

（二）參悟妙理，守靜戒浮

下棋更講究的是耐力，雖然「落子如流星」，但決定輸贏卻可消耗數日以至逾月。往往下了一盤棋，已是夕陽西下的時候：

> 十九條平路，言平有嶮巇。人心無算處，國手有輸時。
> 勢迴流星遠，聲乾下電遲。臨軒才一局，寒日又西垂。
>
> （裴說〈棋〉）

如此一來，當真少一點毅力都不成。其實，專心致志、持之以恆正是「棋道」的內涵之一。不僅是學習圍棋的必要條件，也是追求學問不可或缺的。這也許就是孔子所說「弈之事……可以喻大者也」的哲理所在。

> 弗思而應誠多敗，信手頻揮更鮮謀。
> 不向靜中參妙理，縱然穎悟也虛浮。
>
> （〈施定庵詩九首〉之一）

學棋悟道，守靜戒浮，又可見棋藝超乎娛樂的一面。圍棋秘訣主張「入界宜緩，不得貪勝」，急於「畢其功於一役」，往往換來的是慘重的代價。人生如棋，得有遠見，不能只着眼於眼前的一點小利。所謂「一子錯，滿盤皆落索」，專業的棋手，往往深謀遠慮，下每一步棋前，已有三數步棋位藏於心中。縝密行事，看得

愈遠，失誤也就少一點，勝利也就近一些。

　　圍棋帶給文人的，還有高雅的生活情趣和忘憂解悶的閒適心境。宋朝的文學家歐陽修，也是愛棋之人。他自號「六一居士」，以「藏書一萬卷、金石遺文一千卷、琴一張、棋一局、酒一壺、一老翁（歐陽修本人）」，當中圍棋自是少不了。

　　透過圍棋引發的傳奇、故事、詩歌、哲思，可知圍棋文化，不只是一項競技項目，而是一朵奇葩，蘊涵着耐人尋思的熠熠光華。

三、書法之道

（一）線條造型的藝術美

　　漢字書法本來只是與文字書寫有關的一門交流工具，隨着人們從書寫實踐經驗積累到相當程度以後，才逐漸向審美層面昇華，在具備實用功能之餘，也具備了欣賞的價值。

宋徽宗書法：「瘦金體」

　　書法藝術的形成，和漢字線條造型特色的關係是不可分割的。漢字本來是一種象形化文字，古人從中歸納出「象形」、「指事」、「會意」、「形聲」等構字方法。象形字本身具有圖像之美，漢字的象形化、結構多變的形態本身就富有藝術性。漢字書寫的特有工具 —— 毛筆，又極富彈性，能作粗細、虛實、曲直、剛柔等各種形態的線條。漢字、毛筆、墨汁、宣紙，使中國的書法，在世界成千上百種以上的文字中，成為獨具一格的線條造型藝術。

　　書法，書寫的是漢字，所表現的是線條的藝術造型。它的線條美，一方面表現在線條自身是否「圓」、「潤」；另一方面，表現在線條組合結構和章法上，也就是運用互相呼應和字與字之間的大小對比，使單個的字與若干字組成的篇，成為一個完美的整體。

　　古人有「書道」之論，通過線條的造型，表現自己的思想感情和意趣，認為練習書法可以陶冶性情，培養美好的人格情操。一幅成功的書法可以表達書法家的志向、修養和情趣，欣賞者更可以隨着筆墨的變化而與書家產生共鳴。

（二）名家輩出，眾體兼備

　　中國書法歷史悠久，碩果纍纍，名家輩出，眾體兼備，各擅勝場。

　　魏晉南北朝，是書法發展史上繁花似錦的時期，隸、草、行、楷各種書體同時發展，風格多樣，各臻其妙。這個時期，相繼出現鍾繇和王羲之兩位中國書法史上的大書法家。王羲之更從鍾繇的隸、楷用筆技法中脫胎換骨，對字形及筆勢作分析研究，推陳出新，所書〈蘭亭序〉字體清勁，章法嚴謹，被譽為「天下第一行書」。

王羲之〈蘭亭序〉

作為書法藝術發展高峰的唐代，初唐歐陽詢的險勁、虞世南的溫雅、褚遂良的遒厚、薛稷的疏朗，他們都以楷書名世，而同中有異。中唐的顏真卿和晚唐的柳公權兩位大書法家，「顏體」端莊渾厚，「柳體」骨力遒勁，對後世影響殊深。至於張旭的草書，天馬行空，不可羈勒，世所推重。

宋以來，有「宋四家」之稱的蘇軾、黃庭堅、米芾、蔡襄，宋元之際的趙孟頫，明代的文徵明、董其昌，清代的鄭板橋等人成就最為突出，他們大都是出色的文學家兼藝術家，書風帶有濃厚的人文氣息，以氣韻取勝，留下了一篇篇傳世的書藝佳作。

（三）「顏筋」「柳骨」

以唐代的顏真卿和柳公權為例略說一二。蘇軾〈題黃子思詩集後〉評謂：「至唐顏柳，始集古今筆法而盡發之，極書之變，天下翕然以為宗師。」

推究顏真卿的書法，誠如蘇軾在〈東坡題跋〉所言：「雄秀獨出，一變古法，如杜子美詩，格力天縱，奄有漢、魏、晉、宋以來風流。」集前人之大成，推陳出新，實乃書法史上一座豐碑。

　　中國人論書法之道，向來有「書如其人」的審美觀點。顏真卿的書法與其人品一樣，歷來受到人們的崇敬。在顏真卿身上，書品與人品都堪稱典範，從其書作而可想見其偉大的人格。歐陽修《集古錄》曾說：「斯人忠義出於天性，故其字畫剛勁獨立，不襲前跡，挺然奇偉，有似其為人。」我們觀看他的翰墨之風，剛毅雄特，涵蘊深厚，有如忠臣義士，正色立朝，望之儼然，臨大節而不可奪。

　　顏真卿的書風，廣收博取，開創了一種以端莊雄偉、方嚴正大、氣勢開張的格局，「如荊卿按劍，樊噲擁盾，金剛嗔目，力士揮拳。」他的楷書，由初唐的瘦長變方形，豎畫略帶弧形，方中有圓，巧用藏鋒，雄渾勁秀，人稱「顏筋」。

　　試看其《多寶塔碑》，厚而不險，體嚴法備，莊重平實有法，筆畫橫細有致，而且鋒芒不露，正而不媚，從中可窺見顏氏樸實敦厚的個性特徵。

顏真卿《多寶塔碑》

又觀其《顏勤禮碑》，結構圓融，風力遒厚，溫文儒雅，融篆、隸、楷、行各體於一爐，而卓然自成一格，極能體現「顏體」楷書的個性。

顏真卿《顏勤禮碑》

蘇軾〈書吳道子畫後〉嘗謂：「詩至於杜子美，文至於韓退之，書至於顏魯公，畫至於吳道子，而古今之變，天下之能事畢矣。」

柳公權和顏真卿一樣，遍閱百家而獨成一格。書風具有顏真卿的遒勁一面，又結合了歐陽詢的瘦硬特色，形成骨力奇崛、剛勁挺拔的特色，為書法史上的又一座豐碑。

《新唐書》本傳這樣評價他的書法：「體勢勁媚，自成一家。」《舊唐書》記載，柳公權書寫「上都西明寺《金剛經碑》，有鍾（繇）、王（羲之）、歐（陽詢）、虞（世南）、褚（遂良）、陸（柬之）之體，尤為得意。」和筋肉勁健而偏於肥潤的顏體相比，其骨力

突出而略顯勁瘦的特點是很明顯的。

「用筆在心，心正則筆正。」這是柳公權對自己創作書法的最佳注腳。因為他性格剛直，經常借書法向皇帝進行諷諫，後世因而傳有「筆諫」的佳話。他的字在唐穆宗、敬宗、文宗三朝就已受到高度的重視。由於書名顯赫，德望高崇，當時，連外國的使者也專門來求他的墨寶。

保存在西安碑林中的《玄秘塔碑》是柳公權的傳世之作，書風剛勁挺拔，結體緊密，中鋒正筆，方圓並用，明人王世貞《弇州山人四部稿》稱謂：「柳書中最露筋骨者，遒媚勁健，固自不乏，要之晉法亦大變耳。」

柳公權《玄秘塔碑》

和「顏體」相比，柳公權的書法少了顏字肥潤均勻的特色，而呈現棱角分明，筆畫恍如刀切一般爽利，創造了獨具藝術風格的

「柳體」。康有為《廣藝舟雙楫》曾說:「柳公權出,矯肥厚之病,專尚清勁。」觀看《玄秘塔碑》,但見其險勁、瘦硬、雄逸、豪邁而不失典雅和雍容,神采粲然。而其「筆正」之處,和顏體同出一轍,縱橫低昂之間皆可見其志,泊然有如忠臣烈士,道德君子,端正莊重,使人敬而愛之。

四、畫外有話

(一)「形」與「神」之間

　　說到畫的藝術精神,可從蘇軾畫竹別見一番情趣。有一次,他用朱色畫了一幅竹子,旁人笑道:「天下間哪有紅色的竹子的呢?」東坡卻反問:「難道竹子又有墨色的嗎?」蘇軾的朱竹,風致瀟灑,是因為它畫出了竹子的神貌,因此是朱畫還是墨畫,外形是否如同原來的物象,那並不是最關緊要的。這裏涉及一個有關國畫的審美問題,即「形」與「神」之間的關係。

　　所謂「形」,是指事物的外貌和形態;所謂「神」,是指事物的氣質和特性。畫家們在繪畫的時候,除了注重事物外表的特徵外,更加重視表現事物的內涵,以求進一步表現繪畫者的內心情感,不只是單純地描摹山水鳥獸的形態,而更為重要的,是在所繪畫的物象中融入自己特有的心中喜好和精神氣質。因此,一幅佳作,往往又蘊含着畫家的品格情操。蘇軾以此來區分「文人之畫」與「畫匠之畫」,提出「論畫以形似,見與兒童鄰」的看法。

　　文人繪畫,作為中國美術史上的一種現象,自北宋以後,逐漸成為主流。文人以作品來寄托精神,重視主觀意趣與自然之景的結合,而非純粹的物象再現。這一種創作思維的確定,為畫境開拓了更為深廣的內涵,對後世產生了深遠的影響。

（二）「詩中有畫，畫中有詩」

由於古代的讀書人大都能詩善畫，因此文人畫又具有「詩中有畫，畫中有詩」的特色。

「詩中有畫」是說詩歌中的意境鮮明如畫，「畫中有詩」是說畫中有詩一般的意境美。兩者都追求一種共同的意境和情趣，藝術的精神和旨趣是相通的，因此，古人又有「詩畫一家」的說法，說明詩和畫之間有着不可分割的關係。

王維是盛唐時著名的詩人，同時又是造詣極高的畫家，他的畫作是文人畫典型的代表，後人推為文人畫的始祖。如他的名作《雪溪圖》，但見草屋兩三間，寓於深山，四周一片靜謐，白雪飄飄，恬淡寧靜，情景交融，營造出一幅極富意境的畫圖。

王維《雪溪圖》

　　這和王維詩歌所滲透的恬淡寧靜之風異曲同工，正如同他的詩：「行到水窮處，坐看雲起時」、「明月松間照，清泉石上流」、「月出驚山鳥，時鳴春澗中」等詩句，都包含着一種佛家的意趣，一種澹靜的意境。他的創作，通過詩與畫相互交融，把詩一般的意境融入畫面，使畫面具有深邃靜謐的詩境。

　　蘇軾對他推崇備至，〈東坡題跋〉有謂：「味摩詰（王維的字）之詩，詩中有畫；觀摩詰之畫，畫中有詩。」不愧慧眼獨到。清人王原祁《雨窗漫筆》亦云：「畫中雪景，唐以前但取形似而已，氣韻生動自摩詰開始之。」王維的畫得心應手，意到境成，造理入神，妙筆天成，故自唐以降，樹立了文人畫的典範。

　　宋元之際的趙孟頫，也是一位了不起的文人畫家，他是中國山水畫在宋元變革時期的關鍵人物，力主畫貴神韻，提倡簡率質樸。在追求古意中融入自我，風格或深秀，或含蓄，或古雅，詩境圓融。但觀其意趣盎然的《鵲華秋色圖》，即可見一斑。

趙孟頫《鵲華秋色圖》

　　此畫乃寫鵲山及其附近的秋色風光：秋山紅葉，掩映着房舍數間，景色清曠、平遠。畫面以墨色線條為主，略施青綠，清幽澹遠，注入了較強的主觀情趣。明代畫家董其昌在題跋中這樣讚譽道：「兼右丞（王維）、北苑（董源）二家畫法，有唐人之致去其

纖，有宋人之雄去其獷。」特別推崇這幅畫的文人氣質和書卷氣。

（三）忘形得意，意外之趣

除了理解畫家如何觀物有得，在創作過程中融入個人情意以表達物象的天然意境外，文人還着意畫作的終極旨趣，提出畫要「忘形得意」，覓求「意外之趣」、「弦外之音」，把作品的風格聯繫到畫家的人格及文化修養，愛其畫者，兼取其為人。蘇軾也有類似的看法，他把「蕭條淡泊」的思想擴及於書法，認為「蕭散簡遠，妙在筆墨之外」，欣賞「疏淡」中含有意趣之作。

文人畫從「重寫真」到「尚寫意」的發展過程，是繪畫藝術逐漸脫離物質的具體特性，向文藝審美靠攏的過程，除了作為視覺藝術欣賞外，更着重的是其人文思致與畫外意趣。

五、結語

藝術本無定式，但中國的藝術，皆有其共通的獨特氣質，這正是因為它們都生成於共同的文化背景，受到中國藝術土壤的孕育而來。傳統的中國知識分子，往往藉着琴棋書畫，修藝進德，以藝修道，涵養出獨有的人文精神。

巧奪天工美建築

中國的古典建築藝術異彩紛呈，從內涵到外延皆有其獨特的審美特質。這是因為它們都生成於共同的文化背景，受到中國建築思維孕育而來，乃「情」與「境」和諧統一的最佳寫照。自然山水之美，固然少不了栽樹培花、疊山理水，更不能忽略讀書人特重的人文思致，營造詩情畫意，以尋求精神昇華、靈魂淨化的一方天地，自然美、藝術美和人文美和諧地統一。可以說，強調把客觀的自然之景與建造者主觀的情結合起來，既摹仿自然，又追求高雅的情趣，是大多營造者的理想。這就使得建築藝術，不是畫，卻有着畫一般的風景形象；不是詩，卻有着詩一般迷人的意境。詩情畫意之外，又包含了人和天地和諧而又統一的人文境界。本文以橋樑、園林、皇宮和四合院為考察中心，略窺其堂奧。

一、橋是「臥虹」

在中國，橋的地位十分顯著，它是連接空間的紐帶，人們常說「無橋不成村」、「無橋不成園」，大橋小橋，長橋短橋，木橋石橋，平橋拱橋，各適其適，在建築文化裏成為一道特別的景觀。

（一）橋緣水而構建

說起橋，人們自然會想起蘇州橋最為典型。詩人杜荀鶴有詩云：「君到姑蘇見，人家盡枕河。古宮閒地少，水港小橋多。」蘇

人「枕河而居」，可推知橋樑在蘇州城所扮演的重要角色。

蘇州民居的最大特點，就是民居聚落與水系、橋樑三者密不可分。由於地區的水網密佈，湖泊河流貫穿整座古城，傳統的民居聚落大多沿河而建。因而，蘇州民居，和徽州民居、紹興民居等其他江南鄰近的地區一樣，「水鄉澤國」的天然環境賦予民居獨特的格局，從而孕育出景色迷人的「小橋、流水、人家」生活圖景。

對於居民而言，水既是生活的要素，也是交通的網絡。仰賴優越的水利條件，又反過來提高了生活的質素。因此，人們在聚落選址上，選擇濱水地區，靠近水邊，或面河，或背河，或跨河而建，就成為了一種常見的建築格局。在連繫民居之間，橋樑自然成為了交通紐帶，構成居住環境必不可少的組成部分。

（二）橋因工而益巧

蘇州的古橋，實用與藝術並重。它和諧地屹立在水鄉中，在造型上，又以變化多端見長，有的彎曲如新月初出，有的圓拱似鳥翼開展，給人以輕巧、飄逸、典雅的藝術美感。在環境上，橋樑的建築與自然渾然一體。而且橋身雕龍畫鳳，這些圖案還往往和民間風俗、神話傳說有密切的關係。

若是造園，輕巧玲瓏的小橋是必不可少的。橫池而過的小橋，有如園中的靈魂，引領遊園者的眼光。蘇州網師園的引靜橋，小而精巧，匠心獨運，人們譽之為古橋中的「小家碧玉」，放眼觀看，在整個網師園的景致中，有其獨特的風姿，而起着畫龍點睛的作用。假如在夜闌人靜，月光如銀之時，獨自憑橋俯視池中倒懸的明月，抑或靜思人生的哲理，應會有意外的收穫。

（三）橋因詩而愈美

　　佇立橋上，瀏覽遠近，怡然自得，也是一件賞心樂事。「綠浪東西南北水，紅闌三百九十橋。鴛鴦蕩漾雙雙翅，楊柳交加萬萬條。」如此濃郁的水鄉環境，怎不教人陶醉？蘇州的橋，往往更因詩人的題詠而聲名遠播。

　　唐代詩人張繼的一首〈楓橋夜泊〉：「月落烏啼霜滿天，江楓漁火對愁眠，姑蘇城外寒山寺，夜半鐘聲到客船。」就使楓橋之名遠播天下，令人神往。試想想，在晚霞鋪天，月光淡淡的夜色中，站立在橋上，會是怎樣的情境？又或如明人高啟詠讚烏鵲橋的詩句：「烏鵲南飛月自明，恨通銀漢水盈盈。夜來橋上吳娃過，只道天邊織女行。」使人聯想到月色之下，登橋遠眺，熠熠河水，清瑩透明，瓊花玉鑿，疑是人間仙境。歷代詩人墨客的彩筆，運用橋樑這個素材，創造了多少讓人魂牽夢繞的詩情畫意。

　　詩人總愛把橋比作「臥虹」、「飛虹」，說明橋樑除了具備美化人居、繁榮經濟的作用外，還有超乎實用的一面，有如雨後天上七色的彩虹，給人以無限的遐想空間。

二、人間仙府 —— 園林

　　其次，我們看看園林建築。據說乾隆皇帝曾六次遊幸江南，每次回朝後，對江南園林的美景都久久不能忘懷，魂牽夢迴，於是他專門命人把江南園林的一景一物繪製成圖，營造起北國的江南園林來。究竟是甚麼原因，令養尊於雕樑畫棟的天子皇帝也要把江南園林移駐北國呢？

（一）師法自然，人間仙府

　　江南園林受到佛道思想和中國山水畫的影響，園林建築師法自然，「移天縮地在君懷」，自然成了人們心中理想的居所。

　　詩情畫意是園林美學的最高評價標準。從總體佈局上說，園林的組合暗藏玄機，不管是鑿池開山，抑或修橋築路，調山理水，處處都體現與大自然和諧融合之妙。

　　而每一個景致之間，又構建一望無盡的景觀，造成「山重水復疑無路，柳暗花明又一村」的幽美，具有山水林泉之趣。其中，精妙地處理了形神、景象、虛實、動靜、有無、疏密等佈局，令即使是佔地不多的小小園林，也給人恍如曲院深深的視覺效果。空間上的「分而不離，隔而不斷」，使視覺上突破園林的空間局限性。加之又得依山傍水之長，盡得雨景風聲之妙，因而，園林雖似重樓深鎖，而不失與自然之親近，園中世界，自得其樂。

（二）文人參與，蔚為風氣

　　造園之風，始盛於南宋，明清兩代達到頂峰。自宋以來，文人參與造園，更將造園藝術推向新的境界。

　　文人往往工詩善畫，自然就將詩詞、國畫的雅致意境帶進園林之中。於是，詩情畫意注園林，園林的人文涵量被推高了一層，比如蘇州的四大園林，滄浪亭富於山林隱逸之趣，獅子林富於山石林壑之奇，留園富於飄逸幽靈之秀，而拙政園，更是集園林藝術之大成。

　　拙政園的風光，蘇州園林中以此為第一，誠非過譽。但見其空靈雅逸，開朗明亮，中又具曲筆，園中有園；小園幽靜宜人，與大園之景互呈其美。其春水之膩，夏水之濃，秋水之靜，冬水

之寒,與四時花木,朝夕光影,構成了不同季節、不同時間的風光;復如園內的遠香堂,四面敞開的荷花廳,荷香遠溢,前山、後島、左亭、右台,水映花承,鳥飛於天,魚躍於淵,景象美不勝收。置身於此,究是在天上抑或人間?

(三)形象的詩,立體的畫

　　園林意境以人的視線為觀察點,一山一水,一草一木,一石一洞,一亭一閣都力求展現大自然的神奇,是一種具有浪漫主義的自然美。而遊園的人,置身其中,情景交融,得到的是心靈的享受與美的怡悅。這是為何園林建造的地方,總擇隱蔽幽靜之地的原因。天然的境地,本就具有雕鏤的本錢,透過文人和工匠結合的鬼斧神工,形象的詩,立體的畫,自然就呈現於我們眼前了。

　　園林中的景點,各有人文內涵的思致,體現出造園者的匠心獨運,往往能使遊覽者於陶冶性情之餘,又藉增人文情操。

　　意境生動,水環路繞,風吹鳥鳴,曲徑通幽,詩書畫聯……種種意蘊,綜合各種藝術手段,借取天光、水色、翠峰、草色等等造化賜予,從而塑造出園林靈魂,展現其自然美、空間美、意境美、人文美合一的佳境。

　　似這般人間福地,不獨乾隆皇帝會喜歡,相信會得到不同人的青睞,尤其是在古代中國,隱逸文化興盛,園林天地正可提供一方之所,使雅好山水的士大夫,可以利用這種結合諸如琴、棋、書、畫、詩、酒、花的地方來寄寓情衷,自得其樂,頤養天年。而園林建築,也正是在這種推波助瀾的情境中,得以點綴北國江南,而風靡天下。

三、立體的歷史 —— 皇宮

接着，看看皇宮的建築。據《史記》記載，阿房宮「東西五百步，南北五十丈，上可以坐萬人，下可以建五丈之旗。周馳閣道，自殿下直抵南山。」由此可想見阿房宮的規模之宏偉。雖然今天我們無緣一睹阿房宮的風貌，但從這些記載可知，遠在秦代的中國，對於「皇宮」的建築，已甚具規模，動輒綿延數十里。

（一）天子居所，皇權象徵

皇宮，顧名思義，就是皇帝居住的地方。在古代社會，皇權至高無上，宮殿作為皇帝威儀的象徵，建築自然不能馬虎。歷朝歷代的統治者，無不動用大量的人力、物力和財力進行建造，似乎不把宮殿建造得高大壯麗，就無法顯示天子的威嚴。

每逢改朝換代，新舊王朝交替，統治者總要把舊王朝的宮殿毀掉，另建新的宮室，以昭示新的政權已經建立，防止舊王朝陰

魂不散，死灰復燃。這種大規模的破壞，使眾多的宮殿建築毀於一旦，也間接塑造了一代又一代的「雕樑畫棟帝王家」的傳奇。

（二）金雕玉砌，輝煌華麗

隨着建築技術的提高，皇宮建築到明清兩代臻於極致。明清的故宮，代表着中國宮殿建築的最高成就。

故宮的建築分為外朝和內廷兩部分。外朝的中心為太和殿、中和殿、保和殿，統稱三大殿。後廷是以乾清宮、交泰殿、坤寧宮三宮為中心和東西六宮為兩翼的建築羣體，乃皇帝處理日常政務和后妃、皇子們居住的地方。

「三大殿」建築輝煌壯麗、巍峨宏偉，尤其作為舉行大典的地方 —— 太和殿，更是巧奪天工。每個欄下設有排水的龍頭，形成千龍噴水的壯觀景象，以顯示皇威；殿前的欄杆、望柱、龍頭、欄板全用漢白玉雕刻而成，造型玲瓏剔透；中間石階以巨大的石料雕刻；殿屋脊佈滿各種靈獸，殿內則金漆木柱，玉砌台階，畫龍雕鳳，金碧輝煌，望之閃閃生光，無一不顯示皇家的氣派和工匠精湛高超的技藝。建築的形制，特重色彩的配搭，以表達等級的區別。宮殿建築，為了突出皇權的象徵意義，多採用金色、黃色和紅色。

（三）自然之美，人文思致

除了表現帝皇的威儀外，故宮的建築還體現了民族文化的特色，呈現「院落式結構」的藝術特徵，追求建築的自然之美和人文思致。

一方面，如同江南的園林建築一樣，倚重天然環境風貌，以

自然文化為構思理念，追求「天人合一」的審美觀，以體現「天時地利」的內涵。

　　另一方面，以人文的「和」為主要的設計思想，建築上注重表現和諧的院落佈局，主殿地處較高，四圍中正對稱，統一協調，以體現「尊卑有序，上下有別」的道德倫理秩序。在空間主次上，形成由一個個單體建築合成的大建築羣體。

　　從宮殿建築藝術，不僅能感受到閱覽的怡悅，更能從中「閱人道」、知古今。所謂「立體的歷史」、「凝聚的樂章」，從宮殿建築，庶幾可從小見大，見微知著，從歷史年輪中尋覓到一段塵封的足跡。

四、合出一方天地 —— 四合院

　　最後，看看四合院的建築巧思。元人詩云：「雲開閶闔[1]三千丈，霧暗樓台百萬家」。這「百萬家」樓台的盛況，便是指今天我們所說的北京四合院。元代正式定都北京後，元世祖忽必烈下了一道詔書，規定舊城居民的遷京者，以大戶人家和在朝廷供職者為先，劃地給他們營建住宅。自那時候開始，北京城的的建築面貌掀開了嶄新的一頁。

（一）庭院深深，佈局巧妙

　　四合院形態古樸典雅，佈局講究，環境幽靜，這和棋盤式的街道網絡有着緊密的聯繫，一般依東西向的胡同而坐北朝南，中軸對稱，呈現出方方正正的格局。小型的四合院，房屋佈局簡單，

1　閶闔：閶，古代二十五家為一閶；闔，門扇。閶闔，泛指民居。

大多是普通老百姓居住的。院的四面建房，形成一個院子式的座落，因為由四面房屋圍合而自成一個建築格局，所以人們習慣稱之為一進四合院；兩個院落，即為兩進四合院，三個院落，是為三進四合院，以此類推。

　　大型的四合院，住的是那些有錢的人家。至於名宦望族，甚或可多達七進、九進的院落。除中路主院外，還有東西跨院，向兩側發展，增加幾組平行的院子或向後邊發展，在正房後面增加幾個院子，規模宏大，層層推進。似這般庭院深深、羅幕重重的院子，難怪古人說「一入侯門深似海」了。

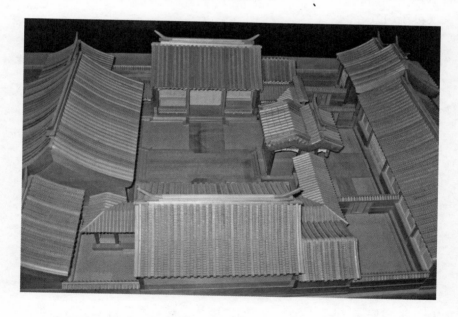

（二）結構有序，倫理內涵

　　過去的四合院，大多是一家一戶居住。四合院一般由正房、廂房、後罩房組成。正房坐北朝南，高大、舒適、明亮，開間一般分為三間，中間為祖堂，東側的次間由祖父母居住，西側的次間由父母居住。正房東邊的次間比西邊的略大，這是受「左為上」

傳統觀念所影響的結果。東西兩側為廂房，由次一輩分的居住，功能分明，體現尊卑長幼之序。老幼長次的安排，都按照一定的傳統禮儀，相沿成制。

　　古代中國人認為多子多孫是一種福氣，如果能幾代同堂，共享天倫之樂，是令人倍感珍惜的。親人間離得太遠不好聯繫，居住在同一間房子裏又不方便，因而四合院的出現，正好滿足了倫理型家庭結構的需要，院內遊廊貫連，房屋之間，相互連接，看似各自分立，實裏有合有分，有如家族血緣關係間而不斷，既可相互照顧，又可和衷共樂，產生一種和諧的氣氛，給人一種安全感和親切感。

（三）門扉緊扣，一方天地

　　門楣猶如庭院的臉面，古人有「門當戶對」、「書香門第」的說法，這和門扉是有一定淵源的，其構建的模式多少表明一戶人家社會上的身分和地位。大門在形制、大小、顏色、裝飾等方面，都很講究。

　　按照等級的區別，王府大門、廣亮大門和金柱大門多為王公貴族和官僚人家擁有，而如意門則多為大賈商家所有。

　　庭院的四周，圍牆和各座房屋的後牆封閉，一般都不對外開窗戶，只有在南牆上離地很高的地方開個小窗，遠離塵囂的騷擾，幽靜獨處一隅。每當大門門扉緊扣之後，儼然自成一方天地。

　　庭院的建築植根於深厚的倫理文化，多了一份溫馨，少了一份冷漠，人與人之間的感情得以拉近。因而，在現代「石屎森林」林立的時代，國內外的建築師卻在設計一些模仿四合院式的古建築，當年「樓台百萬家」的景象，依然散發着其餘韻。

文章誰可宗：韓愈還是歐陽修

　　唐代中葉至北宋中葉可視為中國古文思想的確立期。唐代古文運動領袖韓愈（768-824）和宋代古文運動領袖歐陽修（1007-1075）則是兩位里程碑式的人物，在深化和強化文學思想的過程中扮演着關捩性的角色。「文」與「道」是兩人思想的核心，韓歐兩人對文與道的看法有何異同？宋代古文運動是否只是唐代古文運動的簡單「翻版」？歐陽修對韓愈的推尊程度如何？給兩人角色予定位，對清理文學思想的發展脈絡是極之重要的。本文正是希望從韓歐古文思想的追溯及比較，達到正本清源的目的，為北宋以後的文學思想走向找出原初依傍。

一、文學場景

　　唐德宗貞元（785-805）至唐憲宗元和（806-820）年間，由韓愈、柳宗元發起的古文革新運動，針對當時駢文盛行之風是相當明確的。古文的原初定義乃指先秦兩漢通行的散文，以散句單行、不拘格式為基本特徵，這和駢文講究聲律、追求辭藻美是有其明顯相對性的。當時流行的駢文對表達儒家的正統思想並未取得相應的角色，為了讓儒家之道得到廣泛流傳，對「文」進行文體改革，以便於宣揚儒道，使「文」能更好地承載「道」，即所謂「文以載道」，是韓愈最為關心的。於是，在提倡古文寫作的同時，駢文自然被擺在古文的對立面。早在西魏，蘇綽便做《尚書》而作

《大誥》，可視作反駢之先聲；隨後隋文帝時李諤亦有建議禁止華豔之文；迨至唐初，陳子昂提倡「漢魏風骨」，復古的主張鮮明。天寶（742-756）以後，歷經蕭穎士、李華、元結、獨孤及、梁肅、柳冕等人的積極投入，文學改革的洪流已蓄勢待發，他們既有主張，也有創作，可視為韓柳古文運動的先賢。然而，從嚴格意義上說，要求變革力度的開拓、深化與旗幟之鮮明，確不得不推至韓愈。可以肯定地說，他是先秦至中唐古文思想的集大成者，在古文創作與理論皆達致前人難以比擬的高度。

當然，在古代中國，任何一場改革如未能與政治緊密結合，其成效是很有限的。安史之亂後，唐王朝宦官為禍，黨爭紛起，在內憂外患下，國家危機重重。在動亂之期，益顯出儒家價值觀的現實功用；在思想上，佛道二教由於得到統治者的支持，極為盛行。出於政治上加強唐王朝的鞏固統一，韓柳等人便打出復興古文的旗幟，推崇儒學，排斥佛老，力求以恢復儒家思想的正統地位，來整固社會危機。可以說，這是一場帶有政治意味的文學革新運動，缺此前提，是較難從意識形態上得到統治者和士大夫青睞的。貞元、元和年間出現的「中興」局面，正好和這場革新運動相互呼應。而這一儒學復古運動在文學領域的反映就是詩歌方面的新樂府運動與散文方面的古文運動。

從整體上而言，韓愈在古文思想的理論層面取得了奠基性的成就，但是從普及性而言，還不夠全面和深入。韓柳的繼承者，未能很好地發展他們的文學思想來作為創作的準繩，歷來以為李翱為代表的一派，過分重道而輕文；以皇甫湜為代表的一派，則以務奇為尚，走上怪僻艱澀之途。韓柳之後，古文運動沒有得到有力的承繼，加之晚唐政局的多變，於是駢儷文風復起，六朝文風又盛。

　　北宋初年，西崑體的領袖楊億、劉筠與錢惟演主盟文壇，競相雕鏤，文章內容空洞，成為台閣體的典型代表，形式主義之風在文壇上盛延了三、四十年。當時雖有宋初的柳開、王禹偁、穆修、孫復、范仲淹、石介、尹洙等人的努力，但在文壇上無力與楊億、劉筠等人抗衡。當然，他們以嚴肅的態度，寫作與西崑體風格迥異的作品，在打擊台閣體的富貴氣和浮豔風已兆先導之聲。

　　真正的矯正之功，得等到歐陽修的時候，他全方位深化了古文思想的理論和創作實踐，從而影響一代文風，下啟北宋以後的古文創作格局。歐陽修不僅繼承了韓愈古文運動的主張，而且有別於韓愈「道」重於「文」的偏頗，「文道合一」，「文統」與「道統」並重，對文道的承擔和重建，在承傳中多有開拓，使宋代古文運動在唐代古文運動的基礎上，取得較大的飛躍，亦使古文思想深植於為文者的思想中，而在文學和思想場域達致廣泛的效應。

二、文以載道

　　韓愈對儒家思想的探索，為後來者，尤其是歐陽修，指明了古文的大方向，歐陽修的文學思想並非韓愈的簡單繼承，但韓愈的影響是頗深的，或者說，考察歐陽修的文學思想初模，脫離了韓愈的始創是很難說清楚的。當然，如同筆者特別強調的，歐陽修的文學思想並沒有停留在韓愈的層次上，而是進行了補充，使其內涵更為完整。朱熹曾言：「〈原道〉其言雖不精，然皆實，大綱是。」[1] 錢穆亦云：「治宋學必始於唐，而以昌黎韓氏為之率。」[2]指明了開拓之功在韓愈，而歐陽修扮演的角色，則是擴其綱，補

1　朱熹：《朱子語類》（長沙：岳麓書社，1997 年），頁 2945。

2　錢穆：《中國近三百年學術史》（北京：中華書局，1981 年），頁 2。

其枝葉，在新變中確立典範。

　　先論文道二者關係。韓愈強調「文以載道」，志在宗經明道。在〈答陳生書〉說得最直接了當：「愈之志在古道。」[3] 韓愈所言之「道」，意指堯、舜、禹、湯、文、武、周公、孔子、孟子一脈相承之儒道。他在〈原道〉中說得甚詳：

　　　　知吾所謂道也，非向所謂老與佛之道也。堯以是傳之舜，舜以是傳之禹，禹以是傳之湯，湯以是傳之文、武、周公，文、武、周公傳之孔子，孔子傳之孟軻。軻之死，不得其傳焉。[4]

　　又云：「博愛之謂仁，行而宜之之謂義，由是而之焉之謂道。」乃以仁義為「道」之本。[5]

　　對於為文的目的，韓愈在〈題歐陽生哀辭後〉云：

　　　　愈之為古文，豈獨取其句讀不類於今者邪？思古人而不得見，學古道則欲兼通其辭；通其辭者，本志乎古道者也。[6]

　　而求道之途，則在於「行之乎仁義之途，游之乎詩書之源，無迷其途，無絕其源，終吾身而已矣」[7]，並藉以「牴排異端，攘斥佛、老。」[8]

　　從思維方向看，是把「文」當做實踐儒道的重要工具，「文」乃「明道」的文，「道」假「文」而明，在主次關係上，文為「附」而道為「主」，雖然看似肯定了「文」在復興儒道事業中的重要作

3　馬其昶校注：《韓昌黎文集校注》，（香港：中華書局，1972 年），卷 3，頁 103。
4　同上注，卷 1，頁 10。
5　同上注，卷 1，頁 7。
6　同上注，卷 5，頁 178。
7　同上注，卷 3，〈答李翊書〉，頁 99。
8　同上注，卷 1，〈進學解〉，頁 26。

用，但是這個「文」的指向性是十分明確的，文章之內涵，或曰文學的獨立價值是被忽略的；儘管從韓愈的創作實踐和「唯陳言之務去」等主張中，不難看出其為文的認真，但在理論上卻有意無意地避開「文」的獨立性。這或可視為矯正六朝文人過分重「文」之弊，故而側重對「道」之強調。韓愈謂：「直百世以俟聖人而不惑，質諸鬼神而不疑」，「誅奸諛之既死，發潛德之幽光」，「文」的崇高使命在「聖」在「德」，其取向性不言而喻。以此觀之，「文以載道」，給為文之道指出的發展方向是有所側重的，重視「文」的「工具性」和強調「道」的價值功用。後來朱熹以韓愈「裂道與文以為二物」的指責，認為應該先有德後才能有言，而韓愈則學倒了。從韓愈古文理論的表面陳述，確有使人誤解之虞；錢穆「處心有道，行己有方；用則施諸人，舍則傳諸其徒，垂諸文而為後世法」[9]的文道一貫看法，又只是從實際創作成就來看韓愈的「文與道」之綜合成就。我們從〈原道〉中的理論思辨，不能不承認韓愈之陳述存在不縝密的地方。韓愈排佛之急切，體現在其汲汲於建構儒學「道統」上，純從道統之價值而言，確做到新一代之文學思想。但也正如劉方所論：「韓愈在文學理論上的貢獻也並不是提出了一個體大慮周的文學理論體系，而是開啟了宋代文學論的兩大主題，一是文與道的關係論，一是理想人格與心性修養論。」[10]前者為歐陽修繼承而完善，後者則更多為道學家所發揮和引伸。韓愈的「文以載道」照說應是很合道學家口味的，但其為文的偏頗又恰恰予道學家「以文害道」的口實。為了維護道統的尊嚴，以周敦頤、邵雍、張載、二程等為代表的道學家對道之純粹性愈來愈看重，故而有以道廢文、「文以害道」的思想，走向了另一極端。

9　錢穆：《中國學術思想史論叢》（合肥：安徽教育出版社，2004 年），卷 4，頁 39。

10　劉方：《文化視域中的宋代文論》（上海：學林出版社，2006 年），頁 149。

三、文道並重

這種文道關係的推演，也是接下來所要強調的「文統」與「道統」的分合問題，姑勿論韓愈的為文之成就，在其文道關係的闡述卻是不如人意的，歐陽修於「文統」論跨出的一步可視作對韓愈的補充，雖然他沒有激烈批評韓愈文道思想的辯證缺陷，但在重「道」的同時，避開險怪之風而趨求平易自然的一面卻是不爭的事實，對於「文」的獨立意識顯然並沒有死板地跟隨一個固定的「統」的模式，而是看到韓愈的險怪之風對後來者所造成的負面影響。所以，在強調「文」的理論和實際創作方面，皆可發現他對「文」之本位價值的重視，而把「文」和「道」置於對等的位置，既不因「道」廢「文」，也不重「道」輕「文」。在文學思想史上，比韓愈更進一步，而非僅僅簡單地步韓之後。其於文學思想史角色的重要性也正在於此。

歐陽修曾對蘇軾說：「我所謂文，必與道俱。」[11] 他的古文理論總是把「文」和「道」聯繫在一起。但如何不違背「道」，又能為「文」的獨立價值找到理論的支持？如何矯正道學家之偏激？如何在理論上完善韓愈的文道觀？這是一個複雜的問題。政治上的顯赫地位，文壇上的領袖地位，使這一建構有可能發生。實際上，北宋詩文革新正是「文統」與「道統」並行不悖的一個過程，在歐陽修身上，就是一個這樣具備二重角色於一身的表徵。

追溯晚唐五代時期，政局混亂，「政統」意識薄弱，這在亂世中也是無可奈何之事。北宋初，一改「尚武輕文」之風，以文治國。隨着「政統」的空前強化，「道統」相配合，「文統」相輔以成

---

11 蘇軾著，孔凡禮點校：《蘇軾文集》（北京：中華書局，1986 年），卷 63，〈祭歐陽文忠公夫人文〉，頁 1956。

之原亦一內在發展邏輯。正是在「尚統」的時代背景下，「文」的地位在知識階層中受到廣泛的關注，最終導致文學觀念在魏晉以後，歷經中唐的洗禮而走向更符合儒家思想審美標準的框架。這種文學觀念的始、變、正、合，自有其內緣和外緣等複雜因素造成，韓愈由變而正，而歐陽修由變而合。事實上，政治上的正統觀和「道統」、「文統」，本來就非相排斥不可，「韓愈文以明道的文學主張，以文輔道，使得文的統緒意識也隨道統意識而出現。他只看六經典籍，不及先秦諸子與佛道，已有樹先秦儒經為文之正統的意味。不過，此時韓愈等人提出道統觀，究道、辭關係，雖然已經對文別於道的特性有了相當的認識，但此時求證的重點，是想以文服務於道，在處理二者關係時，關注的重心在道而不在文。」[12] 因此「文統」之自覺性尚未出現，也未受到應有的重視和討論。筆者想特別強調的是，北宋政統的空前強化，文人地位的大大提高，是統緒意識空前活躍的時期，從宋祁所論：

> 貞元、元和間，愈遂以六經之文為諸儒倡，障堤末流，反刓以樸，劃偽以真，然愈之才自視司馬遷、揚雄、至班固以下不論也。當其所得，粹然一出於正，刊落陳言，橫鶩別驅，汪洋大肆，要之無牴牾聖人者，其道蓋自比孟軻，以荀況、揚雄為未淳，寧不信然？[13]

言韓之「才」而非強調其「道」已露端倪。至歐陽修，本非純粹的道學家，而是集「政治家、文學家、思想家」三位一體的人物，在具體創作中帶有很濃的儒學色彩，而又不失文學本位的可讀性。因此，如以文道思想的完整性而言，並真正廣被於文壇，造成共時性和歷時性的影響，實以歐陽修為確立之標誌。

12　羅立綱：《史統‧道統‧文統》（上海：東方出版集團，2006 年），頁 257。

13　歐陽修：《新唐書》（北京：中華書局，1975 年），卷 176，〈韓愈傳贊〉，頁 5269。

陳寅恪在〈寒柳堂集・贈蔣秉南序〉中說：

> 歐陽永叔少學韓昌黎之文，晚撰《五代史記》，作義兒、馮
> 道諸傳，貶斥勢利，尊崇氣節，遂一匡五代之澆漓，返之淳正。
> 故天水一朝之文化，竟為我民族遺留之瑰寶。孰謂空文於治道
> 學術無裨益耶？[14]

從中可知歐陽修在北宋文風革新過程中的重要地位，歐陽修倡導
詩文革新運動，就是以「文」「道」並舉號召的。所謂「道」，歐陽
修在〈與張秀才第二書〉釋道：「其道，周公、孔子、孟軻之徒常
履而行之者是也。」[15]又云：「知古明道，而後履之以身，施之於
事，而又見於文章而發之，以信後世。」[16]稽古明道，履之以身，
施之於事，見之於文，而文自至，並非只是坐以論道的「空文」；
〈答祖擇之書〉也云：「心定則道純，道純則充於中者實；中充實，
則發為文者輝光。」[17]〈答吳充秀才書〉又云，「夫學者未始不為
道，而至者鮮矣。」[18]皆可見其強調道對於文的重要性。在〈答吳
充秀才書〉中結論：「道勝者其文不難而自至。」這相比於韓愈的
文以載道論述更為清晰，從中可見道與文的辯證關係，道因文而
永存，文緣道而生輝，而不把文看成是唯道是明的手段。對於韓
愈，歐陽修云：「凡昔翱一時人，有道而能文者，莫若韓愈。」[19]推
尊的重點顯然亦在文道並存，而非唯以道統繼承人視之。

　　在平衡「道統」與「文統」過程中，歐陽修所起的關捩性作用

14　陳寅恪：〈贈蔣秉南序〉，《寒柳堂集》（上海：上海古籍出版社，1980年）。

15　李逸安點校：《歐陽修全集》（北京：中華書局，2001年），頁978。

16　同上注。

17　同上注，卷69，頁1009。

18　同上注，卷47，頁663。

19　同上注，卷72，〈讀李翱文〉，頁1049。

是毋庸置疑的。除了理論上比韓愈更周全外，從歐陽修富有成就
的文學創作和提攜文章之士亦可見一斑。唐宋古文大家中的三
蘇、王安石、曾鞏都曾受到他的提拔。尤以承歐之後而為文壇領
袖的蘇軾，更被歐陽修視為「接班人」。蘇軾在〈上歐陽內翰書〉
中，指出歐陽修的為文觀最為清晰不過：

> 自昔五代之餘，文教衰落，風俗靡靡，日以塗地。聖上慨
> 然太息，思有以澄其源，疏其流，明詔天下，曉諭厥旨。於是招
> 來雄俊魁偉敦厚樸直之士，罷去浮巧輕媚叢錯采繡之文，將以
> 追兩漢之餘，而漸復三代之故。士大夫不深明天子之心，用意
> 過當。求深者或至於迂，務奇者怪僻而不可讀，餘風未殄，新
> 弊復作。大者鏤之金石以傳久遠，小者轉相摹寫，號稱古文，
> 紛紛肆行，莫之或禁。蓋唐之古文，自韓愈始。其後學韓而不
> 至者，為皇甫湜，學皇甫湜而不至者，為孫樵，自樵以降，無足
> 觀矣。伏惟內翰執事，天之所付，以收拾先王之遺文，天下之
> 所待以覺悟學者。恭承王命，親執文柄，意其必得天下之奇士，
> 以塞明詔。[20]

文中所謂「文教衰落」、「采繡之文」、「用意過當」、「親執文柄」
云云，全圍繞「文」之興衰而展開論述，純從「文」的角度對歐陽
修作歷史定位。類似的觀點在蘇轍的〈歐陽文忠公神道碑〉可相
為佐證：

> 自退之以來，五代相承，天下不知所以為文。祖宗之治，
> 禮文法度，追跡漢唐，而文章之士，楊、劉而已。及公之文行
> 於天下，乃復無愧於古。嗚呼！自孔子至今，千數百年。文章

20　孔凡禮點校：《蘇軾文集》（北京：中華書局，1986 年），卷 10，頁 313。

廢而復興，唯得二人焉，夫豈偶然也哉？[21]

韓愈「口不絕吟於六藝之文，手不停披於百家之編」，常患「學雖勤而不由其統，言雖多而不要其中」[22]之慮，企求以「道濟天下之溺」，在「道」之承傳的角色上十分清晰，他沒有着力強調「文」的統緒，而是隱然為之，蘇轍在這裏把文統的角色推及韓愈，能夠從實際業績發掘韓愈的角色，尤不失巨眼。歐陽修的發揚光大，使「文統」和「道統」更好地結合在一起，「文」一方面固然依據宗經載道來確立其思想系出正統，另一方面對於文章本體的發掘，對「文之所以為文」的獨立特質，如其載道、明道的藝術技巧、文體本身的審美價值以至文辭等等，都格外重視。在儘量符合儒家的文藝觀而又不埋沒「文」之多元發展，達到「尊體」、「重道」並行。宋人對於李（白）、杜（甫）、陶（淵）、韓（愈）詩文的共賞，不唯以「道」明愛好，反應其多元的文藝觀，溯其開宗立風，淵源在斯。

　　正是基於對「文」之肯定，歐陽修對「西崑體」、「太學體」也沒有一概加以排斥，認為「時文雖日浮巧，然其為功亦不易。」[23]轉而把重點放在立德、立功、立言的闡述，對治學著文提出嚴格的要求，以求垂世不朽。歐陽修不無警示地勤戒文章之士不可「一世以盡心於文字間」[24]，指出「事信言文，乃能表見於後世」、「事信矣，須文；文至矣，又繫其所恃之大小，以見行遠不遠也」、「其言之所載者大且文，則其傳也章」。[25]

21　《歐陽修全集》，卷 3，〈附錄〉，頁 2713-2714。

22　韓愈：《韓昌黎文集校注》，卷 1，〈進學解〉，頁 45。

23　《歐陽修全集》，卷 47，〈與荊南樂秀才書〉，頁 660。

24　同上注，卷 136，〈後漢太尉劉寬碑陰題名〉，頁 2146。

25　同上注，卷 68，〈代人上王樞密求先集序書〉，頁 984。

　　從歐陽修的為文之思維來分析，我們亦較易明白為甚麼他對韓愈並非一味地推崇，而是在批判中發人深省。在〈與尹師魯第一書〉信中，他不留情面地說：「每見前世名人，當論事時，感激不避誅死，真若知義者。及到貶所，則戚戚怨嗟，有不堪之窮愁，形於文字。其心歡戚，無異庸人。雖韓文公不免此累。」[26] 又於〈讀李翱文〉一文中云：「凡昔翱一時人，有道而能文者，莫若韓愈。愈嘗有賦矣，不過羨二鳥之光榮，嘆一飽之無時爾。此其心使光榮而飽，則不復云矣。」[27] 歐陽修既肯定韓愈在「道」之傳承的作用和文章的價值，但亦有所保留，甚或批判，這裏所表現出來的人格旨趣，與其發現韓愈文道觀的不足而補之的革新精神是一致的。

四、文統意識的異質

　　誠如不少論者指出，即或歐陽修對「道」的闡釋，也和韓愈道統觀念內涵有不同的地方，表現出更具關心現實社會的精神。「開口攬時事，論議爭煌煌」[28]，這是歐陽修個人從讀書、治學到從事政治的論時砭世之寫照，同時也是天聖（1023-1032）以後整個士文化的一種普遍特徵。這是以歐陽修為代表的新型儒士奮發有為的精神表現，也是天聖以後社會對政治革新的熱忱在文學思想上的一種延伸。因而確可這樣認為：「歐陽修的文論雖源自韓愈，但卻包含了和韓愈不同的時代意義……而對文道關係的另一層含義，即道對文的決定作用，作者自身的修養問題，歐陽修則談得

26　同上注，卷 69，頁 999。

27　同上注，卷 73，頁 1049。

28　「平生事筆硯，自可娛文章。開口攬時事，論議爭煌煌。」，《歐陽修全集》，卷 2，〈鎮陽讀書〉，頁 35。

比較多。對於這個也是來自韓愈文論的話題，歐陽修作了更進一步的發揮，從而超越了韓愈文論，體現出慶曆前後宋代學術變化的影響，也體現出了宋代思想文化的特色。」[29]

　　總體上而言，宋代韓學之興主要還是由於歐陽修的提倡。在歐陽修的文章中，我們看到對韓愈的推尊幾至以異代先師視之。〈青松贈林子國華〉詩云：「青松生而直，繩墨易為功。良玉有天質，少加磨與礱。子誠懷美材，但未遭良工。養育既堅好，英華充厥中。於誰以成之？孟韓荀與雄。」[30] 可見在歐陽修的心中，韓愈乃孔子後承續道統（兼文）的最重要者，其地位與孟軻、荀卿、揚雄看齊（案：荀、揚亦乃善文之人；韓愈道統之說上自堯下至孟；參較歐陽修之言：「君子於學也務道……其道，周公、孔子、孟軻之徒常履而行之者是也。」〈與張秀才第二書〉自周公下及孟，又添加荀、揚二人，同中之異的意義，於「道統」更形完備，而顯然又涉及「文」的思慮）。在〈記舊本韓文後〉中，歐陽修總結一生學韓經過感喟：「嗚呼！道固有行於遠而止於近，有忽於往而貴於今者，非唯世俗好惡之使然，亦其理有當然者，而孔孟惶惶於一時，而師法於千萬世。韓氏之文，沒而不見者二百年，而後大施於今，此又非特好惡之所上下，蓋其久而愈明，不可磨滅，雖蔽於暫而終耀於無窮者，其道當然也。」[31] 對韓愈其人其道推崇備至，而又發掘其文之統緒。

　　又其〈記舊本韓文後〉一文中，所述最詳：

　　　　予少家漢東，漢東僻陋，無學者，吾家又貧，無藏書。州

29　楊國安：《宋代韓學研究》（北京：中國社會科學出版社，2006 年），頁 285。

30　《歐陽修全集》，卷 4，頁 29。

31　同上注，卷 73，頁 1057。

南有大姓李氏者，其子堯輔，頗好學。予為兒童時，多游其家，見有敝筐貯故書在壁間，發而視之，得唐《昌黎先生文集》六卷，脫落顛倒無次序，因乞李氏以歸。讀之，見其言深厚而雄博。然予猶少，未能悉究其義，徒見其浩然無涯，若可愛。

是時天下學楊、劉之作，號為「時文」，能者取科第，擅名聲，以誇榮當世，未嘗有道韓文者。予亦方舉世士，以禮部詩賦為事。年十有七，試於州，為有司所黜。因取所藏韓氏之文復閱之，則喟然嘆曰：學者當至於是而止爾。因怪時人之不道，而顧己亦未暇學，徒時時獨念於予心，以謂方從進士干祿以養親，苟得錄矣，當盡力於斯文，以償其素志。

後七年，舉進士及第，官於洛陽，而尹師魯之徒皆在，遂相與作為古文。因出所藏《昌黎集》而補綴之，求人家所有舊本而校定之。其後天下學者亦漸趨於古，而韓文遂行於世。至於今，蓋三十餘年矣。學者非韓不學也。可謂盛矣。[32]

可以說，歐陽修文統意識的發端，和學韓是分不開的。至於其「文統」意識之確立，又是在不斷的文學創作實踐和深化理論認識的過程中完成的。而從行文中的歷史追溯，我們亦發現這種對韓「文」統緒之發掘以至大書特書自宋（即或中唐）以後也是沒有多見的，其「求人家所有舊本而校定之」之舉更有以韓集樹立典範之意。於是，得到歐陽修的發現和大事推舉，韓愈的「文」之價值引起後來者重視，韓愈在北宋有從「道統」一躍而成為「文統」奠基人的表象。這實質上是宋人所賦予的。當時，如蘇軾所言，「親執文柄」者實乃歐陽修。

如同筆者一直強調的，歐陽修所學雖自韓出，而其風貌卻非

32　同上注，卷73，頁1056-1057。

一致，除了「道」的內涵外，其「文」風又恰恰和韓愈走向了另一極端，試見蘇洵之綜論：

> 孟子之文，語約而意盡，不為巉刻斬絕之言，而其鋒不可犯；韓子之文，如長江大河，渾浩流轉，魚黿蛟龍，萬怪惶惑，而抑遏蔽掩，不使自露，而人望見其淵然之光，蒼然之色，亦自畏避不敢迫視；執事之文，紆徐委備，往復百折，而條達疏暢，無所間斷，氣盡語急，急言竭論而容與閒易，無艱難勞苦之態。此三者，皆斷然自為一家之文也。[33]

清人袁枚所言極是：「歐公學韓文，而所作文全不似韓，此八家中所以獨樹一幟也。」[34] 韓文富陽剛之美，氣勢逼人；歐文陰柔紆徐，往復百折；韓文以萬怪惶惑著稱，「奇」而且「怪」；歐文則以條達疏暢名世，「奇」中偏「正」；一險一正，一澀一白，何其大異其趣？韓文難學難精，故其傳諸後困難；歐文易學而精，蹊徑有跡，北宋而後，實非涓涓細流。實質層面上，韓文之道顯而其文隱，歐文正補其缺而端其正，終於建立了以宋代儒學的意識形態為基本內核的文學話語，使「古文」運動在「文道」俱至的寫作場域上大放異彩，影響北宋以至近代，而成為中國散文的主流發展模範。

宋呂祖謙《古文關鍵》也云：

> 歐文平淡，祖述韓學；學歐平淡，不可不學其淵源。[35]

33　蘇洵：〈上歐陽內翰第一書〉，曾棗莊，金成禮箋注：《嘉祐集箋注》（上海：上海古籍出版社，1993 年），卷 12，頁 329。

34　袁枚：《隨園詩話》（北京：人民文學出版社，1960 年），卷 6，頁 177。

35　《叢書集成初編》本，卷上。

清初沈德潛《唐宋八大家文讀本》亦云：

> 廬陵（歐陽修）得力於昌黎。[36]

「淵源」確是「得力」於韓，然而歐文之新變，就不是只知學而不知變了。何沛雄指出：「唐宋古文運動，韓愈是拓荒者，歐陽修是建業者。」[37] 平心而論，論開拓之功，韓愈首膺其功，他提倡合道之文，留下了深遠的影響；而得力於歐陽修的大力提倡，在為文為道方面皆有補充，而使之更臻完善，復得力於尹洙、蘇舜欽、蘇洵、蘇軾、蘇轍、曾鞏、王安石等古文大家為羽翼，於是牢牢地確立了古文的地位。從文學思想的發展史觀之，由韓之「文以載道」到歐之「文道合一」是一個階段性的發展，之後蘇軾從「文」方面續其血脈，道學家從「道」方面扭曲其途，呈分道揚鑣之格局，又是另一議題了，本文暫且不論。

　　筆者傾向於把韓愈到歐陽修的這個發展脈絡看為一個整體性之兩段，更重視的是期間的「質變」，而非僅僅如前人籠統地一概論之。如〈四朝國史・歐陽修傳〉所載：

> 由三代以降，薄乎秦漢，文章雖與時盛衰，而藹如其言，曄如其光，暾如其音，蓋均有先王之遺烈。涉晉魏而弊，至唐韓愈氏乃復起。唐之文涉五季而弊，至修復起。闢百川之頹波，導之東注，斯文正傳，追步前古。「匹夫而為百世師，一言而為天下法」，此兩人足以當之。[38]

又或如韓琦〈文忠歐陽公墓誌銘〉所述：

36　清嘉慶年刊本，卷首〈凡例〉。

37　何沛雄：《韓文擷論》（香港：香港大學出版社，2006 年），頁 94。

38　《歐陽修全集》附錄，卷 2，頁 2682。

　　　　國初柳公仲塗（開）一時大儒，以古道興起之，學者卒不
從。景祐初（1034-1037），公與尹師魯專以古文相尚，而公得之
自然，非學所至⋯⋯自漢司馬遷歿幾千年，而唐韓愈出；愈之
後有數百年，而公始繼之。氣燄相薄，莫較高下，何其盛哉！[39]

或歐陽發〈先公事跡〉所云：

　　　　當世皆以為自兩漢後五六百年，有韓退之；退之之後，又
數百年而公繼出。自李翱、柳宗元之徒，皆不足比。[40]

或若清人劉蓉〈與郭筠仙孝廉書〉所云：

　　　　自漢唐以來，文章名家者，無慮數十百人，然皆不必通乎
道。最近道者，於唐曰昌黎韓氏；於宋曰廬陵歐陽氏。[41]

　　因而，當我們認識到「愈之後三百有餘年，而後得歐陽子，
其學推韓愈、孟子，以達於孔氏」[42] 的同時，對於其「學」之內
涵尤須引起鑒別，才能據以深入明白中唐至北宋這段確立期的
「質變」。

　　對於宋人推尊韓愈之文的溢美之詞又從側面告訴我們一個重
要的訊息，即北宋中葉對「文」的重視。誠然，韓文汪洋恣肆，實
乃古文中的表表者，但誠如我們在前所述，韓愈本身對「文」的推
尊是在道的護罩下論述的；宋人大談「文」者，與韓之原意是存
在一定差距的，從詩文革新的背景和宗經據聖的復古思維而言，
毋寧說宋人是在為「文統」找依據。於是，我們不難發現一個饒

39　同上注，頁 2704。

40　同上注，頁 2628。

41　漆緒邦、王凱符選注：《桐城派文選》（合肥：安徽人民出版社，1984 年），頁 386。

42　《歐陽修全集》，卷 73，〈記舊本韓文後〉，頁 1057。

有意思的現象，宋人對韓愈之文的推崇也達到一個不可復加的地步，蘇軾的〈潮州韓文公廟碑〉最為典型：

> 自東漢以來，道喪文弊，異端並起，歷唐貞觀、開元之盛，輔以房、杜、姚、宋而不能救。獨韓文公起布衣，談笑而麾之，天下靡然從公，復歸於正，蓋三百年於此矣。文起八代之衰，道濟天下之溺。忠犯人主之怒，而勇奪三軍之帥。此豈非參天地、關盛衰、浩而獨存者乎！[43]

「文起八代之衰，道濟天下之溺。」此為治文學史者經常引用，幾乎為韓愈一生功業之定論，然細意推敲，又未免發覺蘇軾此論夾有文學家氣質之言，先不說對於唐代古文運動的成敗學界猶存分歧；我們從作為「文學家」士人性格屬性的角度來理解蘇軾此語，或者較易接受此言，更關鍵在於宋人對於「文」之自覺的提高，以及緣此而建立的「文統」脈絡意識。究其根源，實則乃緣自歐陽修之言：

> 韓氏之文之道，萬世所共尊，天下所共傳而有也。[44]

有宋一代，號稱五百家注韓的盛況，這和蔚為一代文宗的歐陽修之推尊是不能分開的。出於建立「文統」的目的，看不到這些「文章之士」對韓愈之文之道的辯證關係有太多的論述。相反在道學家那裏倒有很多的批評，把「為文害道」的源頭指向韓愈，這對不斷強調「文以載道」的韓愈倒是莫大的諷刺。然而，無論如何，文統的意識隨着北宋中葉古文運動的成功而確立了，古文作為既有儒道內涵，又具文藝獨立價值的多元特色得到更全面發

43　蘇軾著，孔凡禮點校：《蘇軾文集》（北京：中華書局，1986 年），卷 17，〈潮州韓文公廟碑〉，頁 509。

44　《歐陽修全集》，卷 73，〈記舊本韓文後〉，頁 1057。

展，不僅確立了古文的歷史地位，而且應用範圍擴大了，於傳統
的經史之外，在日常生活中找到了表現自己的寫作場域，使北宋
散文的創作進入繁榮的局面，而達到較韓愈時代更普遍的成就。
歐陽修發展了韓愈「文以載道」的理論，強調經世致用、倡導作
家修身立德、強調作家個性，凡此，帶領宋代古文創作邁向新的
天地。

　　在文學思想史上，歐陽修正扮演着承先啟後、繼往開來的關
捩作用。從嚴格意義上而言，中國古文的正統地位之真正確立始
自歐陽修。唐代古文運動曾初步取得成功，但並沒有延續太久，
亦未真正達到廣泛的社會影響，迨至宋代的古文復興，才徹底打
擊了駢文的流行。而其所依據的並非韓愈所樹立之文風，而是建
立在歐陽修流暢明白、平易近人的文章風格之基礎上[45]，使古文
成為一種更具廣受性的文學體裁，影響下迄清代。誠如林炳益所
言：「這種平易流暢的文風，引導當時的散文創作走向健康的道路
發展，唐宋古文八大家的散文系統也由此而建立，成為後人不可
動搖的典範，影響遠及明清的許多古文家。明代歸有光的明白率
真的文章，清代桐城派古文雅潔而有義法，卻與宋代古文一脈相
承。」[46] 相對於韓愈的階段性成就，歐陽修在「道統」和「文統」兩
個領域所取得的綜合性成就，更應該充分予以重視。

45　關於歐陽修之文風，筆者認為其於理論上尊韓，實質上屬白居易一脈。據載，韓白雖
　　乃同時代之人，韓倡古文，白倡新樂府，其旨趣同，然兩人相交匪深，甚或可用冷淡
　　視之，文風氣格之別為一原因；歐氏出於「統」而推韓，情有可原；實則文風卻非一
　　致，淵源自韓，更在學白。元和十年，在《酬張十八訪宿見贈》中，白對張籍云：「問
　　其所與游，獨言韓舍人。其次即及我，我愧非其倫。」顧學頡校點：《白居易集》（北
　　京：中華書局，1979 年），頁 123。又參《文化視域中的宋代文論》（上海：學林出
　　版社，2006 年），頁 124。
46　林炳益：《中國文學史問題精編》（香港：青木出版印刷公司，1995 年），頁 83。

五、結語

從整個中國散文的發展史觀照，韓愈和歐陽修分別代表着發展的兩個高峰，韓愈的角色是首要的一環，他為道統的內涵奠定了基調，儘管他當時未必有意作為「奠基者」的角色出現在中唐文壇，事實上，卻無疑扮演着這樣一個重要的角色，同時亦以其「文」之成就埋下「文統」的因子；但是，如我們特別強調的，「文」在韓愈那裏取得的成果，只是隱性的、階段性的，這也留給歐陽修進一步開拓其文學生命的機遇，完善散文理論和改變創作風貌，賦予文學思想的轉型意義，而終成其「文學」之地位，又不失對道統之依傍。

文學與語文的科際整合

　　本文探討香港中學中國語文和中國文學科的分合問題，並討論如何將文學元素融滙到語文教學中，激發學生學習語文的興趣，以培養他們的語言學習能力。藉科際整合和教學理念的創新，冀為中文教育發展提供意見。同時，望能為國際學生從中國文學的角度學習中文打下基礎，以應對國際大學預科課程（IBDP）中對「文學批評」的格外重視。

　　筆者認為，從小就構建學生的「經典朗誦模式」（CRM），是提高文學知覺和語言能力的有效和重要途徑。文學中，尤以古典韻文，為學習漢語提供了肥沃的土壤。通過生動而深情的閱讀，可以有效地提高學生的語文閱讀和表達能力。此外，借用美國教育心理學家托馬斯・里克納（Thomas Lickona）的「品德教育」（CE）和孔子「詩教」（PE）的主張，期望從「情感薰陶方式」（EEM）培養學生感悟能力，激發想象力並加深語文體認，使學生加強人文素養。尤其是對國際學生而言，在情感上認同漢語作為第二語言的語文載體，通過突破學習障礙而達到事半功倍的效果。我們希望擴展對 L1 文學研究的分析，並探索進一步用於 L2 國際漢語教學。

一、語文和文學的分分合合

（一）語文和文學科的合與分

　　語文和文學兩者的關係為何？是分或合？一直意見紛紜。語文包括語與文，固然包括語言（漢語），但「文」者包容理應更廣，為文之法、為文之學，此文之所以為「文學」故。

　　香港中學分為英中（英文中學）和中中（中文中學）兩大主流，原為英文中學而設的「香港中學畢業會考」（1961 年改名為香港英文中學畢業會考）與「香港中文中學畢業會考」，於 1974 年合併為「香港中學會考」。原本「香港中學畢業會考」所設的「中國語文及文學科」，隨後分設為中國語文及中國文學獨立兩科。語文工具論（即把語言當作純粹的溝通工具）當時受到頗多教育工作者的支持，尤其是港英時代，在傳統的英文中學，認為中國文學以至中國語文可有可無的大有人在。然而，文學作品作為語文學習的文本，分立式的處理如同割裂其靈魂，必然會使語文學習變得支離破碎。如同蘇文擢指出：「中國文學蘊含着豐富的文化特質而予讀者以性情品格上深厚的感染，中國文學就是中國文化的精華。」[1] 分科以後，中文科更注重於培養讀寫的運用能力。文學科則肩負弘揚中國文學以至文化的目標，1986 年《中國文學科課程綱要》提出，其教學目標是「增進學生對中國文化的認識」，以及使學生「收陶冶性情、美化人格的效果」。[2] 這一分科舉措，前者向讀寫能力靠攏，後者走向欣賞和鑒賞能力的培養，理念上，各司其職，語文和文學的分工似乎清晰可據。雖然現實經驗是，三者之間並非是可截然裁切的「個體」，學習中國語文，

1　蘇文擢：〈中文教與學的正確認知〉，《邃加室講論集》（香港，1983 年），頁 541。

2　香港課程發展委員會：《中國文學科課程綱要》（香港：政府印務局，1986 年），頁 7。

往往不能脫離文學以至文化元素的多重複疊。

（二）中國語文及文化科的補足

　　1992 年，香港中學的六、七年級正式設置了「中國語文及文化科」，這個課程是香港中文教學的一次全面創新，也填補了大學預科中國語文課程的空白。課程除了測試學生的閱讀和寫作能力外，也考核聽力和說話的表現，並兼顧課外閱讀成績的考查。中國語文及文化科的宗旨，開宗明義是「增進學生對中國文化的認識，啟發學生的思想，培養學生的品德，使能建立正確的價值觀，加強對社會的責任感。」[3] 它改變了以往只把語文視為工具的偏向，同時強調中國傳統思想及文學、藝術、文化理論，屬入讀大學必修必考課程，實是一大突破。然而，指定以下六篇文章為教學的主要內容，包括〈與青年談中國文化〉、〈中國科學思想〉、〈中國藝術精神〉、〈中國傳統社會〉、〈人生的意義〉和〈情與中國文化〉，又是否就能彌補學習「語」「文」的不足？由於文章屬於哲理性質，包羅廣泛，並不集中語文焦點，而文學的補足仍只能留給預科中國文學的獨立科。會考選修文學科的人數本來已少，高考則更為稀少。

（三）語文九大範疇中的「文學」

　　2001 年的課程指引，將語文學習分為閱讀、寫作、聆聽、說話、文學、中華文化、品德情意、思維及語文自學等九個範疇，意識到語文教學的「全面性」，目標才算比較完整。這裏提出文學教學作為語文學習的一個支點，但分量顯然極輕。中國文學博大精深，認識甚麼、學習甚麼、掌握甚麼？初中、高中如何具體落

3　《中國語文及文化課程綱要‧教學目標》，1991 年。

實？各學習階段的知識元素如何組成一個系統完整的知識鏈，體現由簡單到複雜、由淺入深的螺旋式學習？這方面課程綱要並沒有提出具體的建議，亦鮮有人對此作出深入研究，更遑論具體的教學大綱、文學教材和教學模式了。中國文學科的存在或能填補這方面的不足，但問題在於，中國文學並非必修必考，中學四年級至五年級以及後來三三四新學制，皆可免修，開設的中學及能開成班的學校更是少之又少。2019 年報考中國文學科的考生只有 1,650 人，佔中學文憑試全體考生僅約 2.9%，而在 2010 年中學會考，報考該科的考生尚佔總考生約 6.8%。即是說，大學階段之前，除了少數選修文學的學生，基於語文和文學的分科獨立，絕大部分學生的文學知識處於零散的局面。語文和文學的分科前提，是學生可通過文學科補足語文科，但初衷與結果，南轅北轍。

　　中文、文學分科是香港中學語文教育史上的要事，從時間上推算，甚至可以說是比本地大學的語言和文學之分工來得更早。如香港教育大學的中國語言學系和中國文學及文化學系的分立分工，也只是近十年的事，香港大學中文學院更是文史哲一家，語言文學哲學（文化）依舊共冶一爐。基於高尖領域發展，大學深耕細作本無可厚非，但中學乃普及教育 —— 是基礎知識積成的關鍵環節，課程的基點並非為少部分人而設；而大學階段，除非中文專業，增補中文的學分也只能略為補足。[4] 長遠而言，基本環節的薄弱所引發的語文能力問題必會捉襟見肘。

（四）「三三四」學制的「語文＋文學」

　　2009 年開始推行「三三四」新學制，中文、文學在課程規劃

4　以香港大學中文增補課程為例，自 1998 年，規定大學本科生必修一個學期。目前為六個學分，2012 前偏重實用中文，之後引入發展新理念，融入「文學」、「文化」元素。

上均屬於「中國語文教育學習領域」。《中國語文課程及評估指引（中四至中六）》提到「文學學習是語文學習的重要組成部分。透過文學的學習，可以感受語文的美感，從作品的情意中感應人與人，以至人與物之間的真、善、美。」[5] 中國文學課程目標提到「配合中國語文學習領域的整體發展路向……以：(1)培養審美情趣，提升藝術品味；(2)提高文學素養，承傳文學遺產；(3)陶冶性情，美化人格；培養對國家民族、人類社會的感情。」[6] 然而，新學制的語文課程取消範文學習，過去必修讀的經典文學篇章及文言文學作品，一律准許坊間採取開放式的編撰方式。實施數年後，香港學生語文基礎的薄弱深為人們詬病。儘管沒有迷信語文工具論，文憑試讀寫聽說能力導向的考核方向面面俱到，學生基礎知識未見比範文考核時期紮實，美育達成不如人意，懼怕中文考核的情況普遍嚴重。

香港教育局中期檢討結果，中文科增設範文，加強文學教學。高中中國語文課程將於 2015/16 學年的中四開始（2018 年香港中學文憑考試生效），加入 12 篇指定文言經典學習材料，讓學生透過熟記文言經典作品的精華片段，理解文意及掌握篇中文學、文化內涵，以加強語文積澱，提升語文素養。12 篇指定文言經典材料如下：

1. 論仁、論孝、論君子 / 論語
2. 魚我所欲也（節錄）/ 孟子
3. 逍遙遊（節錄）/ 莊子
4. 勸學（節錄）/ 荀子

5　中國語文教育學習領域：《中國語文課程及評估指引（中四至中六）》，2007 年（2015 年 11 月更新），頁 13。

6　同上注，頁 2。

5. 廉頗藺相如列傳（節錄）/ 司馬遷

6. 出師表 / 諸葛亮

7. 師說 / 韓愈

8. 始得西山宴遊記 / 柳宗元

9. 岳陽樓記 / 范仲淹

10. 六國論 / 蘇洵

11. 唐詩三首：山居秋暝 / 王維、月下獨酌（其一）/ 李白、登樓 / 杜甫

12. 詞三首：念奴嬌・赤壁懷古 / 蘇軾、聲聲慢・秋情 / 李清照、青玉案・元夕 / 辛棄疾

以上分佈，除首篇《論語》片斷，有四篇節錄，五篇完整散文，詩詞各三篇，補足的結果，是否能「起死回生」，從「死亡之卷」回歸溫馨的學習體驗尚為未知之數。但起碼讓我們看到中文教學從趨工具化到「目標為本」的過程，其實無助提升學生的學習興趣和奠定厚實的語文基礎，文學對語文的回應重兆新的開始。香港學生學習中文科的主動性愈來愈低，基礎教育階段學生未能從語文中深入領略中國文學之美學薰染，以致大學階段，即或中文專業的學生亦出現水準差距甚大的普遍現象，追源溯流，在基本環節的失衡應引起我們的格外重視。

而中文、文學是否應重新合併？比重如何？如何合併？顯然也並非一加一等於二的思維方式。筆者在本文的第二部分提出一種教學思考，從文學核心組成部分──詩詞，提出一個切入點，作拋磚引玉，以見第三種整合的可能。

二、「語文＋文學」教學理念

　　中國文學的發展相當豐富，尤其是古典詩詞，被譽為文學中的璀璨明珠，美不勝收。以詩詞韻文為例，從來就是語文的必選教材。早在先秦時代已有優秀詩作，以《詩經》為典範，收錄了作品共 305 篇。此後，優秀詩人輩出，佳作如林。唐詩宋詞，雙峰並峙，相互輝映，作為選讀重點無可厚非，但在整個新學制的三年間，只指定六首，未免太少。詩詞作為「語文」的靈魂，是語文和文學整合的重中之重。一方面，詩詞由語文中的凝煉語言組成，另一方面，語文的表達高低也有需要文彩的加持，而最重要者，學習語文並非機械操作，當中的情感滲透，文學薰染，品德情意導向，都是引發學生學習語言興趣及提升語文能力的「無形之手」。在優秀選文的基礎上，構建學生學習的「經典朗誦模式」（Classic Recitation Mode），對提高文學感悟和語文能力，是一項行之有效的重要途徑。誦讀的內容，優秀的詩詞正是最佳的學習材料。所謂「聲入心通」、「口誦心惟」，通過生動而富感情的朗讀，不但可以加深學生對文化的感悟，還可以提高閱讀的興趣和能力。通過朗誦優美的作品，更可以累積詞彙，理解詞義，掌握句子和段落的組織，懂得連段成篇的佈局手段，對於文章的結構、語法、修辭等技巧的運用，通過語調、節奏等變化的表現，可以留下深刻的印象，有效提高書寫和表達能力。這一點和純粹的語法、修辭分析，實是互為表裏。「大凡讀書，多在諷誦中見義理。況詩又全在諷誦之功，所謂『清廟之瑟，一唱而三嘆』，一人唱之，三人和之，方有意思。又如今詩曲，若只讀過，也無意思；須是歌起來，方見好處。」[7] 中國古人學習語文，朗誦、吟誦，

7　朱熹：《朱子語類》，卷 104，明成化九年陳煒刻本（北京：北京愛如生數字化技術研究中心），頁 1725。

以至唱誦方式，在聲情並茂中，了解語文的建構肌理，進入詩詞的藝術境界，提高鑒賞和語文能力，兩者兼至。其中學理共通，並無古今之別。誦讀在教學中，尤其是針對韻文，嚴格以論，教師有責任在講述技巧的同時，親身向學生示範，並要求他們誦讀以至吟誦。[8]

此外，依據美國教育心理學家托馬斯·里克納（Thomas Lickona）品格教育（Character Education）和孔子的詩教觀（Poetry Education），生動的誦讀還可發展思維能力，喚發想象，加深對文化的理解。「情感薰陶方式」（Emotion Education Mode）中，教師扮演引導和點撥角色，帶領學生從文化語境理解作品的思想和感情，學生對作品的警句和優美的語言，會留下深刻印象，得到品德情意的美育薰陶，收潛移默化之功，從情感上認同漢語言作為漢文化的載體，跨越文化圈界，打破學習隔閡。語文的掌握只是目標，情感美育有如一片廣闊無際的情境圖，而通過文學語言的昇華和引入，「語文學習」方為完整。從教學角度來說，影響學生一生必定深遠。從學習角度來說，必然會調動學生跨語言學習的態度。

三、中文教材操作框架

選定語文的經典文本，製作「適用性」和「典型性」的教材，是不可以純粹由研究人員單方面操作的，而必須經過學校的廣泛諮詢，甚或教學實驗，做到深淺得宜。除了專職教育學、語文、文學、文化的專家學者外，校長、中文教師、學生共同參與是不可或缺的。在新學制的高中三年間，增設 12 篇範文，比起範文時

8　鄧昭祺：〈粵音與古代韻文教學〉，《國際中文教育學報》，2018 年第 4 期，頁 2。

期，一位全面修讀語文和文學學生的 85 篇（HKCEE 語文 26 篇；HKCEE 文學 35 篇；HKAL 文學 24 篇），是否太少？文本的深度和廣度（跨度）定位是至關重要的。所指定的 12 篇範文，根據語文知識點的需要，實可擴而充之，三年時間應該可以包容更廣。此學習階段的知識元素才可以組成一個比較系統完整的知識鏈，體現由點到面、由淺入深的螺旋式學習模式。從學生的認知過程出發，應同時着重對文學精粹的吸收，有機地結合語文課程強調的文學元素，注重演繹方式，啟導學生通過愉快學習，從感受中認同語文素材，提高親近的動力。「經典朗誦模式」、「情感薰陶方式」，可視為軟性的「工具」，配合語言分析的利器，是學習好語文的綜合法徑。這樣，學生在完成中學的學習階段後，才能為將來縱深的學習奠定堅實的基礎。

參照中國語文課程指引[9]，其目標為：（一）提高讀寫聽說能力、思維能力、審美能力和自學能力；（二）培養語文學習的興趣、良好的學習態度和習慣；（三）培養審美情趣，陶冶性情；（四）培養品德，加強對社羣的責任感。（五）體認中華文化，培養對國家、民族的感情。我們不難發現，「審美能力」、「審美情趣」、「培養」品德、「體認」中華文化等等目標用語，本質上就離不開「文學」的學習目標。從語言乃文學文化載體的角度，課程文件對學生學習「語文」，顯然注意到不能再囿於「語文」的劃地為牢，應藉以貫通與文學文化兩者之間的橋樑，「博」與「約」之間，你中有我，我中有你，並非絕對的涇渭分明。

這裏以白居易的〈錢塘湖春行〉和蘇軾的〈飲湖上初晴後雨〉

9　《中國語文課程及評估指引（中四至中六）》，2007 年（2015 年 11 月更新）。

為例略說。兩者作為描寫「自然山水」中心主題[10]的經典作品，選作語文範文亦很恰切。上述審美能力、審美情趣、培養品德、體認文化等等目標，都大有發揮空間。課文的引子可用美麗的西湖傳說引入；雲腳、亂花、淺草、潋灩、空濛、相宜，作為語文的詞彙，又不失文學的內涵，是學習的重心之一，語文的嬗變元素（如相宜／適宜）、特殊用法，皆可加以注釋或解說；自然知識，如孤山寺、賈亭、白沙堤，是全面了解文義需要知道的背景，可加以說明；白話語譯，古今對照，幫助學生理解；理性的分析和感性的賞析並舉，以提高其語文能力和情感感悟；加入寫作實踐，從修辭手法切入，如本選篇的比喻、白描手法，引而廣之，訓練學生針對描寫山水自然的寫作能力；而嵌入文學知識，如詩詞七律七絕樣式、風格，融滙其源流正變，從知識理論（Theory of Knowledge）的層面知其所以然；文化知識，則可擷取兩位作者和西湖的關係，從政治仕途、審美情趣延伸到對西湖的建樹等方面切入，讓學生從美育和德育層面，深入文章，看似不關語文，實則為寫作的廣闊基礎面，環環相扣。如下要點，逐步深入：

（一）趣味引入：引起學生的閱讀興趣，設立與內容相關的故事或傳說。

（二）注釋：擷取語文元素，注解較難較深的字詞，便於學生理解和應用。

（三）白話轉譯：把文言文轉譯為白話文，便於學生理解。

（四）分析／賞析：分析篇章內容，引導學生從情感上感悟語

10　其他選篇可參考：《從詩詞欣賞到品德情意教育》（優質教育基金計劃編號：2019/0588）。擷取了八個分別以不同主題為中心的單元共 45 篇詩詞的相關部分，作為配合語文學習的素材。網址：https://www.eduhk.hk/poetry/。

文之美。

（五）寫作實踐：設置寫作測試，引發學生的創意思考，鍛鍊寫作技巧。

（六）知識補充：列舉與課文相關的文學理論和文化知識，補足學生的基礎知識面。

（七）反思討論：引導學生把課文內容聯繫到日常生活，古為今用，反思其人文意義。

至於編撰語文教材的基本原則，應該：

（一）以「學生為本」，文本選取和教材的行文力求適切學生。

（二）透過輕鬆活潑的敘述筆調讓學生了解經典名篇。

（三）採用鮮活的形式作主題介紹，引導學生語文自學。

（四）透過深入淺出的評析及點撥式提引學生進入文學認同的層次。

（五）注重聯繫學生的生活實踐，運用學生生活例子豐富教材。

（六）以選擇、判斷、填充等命題方式進行評估活動，調動學生自學的積極性。

四、對國際文憑課程的輔助

融入文學元素的語文教材，亦能為國際學生學習語文提供豐富的資源。國際大學預科課程（IBDP）作為一種國際通用的學歷，

以中文來說，整個課程為期兩年，偏重訓練學生的理解能力及邏輯思維，IBDP 中文課程涉及語文和文學內容，學生需要擁有出色的閱讀和寫作能力才能應付。如果是中文為母語者，可以選擇中文 A「語言和文學研究」組別，包括兩門：一是語言與文學，另一是文學。建議教材相當廣泛，時間跨度從先秦兩漢到當代。指定的作品，歸入詩歌、散文、戲劇、長篇小說和中短篇小說五類文學體裁之內。而中文 B「語言習得」組別分為兩個級別，高等（Higher Level）和普通等級（Standard Level）。中文 B-SL 適合愛好中文的非母語學生，對此語言有二至五年修讀經驗。中文 B-HL 則適合有部分中國文學基礎、程度較好的非母語學生，對此語言有四至五年修讀經驗。

針對 A 組別的同學，國際大學預科課程（IBDP）設計者把語言和文學融合的傾向甚為明確，而其考核目標比諸傳統中文課程強調語文基礎知識、課文理解、技巧分析、表達應用，更關注「文學批評理論」的運用，重視文學批判性思維、拓展性思維、知識理論（TOK）等元素。但其前提，實則仍是語文的基本積澱，因此，精讀經典文本相當重要，「經典朗誦模式」（CRM）和「情感薰陶方式」（EEM）的融入，實能起到提供學習的佳徑，奠下基本功。

針對 B 組別的同學，SL 更接近純粹語言的習得，HL 相對需要有文學積澱，但整體上課程對「語感」的培養沒有着墨，文化語境的薰染語焉不詳，特別是 SL，近乎語言工具論思維。直至 2020 年中文 B 的新指南，強調文學作品是指用所學語言撰寫的散文體虛構作品、散文體紀實作品、詩詞和戲劇作品的完整原著。教學重點雖以「語言」和「文化」為尚，但並不意味着對文學作品的學習要素可以忽略，尤以高等課程的學生，指南鼓勵學生

理解所學文學作品的基本要素，包括主題、情節、人物、修辭、描寫等。相對中文 A 來說，B 組文學作品的選擇可以說是自由式的，沒有時代、作家的限定，亦沒有地域、體裁的要求。但這也正是難點所在。本文所論，文學範本的擷定和演繹，「經典朗誦模式」（CRM）和「情感薰陶方式」（EEM）的融入，對此類國際生尤顯重要，學生如能進入語境，得到品德情意薰陶，從情感上認同華語作為第二語言的文學載體，對作品的警句和優美的語言自能留下深刻印象，收潛移默化之功，從而打破學習的文化隔閡，引發他們學習華語的動力。

目前大學多有開辦語文提升課程，以香港大學為例，每年都會有一定數量的 IB 學生通過非聯招方式入學，他們的思維活躍，思路廣闊，但基本知識如語法、文字、修辭、文學文化常識，普遍比本地學生遜色，結果往往糾纏在這些基本問題上，在文章的操作方面，寫作信心不足。筆者以為，中學語文教育首先是基礎教育，若抽離這一點來論語文教學，就如無源之水、無本之木，至少是不全面的、不徹底的。

五、結語

中文運用只是我們的目標，通往語文的途徑則文學及文化為其不可或缺的組成環節。擷取深、廣、量合宜的經典範文，有機地、系統地結合知識點，注重演繹方式，再輔以「經典朗誦模式」（CRM）和「情感薰陶方式」（EEM）的融入，相信語文教學的成效，長遠定必事半功倍。

無極之夢 —— 西湖三部曲

詩　我懂

　　就是一場

　　情的燃燒

當我　再怎樣按捺

也按抑不住的時候

我知

我得借詩之名……

　　　　　（〈因詩之故〉）

　　於我心中，西湖仿若盛載着數千年中國美學的縮影，才有
這藝文創作「西湖三部曲」[1]——《詩緣西子湖》[2]（詩歌）、《西湖之
夢》[3]（攝影集）、《夢斷西湖》[4]（小說），分別從三個不同角度來觀照
西湖人文與美藝的作品。三部作品皆以「詩式文創範式」的思維
貫穿，追求浪漫詩境，主題皆以西子湖為中心，而帶有他者（香
港創作者身分）視點。從首部作品出版至今已有十二年，醞釀時
間前後逾二十年。為提高文藝研究者所引用資料的準確性，本文
立意追溯該套文創的背景及藝術特色，首從一位研究者和創作者
的二元角度審視，較全面地搜索並酌量參照目前坊間符合筆者創

1　原文以《若鴻的詩》「西湖篇」作為三部曲之一。後「西湖篇」併入《詩緣西子湖》。

2　《詩緣西子湖》（杭州：杭州出版社，2020 年 4 月）。

3　《西湖之夢》（香港：中華書局，2009 年 4 月）。

4　《夢斷西湖》（北京：作家出版社，2009 年 8 月）。

作原意和創作事實的評論，聊以提供第一手的人文研資。

一、天空海宇一明珠

　　由西湖資深導遊馬雲等人任編委、杭州出版社出版的《詩緣西子湖》，是首部以新詩形式詠寫西湖的個人專著。人生最富浪漫詩意和激情燃燒的歲月，庶幾見於這部專詠的一字一句之中。筆者香江踏來，從西湖中看到情、理、境、趣，別有味道。而以詩藝融匯貫通，發掘西子湖千百年來豐富的歷史積澱和人文內涵，進行全方位的審美、點撥、抒發。詩作力求具意境美，音韻美，捕捉飄忽不定的意象。全書精選 182 首作品，分為「江南之戀」、「西湖之夢」、「水鄉迷情」、「詩狂」、「漁樵話」、「憶湖」等六個專輯，配以所攝彩色圖片 50 餘幀，圖文並茂，有幸入選為《西湖叢書》的一種，在西湖學新詩專詠的領域填補了一個空缺。

　　而《西湖之夢》是一部醞釀十多年、拍攝時間長達三年的攝影集，這部作品以「詩畫西湖」的美學角度，呈現出西湖之美，幾乎涉及西子湖全方位的美學和文化內涵，共收 150 幀照片。內容涵蓋：西湖之春、西湖之秋、西湖之夏、西湖之冬、西湖之晴、西湖之雨、西湖之月、西湖之霧、西湖之晨、西湖之昏、西湖之午、西湖之夜等等主題。浙大臨近西子湖畔，是浸霪於書香之餘，能迅即捕捉西湖剎那芳華的關鍵。西湖十景之外，另立視角，發掘了「春花似錦」、「春鬧枝頭」、「天山暮色」、「雲壓西湖」、「晚秋殘照」、「西湖曉渡」、「我心印亭」、「秋天作畫」、「白堤初秋」、「西泠初冬」、「柳掩風荷」、「隱隱飛瀑」、「桃柳依依」、「月灑樓台」、「千年塔影」、「松亭聽風」、「風動八極」、「煙雨西湖」、「風拂柳絮」、「冰肌傲雨」、「霧鎖杭城」、「翠掩孤塔」、「蒼山幽居」、「蘇堤秋色」、「西湖人家」、「秋山濛濛」、「鶯啼何處」、「三潭覓月」

等新景觀。

《夢斷西湖》則是一部「詩式小說」。故事講述一代才子柳文汐情定香江，後負笈江南，在西子湖畔遇上千年前相痴相愛的艾婉柔。故事背景發生於香江和杭州兩地，以西湖斷橋引入高潮，又以斷橋為終點，展開了一場撲朔迷離、哀怨纏綿、古典浪漫、詩情畫意交匯的宿世愛情故事。前世今生，新盟舊約，是緣是孽？最終留下令人唏噓的千秋之約。（該著附「2009 香港大學小說創作獎」獲獎作品《無言的結局》。）

二、千古情衷，魂牽夢繞

（一）詩緣西子湖

盛唐以後，中國出色的文人幾乎無不詠寫西湖，白樂天、蘇東坡，兩位古代知名度最廣的大文豪，和白堤蘇堤的結緣就似有天作之合的意味；明人張岱的《西湖夢尋》更以小品文式的專著首為西湖留下完整的印記，文心可嘉；以至現代的金庸、瓊瑤，着墨濃厚的小說式描寫，都在訴說着西子湖固有的深厚底蘊和審美特質。

於我心中，西湖是世間上至可愛的風物。原先，並沒有預設要通過專集形式以詩作呈現。也就是因愛而起，興來而寫，斷斷續續，一直塗塗寫寫了近二十年，詩篇本散見於《港大詩影》、《若鴻的詩》、《狂情實錄》、《詩行者》及十幾部手抄稿之中，然則如今因西湖博物館之故，竟一首首爬梳來集，輯成六卷。

不由得不信：時間是幽靈，詩筆是天使。

西湖是可以親炙的朋友、佳人、知己，我是詩的信徒，詩乃

我之信仰，許以詩修道，佳友曾謂以「詩行者」，深契吾心。正是
因癡成狂，才譜出這一段詩緣，冀能「七十二變」，以彩筆拾掇記
下。無論是具象西湖、印象西湖、抽象西湖，抑或幻象西湖、想
象西湖，力拓漢字的無極詩維空間。

深信西子湖乃所有藝文者的夢工場，不只屬於中國，也定必
是世界的。

（二）西湖之夢

這部攝影集，緣於筆者於香港皇仁書院求學時期所萌生的
對中西美學之興趣，中間醞釀了很長的時間，交滙於筆者的《若
鴻的詩・西子湖篇》詩詞創作；攝影完成於負笈浙江大學（2001-
2004）的三年古典文學研究生涯。有關選配圖片的歷代詩詞曲等
中後期製作則完成於香港。

因為杭州近年冬季下雪少了，西湖的雪景幾乎難覓，幸得與
浙大藝術系的攝影家交換數幅，才使西湖之夢得全其美。以下是
這部攝影集來源之一二：「西湖拂曉」走訪三次，乃從凌晨四時待
至七時所攝一輯中的其中三幅，從中可見朝日初升的三個階段；
「日落孤山」的淒迷晚境，待了兩小時有多，捕捉於一剎；「疏影
橫斜」乃霏雨茫茫之際，騎着自行車到梅峰所得，一邊撐着傘，
一邊近距拍攝；「月映古塔」走訪數次，蓋西湖之朔月不易見，不
易拍，復要相映成趣，時間上分秒差不得。

一向認為，西湖之夢，不單是筆者心中的夢，相信也是每人
心中的夢，夢境無限，正如西湖之美亦無限，才千百年來令無數
人魂牽夢繞。

（三）夢斷西湖

《夢斷西湖》是在浙江大學攻讀古典文學後期（2004）蘊釀，成型於回港後，創作亦完成於香港。故事和當時成長過程中，在香港和杭州的所見所聞關係密切，想表達的不唯是愛情，還有很多對現實生活層面的思考，有「創」有「作」亦帶點「實」（這亦是筆者對創作的定義），研究者當可自行揣摩。

一直很崇尚宋人的博通，詩詞、散文、學術、藝術，融滙貫通，所以在學藝、文化等方面，筆者都在嘗試新的創作形式，突破以往框架。這部小說的文藝意義，在於以「詩式」的寫作手法，力圖以「詩意小說」的美學帶出典型的中國式浪漫和淒美境界，是一種嶄新的嘗試。

小說的創作過程是一氣呵成的，這是筆者寫作的優點，亦是缺點。一旦心目中有了題目，非馬上完成不可，待完成後，身體往往要一段時間才能回復正常狀態。這亦是筆者後來選擇詩歌創作為主的原因，靈感一到，可即成篇，並不費勁。

三、水月光中，尋尋覓覓

（一）詩緣西子湖

說起詩筆，西子湖的承載力也真是廣闊無邊。「淡妝濃抹總相宜」，一湖碧水牽扯出天地情愁，千古幽思。我看西湖，「翩若驚鴻，婉若游龍」，一旦相遇，彷彿時而化身飛鴻俯瞰，時而潛龍可用。新詩之關損，如語言之跳躍、倒裝、反智；語義之虛實、多義與歧義；語境之形象、多維與立體；抑或詩技之古典、現代、後現代，詩意之或儒或道或釋……一切是那麼天然地應運而生。

　　西湖天下美 —— 美在深度，美在廣度，美在維度，美在永遠的書寫不盡……

> 湖水　是主旋律
>
> 四岸的青山　是協奏
>
> 西子浣紗　是舞語
>
> 月輕籠　是小夜曲
>
> 雪紛飛　是狂想曲
>
> 風雨來時
>
> 合奏成
>
> 世紀交響樂……
>
> 　　　　　（〈詩緣西子湖〉）

　　以繪畫的眼睛看西湖，詩中有畫，而終極之道在以大潑墨、大潑彩為詩。故西湖的至美，首先是朦朧的，是綽約的，是幽逸的，意境飄渺玄遠。

　　以音樂來看，西湖柔波恰如一首輕音樂，風雨月雪恰似變奏，四岸青山與天籟環繞成交響，想象空間無限。

　　這部作品的一些詩作多次被選為朗誦表演的誦材，且被譜成音樂傳唱，2008 年 12 月「香港大學朗誦藝術欣賞會」現場，由歌唱家陳年芳及藍天合唱團演唱〈相逢在何時〉[5]，孟素博士感謂：「相逢是一個火花，是在對成功的期待與對可能不成功的潛意識複雜心情的夾縫中的偶然。就像試圖去發現新的天體，多少尋尋覓覓，可能只在那個時刻看到，不能早，也不能晚。」〈代跋〉收錄有馮雅的〈從量子物理詩學解讀若鴻詩的西湖意象〉，頗具創見。

5　樂譜收於《夢斷西湖》，頁 188。

（二）西湖之夢

　　本書特色依中華書局概括為四：一、以詩畫西湖的美學角度，全方位呈現西湖之美；二、以新視角發掘西湖全新景點；三、特重西湖的人文內涵，精選古今名家詩詞曲配圖；四、以意境為尚，使欣賞者獲得「圖外之意」。得作家黃建國建議配詩入圖，並多次敦促，才有詩影相生的形式。配詩時間，正浸霪於宋詩的研究，順道爬梳式地擷取了近百位名家有關西湖的詩詞曲配圖。

　　古人說「興於詩」、「游於藝」，詩與藝是美學中的最好藍本，《西湖之夢》的攝影初衷，是為大家帶來一點美的薰陶。衣若芬教授序言中謂：「唯有攝影的『當下在場』，既保存那剎時的美感，也留予來日溫故知新。第三度遊歷西湖的因緣際會，我認識了擅於以鏡頭和文字捕捉西湖靈動神韵的詩人若鴻……先睹為快，我欣賞到了比親身體會與藝文印象更如詩如畫的西湖美景。」衣氏並擷取數幅品評，摘錄如下：

　　　〈月灑樓台〉，「水月光中，煙霞影裏，湧出樓台。」但見月華燈影，交光清夜，意境極盡幽雅靜謐，不知是人間抑或天上。

　　　〈桃柳相依〉，「淺水籠寒橫晚靄，微風薰暖弄輕柔。」於煙水空濛間，柳絲桃影，相互依偎，若隱若現，「桃柳」一詞語帶雙關，借景寫意，最是引人遐思。

　　　〈西湖拂曉〉，「煙散濛濛，光生遠岫，影入長空，扶桑萬里霞紅。」一輪旭日，恰好於破曉時分，「和海色飛出天東」；又復巧思獨運，添上一葉扁舟，成了幽靜流美的〈西湖曉渡〉圖景。

　　　西湖之清奇在孤山，自古與隱者居士繫上了不解之緣。一幅〈日落孤山〉，自立新意，呈現出「煙光山色淡溟溟」、「孤山猶帶夕陽紅」的淒迷晚景，給人一抹黯淡肅然之感，「日落」於「孤山」，隱然帶有幾分滄涼的人文思致。

　　〈西湖氣質〉的系列，或柔或雅，或濃或淡，或婉或媚，或清或麗……煙柳畫橋，風簾翠幕，意境疊出，畫面紛呈，從多角度捕捉了西湖的美學風貌，令人嘆為觀止！

（三）夢斷西湖

　　如前所述，這部小說的特色在於以「詩式」的寫作手法，力圖以「詩意小說」的美學帶出典型的中國式浪漫和淒美境界。

　　香港大學中文學院單周堯教授在〈前言〉從語言方面概之：「作家出版社聲譽卓著，有一個遍及全世界的發行網，正有助香港文學衝出香港，進入海內外文學愛好者的視野和心坎……叢書包括小說、散文、散文詩、雜文、新詩、歌詞、楹聯及文論。作者之中，有不少是認識多年、才華卓越的朋友。眼見他們的巧思妙構、雋句佳辭，過幾個月就刊諸棗梨，傳之久遠，真替他們感到高興，也替海內外讀者感到高興。」中國作家協會副主席金炳華從藝術水平宏觀指出其意義：「由作家出版社推出的香港作家文叢……藝術水平高，全面展示了香港文學繁榮發展的可喜成績。這套叢書的出版，不僅對於香港文學，而且對於中國文學和世界華文文學，都獨具價值與意義。」中國現代文學館館長陳建功的序言較着眼於該書的審美情趣：「作家風格不一，文體各異，但有益於世道人心的追求，有益於情感提升的努力，有益於審美養成的探索，大抵是相同的。國家的復興，有賴於經濟的發達、社會的發展、環境的改善，同樣不可忽視世道人心的淨化、情感世界的豐潤和審美情趣的養成。」

　　許連進〈夢斷西湖〉詩謂：「非是人蛇慕戀編，波揚柳艾繼纏綿。雪芹妙筆君能接，栩栩蘧蘧寫奇緣」。小說在承續「紅樓語言」方面確下過一番功夫，務求準確而傳神，簡潔而文華的美學特徵；

在寫景狀物方面，力求帶出一幅詩意畫圖。作家出版社的審核意見謂：「小說語言優美，充滿詩情畫意，頗有瓊瑤式風格。」故事隱約有脫化於《白蛇傳》的元素，而全書的主旋律，受湯顯祖「因情成夢，因夢成戲」的「情至觀」影響是頗深的。言情，是湯顯祖文藝創作思想的核心，而最集中表現在其代表作品《牡丹亭》之中。「世總為情。情生詩歌，而行於神。天下之聲音笑貌，大小生死，不出乎是。」這是湯氏文藝本於情的論緒。正由於人生有情，因而「思歡怒愁，感於幽微，流於嘯歌，形諸動搖。或一往而盡，或積而不能休」，因情成夢，夢因情生。在似真似幻的夢境裏，倒能反映出更廣闊的情感世界，因為夢境乃浪漫世界的空間維度，在這裏，創作者所面對的一切物象，所考慮的一切價值，都可以按照自己的價值去改造、昇華，從而創造出一個意蘊深厚的精神世界。對夢的着重，亦使筆者所提倡的情，與「常情」在程度上有所分別，情到深時，直教生死相許，於是女主角艾婉柔，情所起處，一往而深，為報恩等原因可以欣然殉情。在現實世界邏輯不能發生的事情，由於情之所至，在小說中便得到合情的理解了。

　　小說的故事圍繞筆者創作的這首〈相逢在何時〉：

　　　　相逢在何時？
　　　　在那煙雨茫茫的江南。

　　　　相逢在何時？
　　　　在那泛黃帶紅的深秋。

　　　　相逢，是夢，是幻，
　　　　是千年的等待！

　　　　相逢，是痴，是狂，
　　　　是宿世的情債！

　　　　相逢在何時？
　　　　在那不經意的邂逅，
　　　　在那冥冥中的安排……

而以九個回目層層相扣展開：

　　一、情繫香江
　　二、雲雨紅塵
　　三、斷橋相遇
　　四、西湖尋夢
　　五、水雲幽會
　　六、新盟舊約
　　七、斷橋夜話
　　八、創傷‧創傷
　　九、千秋之約

力求達致撲朔迷離、哀怨纏綿、古典浪漫、詩情畫意的美學境界。

四、詩式文創範式的構建

　　西湖三部曲是在筆者從事文藝理論研究期間創作完成的，這種創作狀態處在一個感性和知性交互影響的過程中。當時創作並不一定刻意地遵循某個既定模式，但已隱約帶有美學的自覺追求，這些散點或謂不成熟的知性思維如今經過梳理，發現創作和理論之間有一定的關聯性，綜之為「詩式文創範式」，貫穿於三部曲之中，其本質是詩性、詩心、詩意、詩思、詩筆。感人者大都

繫於此。經典的歷久彌新更是離不開此內核。文創本身還是以感性為主的，作者可以是完全沒有接觸到文藝理論的純粹「藝人」，坊間很多理性的文藝評論往往未附合創作實際。如引言所說，本文是站在一位研究者和創作者的二元角度來綜合論述的，因而除了現身說法之餘，更重要的是闡述創作過程的實際狀況，俾文藝評論以參詳的基點，不致出現巨大的反差。

西湖詩夢（作者攝）

【人文化成】

易經秘道，乾坤說起

一、羣經之首

　　《易經》乃中國最古老的文獻之一，並被儒者尊為五經之首，甚或有中國羣經之首的看法。中國上古有三大奇書之說，包括《黃帝內經》、《易經》、《山海經》。而《易經》，以其一套抽象的符號系統，描述天地萬物的變易狀態，體現中國文化獨特的哲學觀和宇宙觀。其中心思想，乃以「陰」「陽」兩種元素來描述世界萬物的變化之道理，英譯名為 *The Book of "Changing"*，最為貼切。過去，普遍認為《易經》是占卜用途的書本，當符合其起源。占卜之意玄之又玄，從甲骨的卜辭來說，其內容深杳而不易全然解釋，故各家各說，而未盡全說。但它的影響，遍及中國哲學、宗教、醫學、天文、算術、文學、音樂等領域，卻也是基本可以認定的。

　　關於其內容，《易經》一般包括《周易》與《易傳》兩部分。《周易》分為《上經》三十卦，《下經》三十四卦，成書時間歷來頗多爭議。有一說，乃遠古伏羲創立八卦、夏禹將其擴充為六十四卦，《連山》一書已載有六十四卦。到了商朝，六十四卦的次序又被重新排列，而以「坤」為第一卦。後來，周文王奠定《易經》以「乾」為首卦，並為每一卦寫下卦辭及為每一卦象作出解釋。周文王之子、周武王之弟 —— 周公旦，被認為是「爻辭」的創立者，是否

集多人智慧而成，不得而知。

由於時代久遠，《周易》的文字涵義，早在春秋戰國時期就已經不易讀懂了，所以，當時的人又撰寫了〈彖傳〉（上下篇）、〈象傳〉（上下篇）、〈繫辭傳〉（上下篇）、〈文言傳〉、〈序卦傳〉、〈說卦傳〉、〈雜卦傳〉等諸多篇章來闡釋《周易》，統稱為「十翼」，後世稱為《易傳》，列入《易經》之中。《易傳》是否孔子所作也是傳說，更似是多人闡述，集合潤飾而成。孔子解易之相關文字，更多從道德人倫着眼，依筆者所見，也有牽強附會之嫌，且多有重複闡釋。當然，從「天道」，而繫「人道」，有其貢獻之功。

二、陰陽概念

陰陽概念，乃古代中國人的自然觀。自然界中，各種對立又相聯的現象，如天地、日月、男女、老幼、晝夜、寒暑等，都能歸納出「陰陽」的相對概念以作解釋。老子《道德經》，也有提到陰陽概念，我們推測，《道德經》和《易經》之間，尤其是形上學方面，應有交涉，然老子神龍見首不見尾，具體如何交互影響也難以確斷。其精神，卻頗多天然貌合之處。可以說，陰陽理論影響中國文化的方方面面，尤其是宗教哲學，同時也包括堪輿、曆法、中醫、書法、氣功、太極等。陰陽是形而上的哲學範疇，「對立統一」又「矛盾互補」，兩者相契相反，相輔相成。

陰、陽兩字的本義是背日和向日，陰者，《說文解字》有曰：「暗也，水之南、山之北也。」《說文繫傳》曰：「山北水南，日所不及。」而陽者，《說文解字》曰：「高明也。」我們的文化中，有所謂「孤陰不生，獨陽不長」，「無陽則陰無以生，無陰則陽無以化」的說法。陰陽合而化生天地萬物，故老子在《道德經》中又

說：「道生一，一生二，二生三，三生萬物。」生生不息，謂之「道」。更具體地說，陰陽的特性可表現如下：

（一）相互轉化、消長：陰陽存在着轉化的關係，陰中有陽，陽中有陰。你中有我，我中有你，互生互存。

（二）互相對立：如熱為陽，寒為陰；天為陽，地為陰。相對的特性並非絕對。陰陽的相對性關係，但看你以何種角度比較。如平地相對於山峰，山峰乃陽，平地乃陰，而平地相對於地底，則平地又屬陽，地底乃屬陰。如是而推，肥瘦，高矮……不一而足。

（三）陰的代表也如是：月、地、母、寒、夜，等等。

（四）陽的代表可無限類推：日、天、父、熱、晝，等等物象。

三、太極八卦圖

《易傳》有云：「易有太極，是生兩儀。兩儀生四象，四象生八卦。」所謂太極即宇宙，兩儀即指天地，四象乃指四季天象；如長日普照的夏季稱太陽，短日照的冬季，則稱太陰，春乃少陽，秋乃少陰。八卦再分三爻。「太極八卦圖」以自然角度解讀，乃指地球自轉一周年，周而復始。下圖是太極圖，從哲學思想而言，象徵中國傳統信仰（儒，道）的終極 ——「道」。而「道」是甚麼，用今天的話語說，就是天地萬物運行之自然法則。其奧妙不可全知，即老子所言「道可道，非常道」。在這「圓」內，智者看出了天地形成之道。

（一）太極：指宇宙最原始的秩序狀態，出現於陰陽未分的混沌時期的「無極」之後。

（二）兩儀：指陰陽。陽可代表「日」，陰可代表「月」。太極陰陽圖中，由少陰太陽、少陽太陰組成，少陰太陽指的是太極圖中的黑色小點以及白色部分，少陽太陰則相反。從圖像而言，彼此互契，非截然分野。

（三）四象：指少陽、太陽、少陰、太陰。就是以「象」類物，可以無限類推。四象對應生命時，可以代表生、長、老、死；喻之四季：少陽之春，太陽之夏，秋之少陰，冬之太陰，年輪往復，循環不息。

（四）八卦：指乾（天）、震（雷）、艮（山）、兌（澤）、巽（風）、坤（地）、離（火）、坎（水）。八卦每卦再分三爻，蘊涵廿四節氣。

中國的道教，長期以陰陽理論，作為實踐太極的概念，形成以靜制動、以陰剋陽的核心學說。太極陰陽圖的完整，則要上推至北宋年間，如圖中所示，一條曲線將圓形分兩半，一半白一半黑，黑者像陰，白者像陽，黑中有白點，白中有黑點，陰中有陽，陽中有陰。外加八卦，就成了我們所常見的「太極八卦圖」了。

後天太極八卦圖（八卦方位：上南下北左東右西）

四、核心精神

卦名	卦象	自然	性情	家族	方位
乾	☰	天	健	父	西北
兌	☱	澤	悅	少女	西
離	☲	火	麗	中女	南
震	☳	雷	動	長男	東
巽	☴	風	入	長女	東南
坎	☵	水	陷	中男	北
艮	☶	山	止	少男	東北
坤	☷	地	順	母	西南

　　理解《易經》，〈繫辭〉是最佳切入方法，〈繫辭〉解釋爻辭的義理，所用方法有取義說、取象說、爻位說，視《周易》為一部講述聖人之道的典籍，其功能為察言、觀變、制器、占卜。其原文第一章有曰：「天尊地卑，乾坤定矣。卑高以陳，貴賤位矣。動靜有常，剛柔斷矣。方以類聚，物以羣分，吉凶生矣。在天成象，

在地成形，變化見矣。」意謂天尊貴在上，地卑微在下，天地間萬物由卑下以至高大，雜然而陳，六爻的位置，乃依序而定。而動極必靜，靜極必動，乃其常態，陽剛陰柔相與交盪，產生了無限變化，由是風雨雷霆，日月寒暑，自然形成。

至於《易經》一名之義，〈繫辭〉曰「乾知大始，坤作成物。乾以易知，坤以簡能。易則易知，簡則易從，易知則有親，易從則有功，有親則可久，有功則可大，可久則賢人之德，可大則賢人之業。易簡而天下之理得矣，天下之理得，而成位乎其中矣。」可綜之兩字：「簡易」。易知、易行。故《易》看似高深，實又可在我們形而下的生活中體現，容易實踐從事，而非高不可攀。

智者觀察宇宙間萬事萬物的現象，而設置六十四卦，三百八十四爻，又於六十四卦三百八十四爻，各繫吉凶悔吝及相關卦爻的文辭，而使一般人明白吉凶的趨勢。占筮預知吉凶，而後行事，使趨吉避凶，這就是其大旨所在。其高處，「仰以觀於天文，俯以察於地理，是故知幽明之故；原始反終，故知死生之說」，上則觀察日月星辰的運行現象，下則觀察山河大地的法則，知曉晝夜光明幽晦之道理。最終得追原萬物始終，知死生之道。然而，易理的周知宇宙，也不可以以一曲之體以論斷，「神無方而《易》無體」。世事變幻莫測，萬事萬物不會永遠一成不變的，因而具體如何實行，又必須因時制宜。

這樣說來，人人學易，得易之道，不必人人盡同，亦不可能盡同。用今天的話說：「變幻原是永恆」，因此學易關鍵又在於靈活變通。《易經》本義，一如其名，就不是在於教世人一成不變的規條。學易者，宜從乾坤二卦切入。

五、乾卦（乾為天卦）

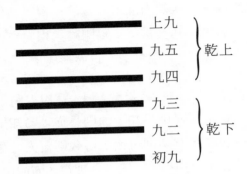

乾，元亨，利貞。

〈彖〉曰：大哉乾元，萬物資始，乃統天。雲行雨施，品物流形，大明終始，六位時成，時乘六龍以御天。乾道變化，各正性命，保合大和，乃利貞。首出庶物，萬國咸寧。

〈象〉曰：天行健，君子以自強不息。

乾卦為六十四卦的第一卦，講述知所進退之「正道」。初始為亨通，有利作為。但切忌忘乎所以，固執己見，好強逞能。故乾卦在述說吉象的同時，同時亦告誡人們不可冒進，專權行事，唯我獨尊。揭示成於剛健，亦易失於剛健的道理。

乾卦以神龍為物，象徵乾陽的至高無上。乾卦六爻分別表示事件發展的六個狀態：潛龍、見龍、惕龍、躍龍、飛龍、亢龍，展示萌生、增長、成熟、飛躍、極盛、轉化的過程。給人們提供做事方略以達致全身而退的指引。

初九，潛龍勿用。

〈象〉曰：潛龍勿用，陽在下也。

潛藏的龍，時機和條件尚未成熟，所以當像臥龍，養精蓄銳，靜待機會，不宜躁進。

九二，見龍在田，利見大人。

〈象〉曰：見龍在田，德施普也。

龍出現在田間，意謂有利於見到大人物。象徵事情已出現端倪，可抓住機遇，採取主動，結識有利於發展自己事業的大人物。

九三，君子終日乾乾，夕惕若厲，無咎。

〈象〉曰：終日乾乾，反復道也。

君子如能時刻深刻反省，保持警惕的心，結合努力不懈，埋頭苦幹，便不會有罪咎，而能趨吉避凶。

九四，或躍在淵，無咎。

〈象〉曰：或躍在淵，進無咎也。

此象主動，不宜固守原地，或躍九天，或潛於淵，都沒有罪咎。時機已成熟，宜進取。與時俱進，審時度勢，靈活掌握，則能有很大的發展機會。

九五，飛龍在天，利見大人。

〈象〉曰：飛龍在天，大人造也。

飛龍遨遊天際，利於見到大人物。此位置在所有卦象裏最為吉祥，一飛沖天，大展鴻圖。九五之尊，陽九居於五位，即「君王之位」，德、智、才、運、命兼備之人，方能有此極高榮寵。

上九，亢龍有悔。

〈象〉曰：亢龍有悔，盈不可久也。

緊接九五，龍飛太高，便隨時會有悔恨的事發生。是說事物不可以長處極盛，盛極而衰始。故要知所進退，否則容易走向反面，後悔莫及。

用九，見羣龍無首，吉。

〈象〉曰：用九，天德不可為首也。

見到一羣龍，沒有元首。吉。

用九意味着六個陽爻悉轉變為陰爻，處於由乾變坤，互相轉化之中。六爻皆變，羣龍無首之象。每人各安其職，各事其業，領導者無為而治，不多作干預，最終卻能達致無所不治的境地。這是一種最高境界的管治哲學，故「乾元用九」，是天道的自然表現，為大吉之象。

六、坤卦（坤為地卦）

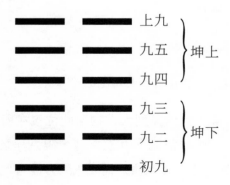

上九
九五　｝坤上
九四

九三
九二　｝坤下
初九

坤，元亨，利牝馬之貞。君子有攸往，先迷，後得主利，西南得朋，東北喪朋。安貞吉。

〈象〉曰：至哉坤元，萬物資生，乃順承天。坤厚載物，德合無疆，含弘光大，品物咸亨。牝馬地類，行地無疆，柔順利貞。君子攸行，先迷失道，後順得常。西南得朋，乃與類行，東北喪朋，乃終有慶。安貞之吉，應地無疆。

〈象〉曰：地勢坤，君子以厚德載物。

乾卦是純陽，坤卦是純陰。坤卦講的是地勢之象，廣博而無所不載，象徵包容、博愛、和順。而乾主剛強，主導進取，坤附從，主順勢堅定而為的智慧，以柔制動。兩者一剛一柔，一至陽一至陰，「陰陽和合」，若能配合得道，產生協同，「和合化生」，天下事則井然有條。這亦乃中國古代哲者的宇宙觀。

坤卦以馬為喻，比喻大地之德性。乾坤兩卦一龍一馬，龍以善變，馬以堅貞，合而觀之，揭示相得而合，相輔而行，成就大事。

初六，履霜，堅冰至。

〈象〉曰：履霜堅冰，陰始凝也。馴致其道，至堅冰也。

腳下踩着秋霜，顯示寒冬陰氣已漸聚，將近結冰的日子。告誡人們要提高警覺性，防微杜漸，見微知著。凡事小心謹慎，未雨綢繆。

六二，直方大，不習無不利。

〈象〉曰：六二之動，直以方也。不習無不利，地道光也。

正直、方正，而大度能容，意志堅定，無所不利。明白自己

所處的位置，順乾道而配合，做事不反覆，就能夠得到機會，發揮所長。

六三，含章可貞，或從王事，無成有終。

〈象〉曰：含章可貞，以時發也；或從王事，知光大也。

蘊含美德，順應正道而行，或者跟隨能者做事，雖不能有大成就，但也可以有好的歸宿。「守柔」的思想核心，乃不過分顯耀自己才華，恃才傲世，即安守「地道」法則，協助王者成就大事而不專其功，便能獲得善終。

六四，括囊，無咎無譽。

〈象〉曰：括囊無咎，慎不害也。

處於是非之境，不能發揮所長，隨時惹禍上身。一個人如果能夠謹言慎行，便不輕易罪咎。洞察時局，不貪功，不冒進，雖不能有功，但亦能求得無過，「以全天年」。

六五，黃裳，元吉。

〈象〉曰：黃裳元吉，文在中也。

黃裳喻性情柔順而守中庸之道。做事不過，謙恭和順，雖處高位而不顯耀自己，上下得道，亦大吉之兆。

上六，龍戰於野，其血玄黃。

〈象〉曰：龍戰於野，其道窮也。

龍在野外爭鬥，兩敗俱傷，血流如注，與泥土混雜成玄黃色。此喻人剛愎自用，引發爭端，引來災難，「其道窮也」。此象於坤

卦中示預示血光之災。坤陰極盛，反其柔順本色，是錯位之象，故此象誡鬥，以求太平。

用六，利永貞。

〈象〉曰：用六永貞，以大終也。

六爻都由陰變成陽爻，坤將轉變為乾卦，陰中向陽，有利長久安定，得到最好的結局。一味剛愎自用，強則易摧，一味退讓附和，陰則易折。故乾卦用九是剛而能柔，坤卦用六是柔而能剛。一正一反，反中有正，正中有反，是其大道。

附錄：天地歸心心法

心法訣竅

　　本式乃融合《易經》、《黃帝內經》、《道德經》、《莊子》核心精神，旁參氣功、太極拳所創立的修煉法式。本着化繁為簡，以最簡約易練的原則，使達致身、心、意三者並修、延年益壽之效。

一、修練時間
- 上午 / 黃昏
- 一分鐘至一分半鐘
- 每天 10 至 15 次

二、優越地點
- 高山之上
- 和風之際
- 藍天之時

三、心法基礎

《易經》
- 乾為天，主陽；坤為地，主陰。
- 把天地「菁華」統攝於吾心。
- 陰陽合於心而致太極。

《黃帝內經》
- 調勻氣息，吐納有道。
- 貫通心田、丹田氣息。

《道德經》、《莊子》
- 淨化萬慮，閒神定心。
- 天地與我並生，萬物與我為一。

四、修煉訣竅
- 身、心、意同時並修。
- 發功、運功、收功必須完整。
- 御風養氣，柔中帶剛。

五、運功步驟

（一）
- 以「八」字方式企立；雙掌垂直，漸漸運氣；
- 兩臂向上推移時，頭隨兩臂緩緩抬向上；
- 同時，放鬆心境，作緩緩深呼吸。

（二）
- 兩臂推移至頭上位置，約形成 45 度時，面朝天空；
- 下意識把藍天白雲盡收眼底，「放空一切」，渾然忘我；
- 同時，凝神，作深深呼吸，直至屏息，停駐於剎那。

（三）
- 兩臂從 45 度向 90 度伸展，朝面部往心間下放；緩緩呼氣；
- 雙掌移至心口時，聚精會神，意念上「天地歸心」；
- 放鬆氣息，雙掌緩緩向丹田位置落下；
- 雙臂以「八」字方式回到最初的垂直狀態，全身放鬆。

｜誰說孔子學說一成不變

　　一個安定繁榮的社會是人們所共同期盼的，尤其是在今天的社會，當我們看到國與國之間滿佈戰爭疑雲、全球恐怖襲擊的氣氛逐步升級等問題時，我們不期然地會追問，在人們大力提高物質生活的同時，當代的文化是否欠缺了甚麼？有很多學者將眼光投向中國儒家思想的人文價值，認為儒家所強調的仁禮觀念，可以匡正當今社會發展的一些偏向。本文首先探討儒學的核心價值，然後以宏觀視野，從儒學發展流程中，梳理其階段性演變，並發掘其當下意義。

一、人文有其價

（一）泛愛眾而親仁

　　中國文化精神以儒家思想為主幹，儒家思想的最重要特色是對人文的重視。了解人文精神的淵源，得先從「仁」和「禮」說起。

　　以孔子為代表的儒家思想體系，形成於春秋戰國之際。當時，社會劇烈動蕩，維護宗法等級制度的周禮已顯得無力。孔子有感於禮崩樂壞，痛心於社會混亂，為了恢復社會秩序，提出以「仁」為核心的學說。「仁」作為孔子思想體系的核心，成為各個範疇的總綱和言行的準則。

「仁」是甚麼意思呢？簡單來說，即是「愛人」的意思，由愛自己的親人開始，「老吾老以及人之老，幼吾幼以及人之幼」，推己及人，由親及疏，由家庭擴充至社會，最終達到「博施於民而能濟眾」[1] 的普遍之愛。

至於「禮」的意思，是指通過禮制，對行為進行規範，作用是調整人與人之間的關係，使社會和諧有序，即所謂「禮之用，和為貴」。

仁與禮的關係，一為內在的內容，一為外在的形式，用禮加以規範行為，「克己復禮」，最終能使「天下歸仁」[2]。也就是說，只要把愛人之心透過禮表現出來，人人如此，社會秩序就會井井有條。

（二）追求理想人格

要使社會達到和諧的局面，儒家思想首先着眼於提升個人的情操。

儒家的學者，十分強調在現世生活中追求理想人格的完成，而並不嚮往一個超越的永生樂土，或只沉溺於優裕的物質生活。其由正心、修身、齊家而治國、平天下的理想人格追求，敦促人們加強個人的道德修養，以實現作為「人」的價值與尊嚴。

孔孟思想把「內聖」擺在首要的位置，以提升為人的道德品質作為人生在世首要考慮的問題。這一點在今天仍可作為人們立身處世的座右銘。〈論語・里仁〉這樣寫道：「不患無位，患所以

1　〈論語・學而〉。

2　〈論語・顏淵〉。

立。」認為一個有修養的人要擔心的是在立德方面的功夫做得不足。一位有修養的人「不學禮，無以立」，克己復禮才能成為真正的彬彬君子。孔子提出凡事律己以嚴，人人都有能力通過修養或學習而提高情操，所以他又說：「我欲仁，斯仁至矣！」就是這個意思。

孟子進一步指出人類一切高尚的價值取向和道德行為都是發源於心靈所固有的善良本質，這種道德的心性，是普遍存在的，所以他指出「人皆有不忍人之心」，人人都具有「惻隱」、「羞惡」、「辭讓」和「是非」之心。

（三）人文精神

儒家學說作為中國人文精神的淵源，以仁為核心，以禮為行為規範，着重人的道德修養，以求達到人際間的真誠相待、互相包容，是人類文化中彌足珍貴的精神遺產。

人文即以「人」為核心的精神，亦即以人為主體的精神，重視內在生命的道德主體性，追求一個人的道德修養和人格完善。理想的人文世界始於由個人的修養做起。

人人都可透過對人文價值的重視，在自己的崗位上發揮一己之力，待人以誠，合力為社會營造出優越的人文環境，最終達致人與人之間的和諧共處。

人類文明不斷進步，歷史長河後浪推前浪。中華民族經過了數千年的興革洗禮，而儒家思想仍然閃爍生輝，這人文精神底蘊是至關重要的。

二、二千年一直在變

儒家的思想，奠定了中國傳統文化的主旋律，在思想文化的歷史長河中處於中心地位，影響直到今天。從孔子整理六經，創建儒學，到今天人們所說的「新儒學」，儒學的內涵正在不斷豐富和更新，繼續散發思想的活力。追源溯流，儒學的現代化歷經漢代確立、宋代弘揚、明清鞏固和現代更變四個重要的階段性演變。

（一）罷黜百家，獨尊儒術

漢初，在奉行黃老之學七十餘年之後，經董仲舒的建議，從漢武帝開始，實行了「罷黜百家，獨尊儒術」的國策，儒家的經典《詩》、《書》、《禮》、《易》、《春秋》一躍而成為政教經典。這一舉措，實際上是為此後中國傳統社會樹立了思想座標。儒學在取得獨尊地位之後，由私學一躍而成為官學，由本來只是一派之學而成為社會政治之學。

當時，研治《春秋》「公羊學」的董仲舒針對局勢，繼承並改造先秦儒家的思想，以及吸收漢初學者的治國主張，建立了一套嚴密的社會教化倫理體系。董仲舒提出「天人感應」的觀念，認為天具有道德意志，能透過各種異象指導人們的善惡；這是把倫理道德神聖化、絕對化。同時，認為君主的重要職責是「承天意以成民之性」[3]，即秉承天意，教化萬民，使其遵循綱常倫理，最終成為善民。此外，董仲舒認為要施行社會教化，必須依賴那些既掌握儒家治道，又具備道德修養的「經明行修」之士，把儒家的經學和道德觀念作為做官的標準。董仲舒的思想主張，不僅促進了儒家獨尊地位的確立，而且有助社會教化政策的推行。

3　董仲舒：〈春秋繁露・深察名號〉。

在漢代，中央政府正式設置五經博士，經學家皓首窮經，解經讀經，成為社會一種普遍風氣，真正形成了經學的時代。這是儒學社會地位的一次歷史性轉變，從此確立了它的發展方向，在政治槓桿的作用下，佔據了中國思想領域的主導地位。儒學亦因為得到經學之士的捍衛而進一步鞏固其思想地位，儒家的仁禮觀念、綱常名教，逐步深入並植根於傳統文化之中，為二千年來中國社會的發展奠定了基本導向。

唐朝建立以後，儒家教化傳統得到進一步的發展。唐太宗採取「以儒治國」的政策導向，崇經學，施德治，行仁政，施教化，務使風俗淳厚。太宗令國子祭酒孔穎達負責編撰《五經正義》，作為各級官學的教科書，以及科舉考試的範本；又命人刻印《開成石經》，總計儒學經典 12 部，擴大了儒經的範圍，提高了儒學的地位。隨後，唐玄宗曾兩度親注《孝經》，並為其作序，強調「以孝治天下」的主旨，頒行天下。自太宗至玄宗期間，又根據儒家「三禮」制定《貞觀禮》、《顯慶禮》、《開元禮》等「唐禮」，從社會生活禮儀上規範人們的思想和行為。

（二）崇尚道統，高振儒風

及至宋代，儒家思想真正廣被於社會。

「學而優則仕。」儘管讀書人最終目的在於入仕，熟讀儒家經典卻成為必經之道。據統計，整個宋代進士登科人數就接近十萬人之多，龐大的數字說明宋代社會的學風極盛。

反映於社會精英的士階層，表現出崇尚道統的風氣。受儒家思想浸霪的宋代士大夫，普遍存有「為往聖繼絕學」的自覺精神。北宋中期的古文運動領袖歐陽修就以儒家道統的繼承人自居。蘇

軾曾稱道：「（韓）愈之後而有歐陽子，其學推韓愈、孟子以達於孔氏、着禮樂仁義之實，以合於大道。」[4]

宋人寫詩作文，往往離不開擔負傳承道德教化的使命，對孔子、孟子之文推崇備至，所謂「吾之文，孔子、孟軻、揚雄、韓愈之文」[5]、「他日若能窺孟子，終身何敢望韓公（愈）」[6]，這些都是宋代士大夫思想淵源的最佳注腳，反映了宋代士人特有的價值觀。尤其是北宋中葉，范仲淹、歐陽修等一大批君子之臣的湧現，既是文壇，也是政壇的盛事，其政績與文學成就都是卓越不羣的。而這與儒家文化是息息相關的。

這個時期，儒學發展的新形式是「理學」，它是儒學吸收和消化佛道二家思想的思辨哲學。宋儒的治學精神，不再局限於文字上的考訂和訓釋，轉而着重思想上的探討，發揮義理，因而有「理學」之稱。當時出現了一大批理學家，以周敦頤、二程（程顥、程頤）、張載、邵雍、朱熹等為代表的學派，各自對傳統儒學作出闡釋，從不同方面做出了理論貢獻。一時儒家學派爭鳴，激活了思想學術氛圍，於是，一種以儒家思想為主調的知識型文化出現於趙宋之世，推動了儒學的進一步發展。

宋代可以說是中國文化史上繼戰國之後另一個思潮騰湧的時代，這既表現在儒釋道三教合流而衍生的「新儒學」體系，亦表現在學派林立的爭鳴局面上。宋代理學理性精神彰顯的深層原因，與當時哲學思辨風氣的滲透息息相關。

就新儒學派別而言，北宋就有以周敦頤為代表的濂溪學派，

4　蘇軾：〈六一居士集序〉。

5　柳開：〈應責〉。

6　王安石：〈奉酬永叔見贈〉。

程顥、程頤兄弟為代表的洛陽學派，邵雍為代表的象數學派，張載為代表的關中學派。以上五人，合稱「北宋五子」，他們各自直承儒學，作出闡釋。當時，對作為文學體裁的詩歌也提出要具有「載道」的思想，創作時得做到「以詩人比興之體，發聖人義理之秘」。北宋中後期，理學思潮已在學術思想領域中蔚為風氣。

理學的內容，以儒家孔孟的心性哲學為本，而揉合佛、道思想，可說是儒家思想的新發展，是一種「天理性命」之學，又有「新儒學」之稱。

理學是傳統儒家思想本身演變的結果，乃三教思想合流之大成。魏晉以來，儒、佛、道三家的思想互相滲透，早有趨向合流之勢。及至唐宋時期，儒家受到佛教與道家思想的影響日深，宋儒闡釋經義，一反漢儒章句訓詁，而從事思想上的探討，將儒學的研究方向轉為修身之道，引入佛教禪宗明心見性之說與道家哲學，注重闡發孔孟性命之道。

援佛入儒，以儒證道，使得理學的內涵不斷豐富。然而理學家最初的目的，卻是志在振興儒家思想。蓋自唐末五代以來，武人專橫，社會道德敗壞，綱常名教淪喪。北宋立國後，太祖為了扭轉不良的社會風氣，於是推行「重文輕武」的政策，提倡文教，表彰節義。學者應時而起，致力於闡發儒學。但是，在論及心性玄理和宇宙本體論時，儒家哲學本身顯出有所缺憾，所以便不得不借助於佛、道的學說，使解釋更加圓融。

借助書院講學風氣的興盛，當時主持書院者又多為碩學鴻儒，培養出不少人才，成為理學繁榮的重要資源。北宋中葉以後，又有活字印刷術的發明，從而使書籍流佈日廣，既開擴了學者的眼界，又刺激學人著書立說的慾望，促進理學的興盛。

　　宋儒治經，不囿於漢唐儒者的章句學問，提倡獨立思考，專注於心性修養的問題，闡發儒學義理，「為天地立心，為生民立命」，對弘揚儒家思想功不可沒。尤其是理學家一致推崇綱常名教，發揮了儒家的仁禮思想，一掃五代以來鮮廉寡恥的社會風氣，士風一轉而為講求名節修養，這種注重道德倫理的精神，彌足珍貴。

（三）宗經崇儒，彰顯教化

　　迨至明朝，明太祖朱元璋雖然出身卑微，於馬上得天下，但他並沒有忽略社會教化的作用，登基後，即多番詔舉儒士，建立儒學正統的管治形象；又於地方上恢復鄉飲酒禮，以昭示貴賤尊卑的倫理教化。同時，太祖任命諸儒制定了《大明集禮》、《洪武禮制》、《禮儀定制》等十餘種禮書，對當時社會禮儀的宣傳和實施都起了很大的作用；他又集合儒臣編纂了《五經大全》、《四書大全》、《性理大全》幾種儒家學說經籍，作為各級學校的教材。

　　到了清初，統治者進一步彰顯儒家教化的傳統。順治十四年（1657），正式確立孔子「至聖先師」的尊稱。康熙二十三年（1684），康熙親祭孔廟，行三跪九叩禮，自制祝文和〈過闕里詩〉，親書「萬世師表」匾額，命懸掛在大成殿上，定農曆八月二十七日為孔子誕辰，以闡揚聖教，垂示後世。

　　明清時期，最能體現崇儒宗經的措施，莫過於科舉考試制度。考試以「四書」、「五經」的內容命題，並要求考生以理學家朱熹的注釋為依據，採用八股文的形式，代聖人立言。此舉雖然爭議頗多，但如此一來，讀書人為了登上仕途，都埋首儒家典籍，「日以義理浸灌其心」[7]，也對儒家道德倫理的傳播有促動的作用。

7　方苞撰，劉季高校點：《方苞集・集外文》（上海：上海古籍出版社，1983 年），卷 2，〈進四書文選集〉，頁 579。

三、現代新儒學

　　兩漢經學，宋明理學，適應時代的變遷，調整了儒學的重心與方向。這一傳統一直延續到上一世紀的五四時期，在西方文化思潮的衝擊下，新一代的飽學之士，力求創新儒學，以使儒家思想裨益於現代社會。有別於漢唐經學家和宋明理學家，現代新儒家銳意發掘儒家思想的優秀成分，希望補救當今世界科技與人文發展的不平衡。二十世紀二十年代前後，東西方文化的激烈論戰，為現代新儒家的崛起提供了契機。

　　現代新儒家在恪守儒學本位的立場上，肯定傳統文化的價值，闡發其精粹，同時也客觀承認西方文化的長處。以熊十力、梁漱溟、馮友蘭、唐君毅、牟宗三、張君勱、徐復觀等為代表，新儒家表現了自覺的文化續統意識，承續先秦原始儒家以來的學術傳統。他們梳源活流，以儒家思想為中華文化的主幹，強調其獨創性，充分肯定「道德主體性」作為復興儒學的核心價值所在，以期建立新的價值系統和道德觀念。唐、牟、張、徐等人，在強調儒學本位之外，也倡導吸收西方科學、民主的精華，以補儒學之不足。

　　1958 年，牟宗三、徐復觀、張君勱、唐君毅發表〈為中國文化敬告世界人士宣言 —— 我們對中國學術研究及中國文化與世界文化前途之共同認識〉，指出中華文化的不足之處，並展望未來謂：要使中國人不僅由心性之學，以自覺其自我之為一「道德實踐的主體」，同時當求在政治上，能自覺為一「政治的主體」，在自然界知識界成為「認識的主體」及「實用技術的活動之主體。」[8]

8　牟宗三、徐復觀、張君勱、唐君毅：〈為中國文化敬告世界人士宣言—我們對中國學術研究及中國文化與世界文化前途之共同認識〉（1958 年），載張君勱：《新儒家思想史》（北京：北京人民出版社，2006 年），頁 576。

指出中華文化既需要道德實踐的主體內涵，也需要民主、科學和實用技術相輔相成，以使其發展更為全面。

四、新儒學文化圈

在大中華文化圈內，中國文化是一種優勢的文化，扮演着文化輸出多於接收的角色。日本的儒化，在中華文化圈表現是最突出的。至於朝鮮半島儒化的情形，亦不遑多讓，成宗時代的重臣崔承志上疏云：「華夏之制，不可不遵……君臣父子之道，宜法中華，以革卑陋。」[9] 當時的朝鮮，儒學乃是其學習的內容。

在交互影響的過程中，儒學表現出極大的涵括性，以及價值指向的多元化，並沒有左右東亞國家主體文化的選擇性。這些國家經過咀嚼、消化，再創造出本土文化。因此，中華文化圈，從具體內涵上言之，又「不是一個單一的文化體，而是一個多樣統一的生氣勃勃的文化有機體。」[10]

中華文化圈正逐步擴大，為更切合文化發展的視野，我們在前哲時賢的論述基礎上，拈用「新儒學文化圈」一詞。這是一個拋棄了地理的狹猛性，從中華儒學精神來闡釋的概念。就世界華人文化的地區性而言，則可劃分為五個層面：

一、中國內地；

二、台、港、澳地區；

三、東南亞以及東北亞各國華人聚居地區；

9　〈高麗史・崔承志傳〉。

10　馮天瑜、何曉明、周積明：《中華文化史》（上海：人民出版社，2005 年），頁 499。

四、世界各國華僑地區；

五、熱愛儒學文化的外國人地區。

這五個不同層次的地區，有着共同的儒學血脈，超越了地理、社會、政治、經濟以及習俗的隔閡。正因為如此，由「儒化」而「中華」的包容意義和凝聚力，對於海內外的華人地區來說，具有深一層的「文化無疆界」意義，對世界文化也有一種特殊的借鑒意義。

五、結語

任何一種學說都難免有其時代的局限性，儒學在傳統中國社會曾發揮過巨大的時代影響力；然而，歷史的車輪是永遠不會停下的，儒學只有一如既往，不斷更新和演變，在新時代才能發揮新的活力，為人類的未來福祉繼續作出貢獻。

附錄：《論語》、《孟子》、《荀子》摘錄

一、至聖孔子的學說

倫理方面	名言摘錄
1. 仁愛	(1) 孝悌也者，其為仁之本與。 (2) 非禮勿視，非禮勿聽，非禮勿言，非禮勿動。 (3) 老吾老以及人之老，幼吾幼以及人之幼。
2. 忠恕之道	(1) 居處恭，執事敬，與人忠。 (2) 君使臣以禮，臣事君以忠。 (3) 己所不欲，勿施於人。
3. 君子 / 小人	(1) 君子成人之美，不成人之惡。小人反是。 (2) 君子坦蕩蕩，小人長戚戚。
4. 孝道	今之孝者，是謂能養。至於犬馬，皆能有養。不敬，何以別乎？
5. 克己復禮	(1) 不學禮，無以立。 (2) 克己復禮為仁。一日克己復禮，天下歸仁焉。
6. 殺身成仁	志士仁人，無求生以害仁，有殺身以成仁。
政治方面	
1. 正名	名不正，則言不順；言不順，則事不成。
2. 德治 / 仁政 / 王道	道之以德，齊之以禮。
3. 天下為公	大道之行也，天下為公。
4. 小康和大同	選賢與能，講信修睦，故人不獨親其親，不獨子其子，使老有所終，壯有所用，幼有所長，鰥寡孤獨廢疾者皆有所養。
教育方面	
1. 有教無類	子曰：有教無類。

教育方面	
2. 因材施教	子游能養而或失於敬，子夏能直義而或少溫潤之色，各因其材之高下與其所失而告之，故不同也。
3. 好學／善學	(1) 學而時習之，不亦說（悅）乎？ (2) 學而不思則罔，思而不學則殆。 (3) 三人行，必有我師焉。擇其善者而從之，其不善者而改之。 (4) 見賢思齊焉，見不賢而內自省也。

二、亞聖孟子的學說

倫理方面	名言摘錄
1. 人性本善	人皆有不忍人之心。
2. 仁	惻隱之心，仁之端也。
3. 義	羞惡之心，義之端也。
4. 禮	辭讓之心，禮之端也。
5. 智	是非之心，智之端也。
6. 捨生取義	生，亦我所欲也，義，亦我所欲也；二者不可得兼，捨生取義者也。
政治方面	
1. 民本思想	老者衣帛食肉，黎民不饑不寒，然而不王者，未之有也。
2. 民貴君輕	民為貴，社稷次之，君為輕。
3. 仁政	先王有不忍人之心，斯有不忍人之政矣。以不忍人之心，行不忍人之政，治天下可運之掌上。
4. 為民制產	是故明君制民之產，必使仰足以事父母，俯足以畜妻子，樂歲終身飽，凶年免於死亡，然後驅而之善，故民之從之也輕。

教育方面	
磨難成材	天將降大任於斯人也，必先苦其心志，勞其筋骨，餓其體膚，空乏其身。

三、後聖荀子的學說

倫理方面	名段摘錄
人性本惡	今人之性惡，必將待師法然後正，得禮義然後治，今人無師法，則偏險而不正；無禮義，則悖亂而不治，古者聖王以人之性惡，以為偏險而不正，悖亂而不治，是以為之起禮義，制法度，以矯飾人之情性而正之，以擾化人之情性而導之也，使皆出於治，合於道者也。今人之化師法，積文學，道禮義者為君子；縱性情，安恣孳，而違禮義者為小人。用此觀之，人之性惡明矣，其善者偽也。
政治方面	
隆禮重法	(1) 治之經，禮與刑，君子以修百姓寧，明德慎罰，國家既治，四海平。 (2) 至道大形，隆禮至法則國有常，尚賢使能則民知方，纂論公察則民不疑，賞克罰偷則民不怠，兼聽齊明則天下歸之，然後明分職，序事業，材技官能，莫不治理，則公道達而私門塞矣，公義明而私事息矣。
教育方面	
人定勝天	大天而思之，孰與物畜而制之？從天而頌之，孰與制天命而用之？望時而待之，孰與應時而使之？因物而多之，孰與騁能而化之？思物而物之，孰與理物而勿失之也？願於物之所以生，孰與有物之所以成？故錯人而思天，則失萬物之情。

一帶一路你不知道的「前世」

　　華夷文化的交滙，在接觸之初，難免經過碰撞以至衝突的過程，然最終卻能達致相互融合，和諧共處。中華文化的多姿多彩，正是從無數次的碰撞之中擦出新火花的。從本質上說，所謂文化碰撞，其實是不同文化類型之間的差異和矛盾的外化。中國幅員廣闊，古人有「十里不同風」的說法，鄰近鄉里之間尚且如此，自然條件與人文條件迥異的華夷民族之間就更加不用說了。古代中國華夷文化的碰撞與化合經歷了漫長的時間，本文主要從宏觀角度追溯中國文化和外來文化的交滙特點與多元路徑，勾勒出中華文明發展的歷史版圖。對於當代中國「一帶一路」的來源之探究或有一定的啟發意義。

一、胡人南入中土

　　華夷雜居的情況是民族融和的表徵，其交融特點，在於胡人「語習中夏」，「多知中國語」，受到漢文化價值觀念影響而發生變化。從改革胡制、禁穿胡服、禁說胡語，乃至改用漢姓、倡通漢婚，以及推崇儒家禮教等方方面面，胡漢文化之間的交流紐帶漸漸建立了穩固的根基。

　　在胡文化生成的環境內，遊牧的生活方式，決定其與漢文化之間不同的生活和價值觀念。因為受到自身生態環境的限制，一旦和漢文化接觸，相較之下，其缺陷明顯。相對於漢文化的優越

性，胡文化自然而然地成為一種弱勢文化。在魏晉南北朝時期，匈奴、鮮卑、羯、氐、羌等胡族先後進入漢地，胡漢文化之間的地位就處於這樣的情勢。這些草原遊牧民族，本與中原土壤斷隔，但隨着文化生態環境的疆域界線發展，胡漢文化進入一個交互影響的文化場。這樣的環境下，文化的不相適應性日趨尖銳，在接觸之初，衝突與矛盾自然產生了。

從文化類型上來看，草原遊牧民族的文化本質，使這些民族形成一個「胡文化邊域」，與中原地區以農耕文明為基礎的「漢文化中心」兩相對立，激烈的民族衝突導至文化碰撞的連鎖反應。

胡漢文化之間的不相容性，誠然，是民族間干戈頻起的內因之一。然而，也正是這種文化衝突中的對立面，使胡漢文化系統調適各自固有的文化結構，最終從適應的過程走向胡漢一家的格局。胡文化的「漢化」與漢文化的「胡化」，由於受到政治力量的支配，在北魏時，走向融和的高峰。北魏孝文帝是推進鮮卑族漢化的卓越人物，他把都城從平城（今山西大同）遷到中原洛陽的舉措，在文化史上是值得大書特書的。這並非一般的都城遷徙，而是具有重大文化轉型意義的行動。我們知道，平城地處恆山之北，處於遊牧文化氛圍之中，而洛陽位居神州腹心，遷都於此，既能顯示北魏政權為中國正朔之所在，又有利於加強對漢文化的吸收。事實上，也正是在古都洛陽，孝文帝在文化上推行了一系列的漢化改革，北魏崔浩曾言：「漠北醇樸之人，南入中地，變風易俗，化洽四海。」誠非虛言。

事實上，即使是後來的蒙古、滿族，雖以驃悍的草原遊牧民族入侵，甚至征服整個中國，然而，有意思的是，政治上、軍事上的征服者，在文化交融中最終卻被潛移默化，變成被征服者。

古人所謂「用夏變夷」[1]之論，其原初意蘊，即在於以先進的華夏文化改造落後的「蠻夷」文化。隨着歷史的進展，漢民族的血統一次又一次經歷了新變。宋、遼、金、元時期，下及清代，中華民族的文化整合再次顯現出文化碰撞與化合的機緣。比較而言，胡文化受容於漢化的濡染較多，但是胡文化也以其固有的特質對漢文化造成一定的衝擊。尤其是胡文化中驃悍勁勁的氣格，給溫文儒雅的漢文化帶來了迥異的氣息，文學文化史上所謂「魏晉風流」，和胡風的滲入不無關係，迨至公元八世紀前後璀燦多彩的盛唐文化，都不能忽視其胡漢文化化合的歷史現象。滿漢文化的融和，則更清楚說明這一點。漢文化典籍的大量整理，對漢族傳統文化、道德規範、典章制度、禮儀習俗的重視，以至最終形成旗民雜處，滿人不能說滿語的現象，凡此，都說明胡漢文化的交融，正不斷超越自身的文化傳統而出現新貌。華夷文化之間的激烈碰撞和最終的交匯，正是超越狹猛華夷觀念的中華文化圈形成的一大淵源。

二、陸上絲綢之路

　　華夷文化交匯的另一大渠道在於陸上絲路的開拓。絲路歷史悠久，追溯馬蹄與駝峰的掠影，得由張騫（？- 前 114）說起。公元前六年，劉邦（前 256- 前 195）建立了漢朝。建國之後，匈奴壓境，一直威脅着漢皇朝的邊境。李白〈關山月〉詩云：「漢下白登道，胡窺青海灣」。說的就是這個情境。及至漢武帝（前 140- 前 87）在位時，國力強盛，於是遣派張騫出使西域，本意只在聯絡西域的大月氏，建立同盟，以「斷匈奴右臂」。然而，「無心插柳柳成蔭」，結盟雖無成，卻開闢了西域交通孔道。張騫先後二次

1　〈孟子・滕文公〉。

出使，第二次還派出副使，訪問沿途各國，藉以宣揚大漢帝國的聲威。東漢時期的班超（32-102），投筆從戎，再通西域。班超執掌了西域都護的帥印，對維護西域交通的暢通，貢獻良多。

絲綢之路的發展巔峰，則要首推唐代鼎盛時期的貞觀、開元年間。唐朝政府對西域交通進行了悉心的經營，在該地設都護府，保護西域交通的安全，並開拓了中印藏道。於是，在漢代西域交通的基礎上，形成了一個廣而長的交通網絡。唐代的首都長安，有如今天的國際大都會，成為了來往中西兩地的樞紐。古往今來，在這條大道上，商旅往還，駝鈴悠揚，燃點起中外文化交滙的火花。這條交通路線，自古都長安經河西走廊進入西域，以運銷中國盛產的絲織品而著稱，故近世中外史學家稱之為「絲綢之路」。

物質文明是精神文明的重要基礎。絲綢之路，顧名思義，絲綢自然成為文化交流的重要媒介。絲綢質地優美，既是物質生活的高貴物品，也是精神審美的藝術品。從唐代開始，精工細作的瓷器，愈來愈顯得重要，和絲綢成為兩項重要的輸出貨品。文化訊息的傳遞，在中西方接觸初期，往往並非純粹的理論或思想，而是從這些物質裏漸見乾坤。如果說，絲綢之路原本承負的使命更多的是從經濟上着眼的，那麼，對於中國四大發明的西傳，對西方文化所起的重大影響，就更值得我們格外注意了。火藥西傳，促使近代兵器出現，影響了軍事的裝備，以至戰略和組織；指南針西傳，促使新航路的開闢；造紙術和印刷術西傳，更為文藝復興埋下了種子。絲綢之路，正是散播文明曙光的陽關大道。古代的中華文明，處於世界文化的前列，通過絲綢之路，給世界文化的進展作出了卓越的貢獻。當然，這並非說中華民族只是惠予者，同時也是受惠者。

何芳川教授所言極是：「作為一個擁有古代世界先進文明的

民族，在對外文化交流中，中華民族自然起着播火者的角色。然
而，在與別的文明交往中，不可能只是輸出者，特別是在絲路的
西方，波斯、羅馬、印度、阿拉伯等幾個古代先進文明，與中華
文明同放異彩，達到很高的程度。」[2] 絲綢之路的開通，中華民族
亦受益良多，這確是不爭的事實。葡萄酒、夜光杯、琵琶、汗血
馬、胡豆、西瓜、胡椒、菠菜、犀角、象牙、胡琴等物質層面，
值得大書特書的有很多。其他如宗教方面，祆教、基督教和伊斯
蘭教，亦是從絲路傳入中國的，當然其對國人傳統思想價值觀的
直接影響卻是有限的。

　　文明交滙，互惠互利。陸上絲路，作為古代中外文化交匯
的紐帶，是中華文明橫向發展的難得機遇，在這廣闊的地域基礎
上，益添其博大精深的文化內涵。

三、海上絲綢之路

　　古代中外交通，除了陸上絲綢之路外，還有一條海上絲綢之
路。「城南聚寶接江濱，此地當年耀麗珍。攘攘熙熙互市客，夏
來冬去十洲人。」似此中外商賈雲集、奇珍異寶雜陳的通衢鬧市，
你可知是對中國古代哪個城市的最佳寫照嗎？沒錯，詩中所繪，
正是宋元時期的「東方第一巨港」——泉州的繁華景象。假如沒
有海上絲路，也許這種「映日船多寶舶來」的景象就不可能掠過
歷史的彩冊了。

　　海上絲路的源頭，也得遠溯至漢代。自張騫開拓西域交通
後，中國人對於橫跨歐亞大陸兩端的另一古代文明中心——大秦

2　何芳川：《中外文明的交滙》（香港：香港城市大學出版社，2003 年），頁 12。

（今之羅馬）就懷有濃烈的興趣。公元 166 年，即東漢桓帝延熹年間，當時大秦王安敦尼遣使來朝，從此，海路「始乃一通」[3]。中國要與大秦帝國建立直通聯繫，自然就離不開開拓印度洋和西太平洋沿岸的海上交通了。

迨至唐宋，海上交通路線迎來了中外文化交匯的高峰時期，同時陸續開拓通往日本、新羅（今朝鮮）的東向海上交通。海上交通的重要性愈加重要，多少和陸上交通的發展受到阻礙有一定的關係。安史之亂後，唐皇朝的國力大不如前，對陸上通道的經營，需要投入大量軍事和外交等方面的資源，顯得力不從心。「逆氣數年吹路斷，蕃人聞道漸星奔」、「乘槎斷消息，無處覓張騫」，大詩人杜甫的詩句是最好的明證。及至宋代，既要面對北方遼和金國的威脅，又直接受到西夏王朝的阻撓。陸上交通經營困難，尤其是宋室南渡以後，「國土日蹙，一切依辦海舶。」[4]「陸衰海盛」的轉折，因歷史的推移使然。於是，晚唐兩宋以還，海上交通的作用日漸重要，成為聯繫中外文化的水上橋樑。往東邊看，中國和日本、朝鮮的海上交通來往，絡繹不絕。日本遣唐使船隊的規模，由最初的二百多人，增加到動輒五、六百人之多。至於新羅王國與中國的往來，就更加頻繁，雙方使節往返，大多選用海路。因此，各口岸之間，漸漸組成了一個關係密切的海洋貿易網絡。西域國家，遠及波斯、阿拉伯、羅馬，商貿和文化的往來，更是日益繁忙。

「南國花城」廣州，在唐朝時，海舶就已能夠直達波斯灣。這條從廣州到波斯灣的航綫，全長共達一萬多公里，途經 24 個國家和地區，是十六世紀以前亞非各國海舶航行上最長的航綫。廣州

3　《後漢書・列傳》，卷 86，〈西域傳〉。

4　顧炎武：〈天下郡國利病書〉。

以外，元代的泉州港，海外貿易更是繁榮，成為了馳名世界的東方巨港。東起朝鮮半島，中及東南亞地區，西至波斯灣乃至非洲東北部廣大地區，有近百個國家和地區的海舶雲集於此。「攘攘熙熙互市客，夏來冬去十洲人」，誠非誇張之詞。

宋元以後，船舶之構造、設備、載量，「皆冠絕千古」，「海船一載千石」，「舶之大者，乘客可達千人以上」，「大型之船有四層甲板」，「一艘之船室每至五六十之多」，「普通四桅，時或五桅、六桅，多至十二桅」……這些記載，正好道出海上絲路空前的盛況。文化的交流隨着商貿而來。中國標誌性的代表貨品絲綢及瓷器，暢銷東西各國，深受人們的喜愛，這些工藝品，有如中國藝術特質的一個縮影，對異域產生美感的薰染。

東北亞地區，由於地理、歷史、人文等各種原因，在文明的基礎上比較接近中國，所接受的文化影響程度比西域國家更為直接。中華文化，包括哲學思想層面，都曾對這個文化圈內不同民族的歷史進程產生直接或間接的影響。尤其是唐宋以後，中華文明已走向成熟，對東北亞和東南亞國度的影響益見明顯。僅以日本和朝鮮兩國學者對儒家文化和佛學方面的造詣，就常令人由衷欽佩。東南亞地區，原有的文明發展程度較低。在交往過程中，中華文明對這裏的影響，主要集中在器物文明的層面。特別是中國貨幣的傳入，成為了很多地區在長達一千多年時間內，本土以至外貿的交易手段，影響各個民族的物質生活面貌。西方的羅馬文明、古印度文明，以及後來西亞的穆斯林文明，亦得益於絲道的開通，和中華文明產生碰撞的機緣。如同陸上絲路一樣，在文化交匯方面，彼此間既是惠予者，也是受惠者。唐宋以來，海上絲路逐漸扮演着比陸上絲路更加重要的角色，繼續擦亮中外文化交滙的光華，從總體特徵而言，中華文明扮演着強勢的文化輸出者角色。

四、重構華夷秩序

在中國歷史舞台上，盛唐時代的文化威力，遠被四鄰，造成「萬國歸朝拜聖君」的空前盛況，在華夷文化交流上留下一抹濃濃的彩筆，尤其值得探析。美國學者伯恩斯在他的《世界文明史》中，就形象地把唐時的中國，比喻為泰山壓頂的巨龍。

在古代中國，盛唐雄風確是值得我們驕傲和自豪的。論包容的胸襟，它化合四夷，贏得四方歸附。唐天子被尊為「天可汗」，成為各民族的最高共主。論政治體制，它的行政機構漸趨完備，三省六部制成功落實，政府職能超越前朝；而且法制亦趨嚴密，各行政機關具體事務處理的細則清晰，堪為四鄰典範。論軍事力量，它的威力遠震異域。論經濟發展，它豐饒富庶。論疆域遼闊，它東至朝鮮半島，西北至蔥嶺以西的中亞，北至蒙古，南至印度。它的文學繁榮，詩歌創作繁花似錦，爭妍鬥豔，展現了一代的恢宏氣象。大一統的皇朝，雄厚的人力、財力和物力，使盛唐文化的大觀園，盛放出繽紛多彩的奇葩。李白詩云：「天地皆得一，澹然四海清」，「一百四十年，國容何赫然」，激情洋溢，正是盛唐氣象的最佳注腳。

唐文化的異彩紛呈，引來了各國熱烈的企慕之情。據載，當時有一位外來的高僧，當即將別離中國回鄉之時，不禁涕淚沾裳，寫下「願身長在中華國，生生得見五台山」的感慨，依依不捨之情，溢於言表。[5] 由於對中華衣冠文物的仰慕之情，這種「悠悠到鄉國，還望海西天」的情愫，在盛唐時代，形成了一種獨特的現象。一個以中華文化為中心的文化圈，正隨着盛唐的壯大而形成規模。東北的日本和朝鮮半島，由於在地理上鄰近中國，成為

5　馮天瑜、何曉明、周積明：《中華文化史》(上海：人民出版社，2005 年)，頁 494。

唐文化輻射最深的區域，在大規模接受中國文化的基礎上，構建自己民族的文化體系。所謂文化圈，指的是「由主要文化特質相同或相近，在功能上相互關聯的多個文化相連接所構成的有機文化體系。」[6] 中華文化圈，也就是以中華文化為母體的文化領域，其基本要素為漢字、儒家思想、中國制度、法律、科技，等等。在秦漢時期，日本列島和朝鮮半島，尚未完成國家建構，這些國家接受中華文化，缺少一種選擇的能動性。直至公元八世紀前後，東亞各國相對統一，此時正值唐皇朝的極盛時期，中華文化在這一階段臻於成熟與完備，於是，文化的流播一拍即合，出現了歷史性的飛躍。日本的華化，在中華文化圈表現是最突出的。至於朝鮮半島華化的情形，亦不遑多讓。成宗時代的重臣崔承志上疏云：「華夏之制，不可不遵……君臣父子之道，宜法中華，以革卑陋。」[7] 當時的朝鮮，中華文化乃是其學習的楷模。

另一不能不提到的是，明代鄭和下西洋進一步開拓了華夷秩序。據〈西洋番國志序〉記載，鄭和首次下西洋，單是大船就動用了 62 艘，人員高達 27,800 人。其中最大的船，長達 44 丈、寬達 18 丈，「體勢巍然，巨無與敵，蓬、帆、錨舵，非二、三百人莫能舉動。」七下西洋，前後共歷時 28 年（1405-1433），所到的國家和地區達 30 多個，南達爪哇（今印尼），北至波斯灣和紅海的默加，西至非洲東岸的木骨都索（今索馬里）。單是以上這些出航的數字、長度和跨度，確夠叫人吃驚。

我們不禁會問，如此一次又一次的壯舉，究竟是為了甚麼？促成鄭和遠航的各種因素中，政治的需要自不待言。「耀兵異域，

6　同上注，頁 495。

7　〈高麗史・崔承志傳〉。

示中國富強」[8]，對於朱明皇朝而言，至關重要。但這種政治情結，歸根究底，離不開古代中國人的文化認知。當時的中國，乃世界文明最先進的國度之一。「帝王居中，撫馭萬國」、「四夷慕聖德而率來」的華夷格局，形成了宣揚「皇威」「皇德」的政治文化企盼，以求宣教化於海外諸番國，「導以禮儀，變其夷習。」[9]「自古帝王臨御天下，中國屬內以制夷狄，夷狄屬外以奉中國。」[10] 這樣的世界觀無疑有他的不理性成分，但也正是由於這個文化認知推動了遠航的旗幟，將中華制度文明乃至精神文明向外擴展和流播。

伴隨着一次又一次的遠航，如何建立「華夷秩序」的國際關係，是為政者不可回避的課題。其實，自秦漢以來，在中國大一統的王朝興衰史上，華夷問題曾多次以不同的形式出現過。中國和四夷的關係，由華夷之辨、華夷之防到華夷互動，走過一條漫長的歷程，以鄭和遠航為巔峰的華夷秩序，何芳川教授有這一看法：在當時的條件下，是亞洲乃至整個古代世界所能提供的最高層次的國際關係體系[11]。鄭和下西洋，不能完全排除存在着這種追求。這種新的華夷秩序，力求樹立以中國為中心，透過皇權的制約，建立國際和平局面，亦因而促成中華文明的傳播，形成不同區域之間文化的交流和碰撞。因而，從某個角度觀之，雖然這種關係是在不平等的基礎上建立的，但開展的過程本身卻是和平的，沒有伴帶半點硝煙。

遠航換來的，是進一步開闢了中國與遠洋各國經濟、文化交流的廣闊領域。先進的中國產品和工藝品，如絲綢、棉織品、瓷

8　〈明史・鄭和傳〉。

9　〈南京弘仁普濟天妃宮碑〉。

10　《明太祖實錄》，卷 26。

11　何芳川：《中外文明的交滙》（香港：香港城市大學出版社，2003 年），頁 91。

器、鐵器等，體現了豐富的中華物質文明，對於這一地區人民經濟、文化生活的發展與豐富，起到了巨大的示範與刺激作用。隨着中國與西洋各國的交往日益頻繁，中西使節、商人、傳教士、學者等絡繹於途，中國文化進一步西傳，而西方文化也進一步東傳。更值得大書特書的，是國人的大量外移，各地華僑的地位逐漸提高。於是，國人到南洋經商或居留者日益增多，其中尤以福建、廣東等沿海地區人民的外移為盛。海外華僑，對南洋各國的物質與精神文明的發展給以很大的促進。同時，也開闊了中國人對海外世界的視野，使他們開始認識到中國中心以外，還有更廣闊的世界。

　　華夷文化的交互影響，自是形成了一股勢不可擋的潮流。凡此種種，正向我們訴說着，文化視域下的鄭和下西洋，無論從政治、經濟、文化交流或航海知識的角度，都標誌着一個歷史的新高度。而這一亮點，當不負這麼浩浩蕩蕩的龐大遠征隊伍 —— 雖然其遠航的最初本意，並非完全是從文化上着眼的。

五、結語

　　總體而言，在古代中華文化圈內，中國文化是一種優勢的文化，扮演着文化輸出多於接收的角色。這與近代鴉片戰爭以來中西文化的碰撞截然不同。古代華夷文化在交互影響的過程中，中華文化表現出價值指向的強勢，但沒有主導其他國家主體文化的選擇性，其特徵表現出一定的涵括性，這些周邊國家經過咀嚼、消化，再創造出本土文化。從具體內涵上言之，不是一個單一的文化體，而是一個多元共處的文化格局。

碰撞・互動：中西文化的相互趨近與多元共生

　　回顧中西文化從接觸、碰撞、交流到互動，是一個曲折的過程。中西方兩種迥異的文化，在十八世紀前，「中學」盛「西學」微，近兩世紀來，「西學」盛而「中學」微。本文採用「重點追溯法」作宏觀論述，在回顧、追溯、前瞻的宏觀視野下，重新梳理十七至二十世紀這段交流歷程及評價其得失，並揭示如何在中西文化全方位接觸的今天，讓這棵「文化幼苗」在全球化時代開花結果。

　　本文的第一部分，探討「中學」如何啟迪「西學」。一、中國的四大發明如何促進歐洲封建制度的崩潰和資本主義的萌芽；二、來自東方的中國文明，如何成為啟蒙思想家的思想泉源，衝擊神學中心論；三、中國文化的人文理性，如何對歐洲啟蒙運動思想體系的完善發生影響。

　　文章的第二部分，探討「西學」如何衝擊「中學」。從鴉片戰爭前後到二十世紀中葉，是中國文化從傳統向近代轉型的過渡時期，求新、求變是這一時期的基本特徵。西學輸入，對中學造成巨大的衝擊，從「學原不問精粗，總期有濟於世」，到「因其學之異也，並其技而斥之」，再到「中體西用」、「全盤西化與文化本位」之爭，蛻變過程曲折，當中西學發揮着甚麼作用呢？

　　「東西文化相互趨近與多元共生」是世界歷史發展的一個新階段。第三部分着重探討多元文化格局如何繼往開來，合力共振，

化合新生。

一、中華文化特質

（一）建基於農耕文明

　　梁啟超曾分中國歷史為「中國之中國」、「亞洲之中國」、「世界之中國」三個階段。對於中國學術思想的世界史地位，梁氏尤為推崇。[1] 平心而論，從秦至清中葉的近二千年間，中國無疑是亞洲歷史舞台的主角，中華文化不僅深刻影響着東亞社會的文明進展，而且以較大的輻射力影響着世界文明的進程。

　　回望悠悠的歷史進程，中華文化的發展，大致可以劃分為三個階段。[2] 第一階段，是以黃河中下游為中心的中原與其周圍亞文明地區的融匯時期，時間大致從上古至秦統一；第二階段，是以中原王朝為中心，文明向四方傳播，並在交流中廣泛汲取中國境內以至境外亞洲地區的異質文化。時間大致從秦漢至明末清初；第三階段，則是西學衝擊的時期，這一時期，中華文化處於被動的態勢，受到近代西方文明的挑戰，時間大致從十八世紀清中葉開始。

　　中華文化以其悠久的連續性著稱於世。在廣袤而豐饒的「黃

1　梁啟超嘗謂：「故合世界史通觀之，上世史時代之學術思想，我中華第一也（泰西雖有希臘梭格拉底、亞里士多德諸賢，然安能及我先秦諸子）；中世史時代之學術思想，我中華第一也（中世史時代我國之學術思想雖稍衰，然歐洲更甚。歐洲所得者，唯基督教及羅馬法耳，自餘則暗無天日。歐洲以外，更不必論。）推近世史時代，則相形之下，吾汗顏矣。」《論中國學術思想變遷之大勢》（上海：上海古籍出版社，2006年），〈總論〉，頁2。

2　中華文化發展階段的三分法受到何芳川教授的啟迪，但筆者分段的具體時間有所不同。參何芳川：《中外文明的交滙》（香港：香港城市大學出版社，2003年），頁88。

土地」上，奠定了其最初生態。文化的生成離不開地理環境的制約，尤其是早期人類的活動，只能被動地適應現成的物質條件，地理因素對人們的活動可以說是起着決定性作用的。古代的中國，黃河中下游地區氣候溫和，雨量充沛，土質肥沃，最宜從事農耕活動，很自然成為了先民生存和繁衍的地區。

秦漢以後，政府的運作經費，主要來自農業的賦稅。農耕文明，為中華文明的生成提供了穩定的物質基礎。「日出而耕，日入而息」的農耕生活模式，數千年以還，自給自足，不假外求。這種重農、尚農的共識，形成注重生活的務實精神、樂天知命的人生態度和濃厚的鄉土情意等特質。

（二）倫理型政治主導

如果說，農耕文明對中華文化的形成只是提供一個大環境而言，那麼，宗法色彩濃厚的君主制，對傳統中華文化的影響則來得更為直接。

政治結構的倫理特色，在政治上表現為儒法合流，形成倫理政治化和政治倫理化的文化特色。政治上的君臣關係，有如家庭中的父子，「君君臣臣，父父子子」，各安本分，各司其職。

作為社會文化精英的士大夫，在君主制的政治框架下，追求「內聖外王」，以正心、修身、齊家、治國、平天下作為為學的理想。這一特點，在漢代獨尊儒術後，普遍成為文人士大夫的核心價值追求。儒家思想在社會上取得正統地位，儒家的《詩》、《書》、《禮》、《易》、《春秋》一躍而成為政教經典。儒家的綱常名教，以君臣、父子、夫妻為「王道之三綱」，以仁、義、禮、智、信為「人倫之五常」，極力提倡忠、孝、節、義，強調以倫理道德

觀念來維繫上下、人己的關係，廣被於中國傳統社會。與這個系
統相適應，孕育了倫理型的文化特色。

（三）綜合因素奠格局

以倫理為本位的文化，把社會的凝聚力寄托於提升個人的道
德修養，使每個人都處於五倫的關係網之中，從而維繫社會的正
常運作。這種文化類型不僅對觀念的意識形態發生着深遠的影
響，而且還主導着傳統社會心理和規範人們的行為，給中華文化
鑄下了一道精神烙印。

文化的生成是很複雜的，與某一種因素之間往往並非呈簡單
的因果對應關係。[3] 小農經濟的大環境和倫理型政治結構的主導
性，共同為中華文化的生成組成一個穩固的生態綜合體，提供文
化發展的基礎。中華文化的基本特質，如追求安定平和、恬然自
得和倫理型社會特色等等，正是在政治、經濟和社會各個層面的
綜合條件上，為其格局奠定了基本走向。悠久的中華文化歷程，
一直循着這個基本模式運行和漸進。

中國與歐洲各國，由於地理位置相隔遙遠，在遠古並沒有多
大聯繫。隨着絲路的開通，物質文明的交換日益頻繁，但精神文
明的相互影響，相對還處於潛伏期，比較而言，在十七世紀前的
思想領域，可以說還是處於各自較獨立的發展狀態，形成兩種迥
異的文化體系。直至近代中西文明激烈的碰撞，在思想領域層
面，才掀開了歷史嶄新的一頁。

3　參馮天瑜、何曉明、周積明：《中華文化史》（上海：人民出版社，2005 年），〈餘論〉，
　　頁 208-215。

（四）夷入中國，則中國之

英國著名學者湯恩比（Arnold Toynbee, 1889-1975）指出，在數千年的人類文化史上，先後出現過 26 個文明形態，而只有中國文化的體系，是在長時期的發展中從未間斷過的。揭開歷史的圖冊，這種論斷確非危言聳聽。延續性和生命力，正是中華文化的一個重要特徵。以我們最熟悉的四大文明古國為例，巴比倫、印度、埃及和中國，她們都曾經在文化舞台上顯赫一時，隨着年月的飛逝，中華文化依然表現出較強的同化力、融合力和凝聚力的特質。

歷史上的匈奴、百越、鮮卑、羯、氐、羌、契丹、女真（包括滿族）、蒙古等民族的文化，雖然在與漢族接觸之初，難免出現衝突和矛盾，其最終則都能融滙或同化於中華文化的血脈之中。

文化的同化力與融合力，是中華文化得以生生不息之源，也是其延續性未曾中輟的內緣。

武力征服的結果，反而是征服者的文化被同化。從「五胡亂華」，到宋元時期契丹、女真、蒙古人的南下，以至明末滿族入關，華夷共融，最終達致和平共處。

又如漢代開闢西域交通，中西文明在文化、經貿、宗教等方面的交流日益頻繁，後來形成了著名的絲綢之路。

（五）域外文化，共冶一爐

中華文化孕育於黃河流域，而又不限於此。一部中華文化史，在中原文化的基礎上，善於吸收中華境內各民族和不同地域的文化支流，使民族的大家庭一步一步地茁壯起來，從而形成博

大精深的內涵。

中華文化具有的同化力和融合力，還表現在善於吸收域外文化方面。外國文化進入中國後，大都逐步中國化，融入中國文化而成為其一部分。

在這方面，最具代表性的莫過於佛教文化的傳入和中國化。佛教本來只是流傳於印度、尼泊爾、巴基斯坦一帶，並不是中國本土故有的文化。在東漢傳入中國後，經過魏晉、隋唐數百年間高僧的東渡，經典的翻譯和中土僧人的西行求法，終於變為中國式的佛教，而且和儒學共融，形成宋明理學，其閃爍的思想靈光，逐步融入中國文化而成為不可分割的一部分。千百年來，在中國，並沒有發生大規模的宗教戰爭。

在中華歷史上，亦留下了大小數百座具有濃郁印度風格的石窟建築藝術，尤其是北魏和盛唐兩個時代，成為石窟建築藝術的鼎盛時期。佛教造像，或磨光肉髻、隆鼻垂耳、方圓面型，或大眼細眉、高鼻短頭、厚胸寬肩，以樸拙為尚，風格頗近印度。然而，在吸收之餘，並非沒有融合和創新，譬如南朝之時，就滲入了本土的審美意趣，轉而重視骨秀神清的人物造型，佛教造像身體扁平，眉目疏朗，中印藝術，共冶一爐。

（六）人文崇尚，文化紐帶

中華文化的凝聚力，還建基於共同的文化歸屬感。傳統文化的價值系統，文化思潮的關注焦點，始終圍繞着人文思想，以人生價值的實現和實踐為依歸。所謂「贊天地之化育」，與天地「相參」，考察事物，明辨物理，既「上揆之天」，「下察之地」，更要「中考之人」，以人為本。

儒家學者，重視積極於當下的人生態度，關注現實的社會和人生問題，並將解決問題的希望寄託在人的努力之上。

對人文的崇尚，則隱然超越了一般的宗教意義。人文思想，在中華大地上得到了廣泛的社會認同，產生了民族心理認同的共同基礎。悠悠兩千載，而形成了一條無形的紐帶，維繫着深厚的傳統。

事實上，好像湯恩比對中華文化綿延的悠久性感到興趣的學者大有人在，當我們回望文化的歷程時，不難發現，中華文化，確有容納百川的一面，而不乏鮮明的人文個性。而這一點，淵源有自，乃中華文化的可貴之處。

二、啟迪西方文明

（一）傳播文藝復興種子

在文藝復興之前，中國的四大發明已經陸續傳入歐洲。正是這四大發明，促進了歐洲封建制度的崩潰和資本主義的萌芽。[4] 火藥一開始就成為新興君主政體反對封建貴族的武器，至於指南針對於西方國家的影響，更為明顯，如果哥倫布等航海家的航船上沒有羅盤針作嚮導，他們的探險旅程要取得成功，恐怕是很難想象的。造紙術和印刷術對於文化思想領域革命性的影響更是不言而喻的。有了印刷術之後，書籍可以大量發行，思想流播容易，這就從根本上打破了以往教會的知識壟斷，而將文化普及至社會各階層。文化的普及，是文藝復興不可或缺的前提，而造紙術和印刷術，正是這次運動得以迅速開展的物質基礎。

4　陳惇主編：《比較世界文學史綱》（南昌：江西教育出版社，2004 年），中卷，頁 390。

　　人們常說，假如沒有中華文化的啟迪，歐洲的文藝復興和緊隨而來的啟蒙運動是不可能出現的，最起碼，也得推遲數百年。「僅就上面所述對於歐洲之物質的、技術的革命貢獻來說，已經是劃時代的歷史事實了。」[5] 這看法也有一定的理據。

（二）發啟蒙運動先聲

　　啟蒙運動發生在文藝復興之後，在精神方面是對文藝復興的一次推進。啟蒙運動的「啟蒙」一詞來自英語的 enlightenment，本來的意義是用光照亮，引申為啟蒙的意思。在啟蒙運動的發源地法國，啟蒙運動又被稱為「光明世紀」，意為照亮人類的精神世界，破除黑暗時代，開拓光明前景。

　　我們知道，歐洲中世紀的思想傳統，受到宗教神學的統攝，迷信色彩非常濃厚。在這種情況下，來自東方的中華文明，就成為啟蒙思想家汲取思想泉源的一個重要途徑。熱烈追求理性主義的啟蒙思想家，對以中國為代表的東方文化產生強烈的興趣，他們注意到中國的哲學，幾乎不帶宗教色彩，「儒教」乃是這種「理性宗教」的楷模，是清除基於迷信的神學的最有力武器。這以法國的伏爾泰最具代表性，他認為只有借鑒儒教的人文思維，才可以建立一個崇尚理性、自然和重視道德的社會。而中國的「儒教」、法律、官制和道德，在他看來，乃是以「理性」和「真理」而達到治國平天下的可行途徑。

　　類似伏爾泰，對中華文化產生企慕之情的啟蒙思想家，不在少數。在英國，有的啟蒙學者更常常引用中國的思想哲學來批駁

5　朱謙之：〈歐洲文藝復興與中國文明〉，《中國哲學對歐洲的影響》（上海：上海人民出版社，2006年），頁33。

《聖經》的不可信性。他們把孔子與耶穌、聖保羅相提並論，進行比較，指出孔子的言教身行，更令人心悅誠服。

　　中國的倫理型社會文化，也引起歐洲思想家的廣泛認同，他們認為只有在中國，倫理與政治是相互關聯的，中國社會是世界上重視道德修養的民族，這種道德理性，正是歐洲社會所普遍缺乏的。

（三）衝擊神學中心論

　　誠然，伏爾泰等啟蒙學者對中華文化的稱讚和推崇難免有溢美之詞，帶有理想化的色彩，但也是在相當程度上受到中華文化人文理性所啟發，促使他們對神學中心論進行一場有力的衝擊，起到振聾發聵的廣泛作用。法國學者戴密微（Paul Demieville）《中國和歐洲最早在哲學方面的交流》明確指出：從十六世紀開始，歐洲就開始了文藝批評運動，而由於受到中國文化的影響，大大推動了文藝復興運動和啟蒙運動蓬勃的發展。中國哲學對於完善歐洲啟蒙運動思想體系所發生的「革命性」作用，確實是功不可沒的。[6]

三、西學東漸

（一）西學輸入，衝擊中學

　　在中華文化對西方文明發生影響的同時，西潮東漸也蓄勢待發。從鴉片戰爭前後到二十世紀中葉，是中華文化從傳統向近代

6　張岱年、張克立主編：《中國文化概論》（北京：北京師範大學出版社，2004年），頁102。

轉型的過渡時期，求新、求變是這一時期的基本特徵。[7]西學輸入，對中學造成巨大的衝擊，從「學原不問精粗，總期有濟於世」，到「因其學之異也，並其技而斥之」，再到「中體西用」之爭，蛻變過程相當曲折。

　　近代中西文化的交融與衝突之端緒，乃是由傳教士揭開序幕的。公元 1583 年（明萬曆十一年），耶穌會士利瑪竇進入廣東肇慶，並在肇慶建立傳教據點，這可視為傳教士來華之端緒。其後，意大利、德國、葡萄牙、法國的傳教士紛紛來華。這些傳教士，既具有虔誠的信仰，又往往具有淵博的學識，意識到要讓天主教植根中國社會，就必須順應中國國情和民心，改變固有的傳教方法。

　　為了打動中國的知識分子，使他們接受天主教的價值觀，於是，以利瑪竇為代表的傳教士，首開風氣，大規模進行西洋學術的譯介工作，把歐洲的古典哲學、藝術、自然科學大量推介到中國來。據費賴之《在華耶穌會士列傳及書目》記載，當時的文人士大夫，「視與瑪竇訂交為榮，所談者天文、曆算、地理等學，悉加討論」，成為一時的風氣。

　　在明末耶穌會士來華之前，華夏農耕文化曾多次與外部文化交流與碰撞，但無論是華夷化合，還是與西域異邦的文明交滙，

7　參陳惇等主編：《比較世界文學史綱》（南昌：江西教育出版社，2004 年），中卷，頁397。筆者以為，這一段時期，不單文學出現從傳統向近代轉型的過渡時期現象，整個中華文化亦然。

中華文明始終處於居高臨下的態勢，最終成為文化的征服者。[8] 與佛教文化的碰撞和融匯，從思想的發展水平來看，也是處於互有長短、互補不足的對等關係。然而，當面對西學這種迥異的文化體系所帶來的衝擊時，令不少飽讀詩書的儒士一時不知如何應對。

（二）學原不問精粗，總期有濟於世

中國士人，面對這場前所未遇的中西文化衝擊，立場大相徑庭，在廣採博納與保守抗拒之間拉鋸。

西學的輸入，不免令人一新耳目。自鳴鐘、拍照機、三棱鏡等西方器物，《幾何原本》、《坤輿全圖》等西方物理經典和圖冊，顯示出有異於中華文化的奇風異彩，引人遐思。

一些較開明的文人士大夫，如禮部尚書徐光啟、光祿寺少卿李之藻等人，他們衝破固有的傳統，樂於接受新事物，兼收並蓄。以為「五經之外，冠冕之表，別自有人，不必華宗夏士，亦不必八索九丘」[9]。在「學原不問精粗，總期有濟於世，人亦不問中西，總期不違於天」[10] 的觀念下，誠然為中華文化的發展開拓了一方新天地。

8　相對於漢文化的優越性，胡文化表現為一種低勢能文化。在魏晉南北朝時期，匈奴、鮮卑、羯、氐、羌等胡族先後進入漢地，胡漢文化之間的地位就處於這樣的情勢。胡人「語習中夏」，「多知中國語」，價值觀念受到漢文化影響而發生根本的變化。後來的蒙古、滿族，雖以驃悍的草原遊牧民族入侵，甚至征服整個中國，然而，在政治上、軍事上的征服者，在文化交融中最終卻被潛移默化，變成被征服者。

9　李之藻：〈同文算指序〉，《同文算指》（台北：台灣商務印書館，1985 年）。《八索》、《九丘》，先夏時期中國著名的著作，具體內容已難以復見。據孔安國〈尚書序〉釋：「八卦之說，謂之《八索》，求其義也。九州之志，謂之《九丘》；丘，聚也，言九州所有，土地所生，風氣所宜，皆聚此書也。」有學者認為這些最古老的典籍，應是中國傳統文化的源頭。

10　王徵、鄧玉函譯：〈遠西奇器圖說序〉，《遠西奇器圖說》（台北：藝文印書館，1966 年）。

雖然，這時人們對於西學的認識，還比較皮毛，並未能深入認識到西方文化的源流正變，但這種敢於衝破思想藩籬，承認中華文化的不足，追步近世的西方文明，在當時是別具時代意義的。尤其是在華夷觀念仍盛的時代氛圍下，這種開明胸襟，確為傳統文化注入一股新鮮活潑的清泉。

（三）因其學之異也，並其技而斥之

但是，嚴守「夷夏之防」的保守主義者，卻一併將西方自然科學、宗教神學視為異域邪說，對西學展開了猛烈的抨擊。

在這方面，以儒士黃貞等人為代表，他們較多的是站在固守傳統的立場，面對先進的西方文化，堅守「夷夏之防」的民族中心觀念，未能突破「天朝上國」的心理障礙。認為「用夷變夏」，利用西人之學改變中國是行不通的。本來，這種出於維護傳統文化的立場也是無可厚非的，但由於一律的排他性，「因其學之異也，並其技而斥之，以為戾古不足用」[11]，以至於一併漠視西人在自然科學的長處，未能反省自身缺失，這對傳統文化的發展造成一定的阻礙。

十七至十八世紀本來是中華文化「蛻變」的重要契機，然而由於缺乏厚實土壤的支持和滋潤，這道閃電只留下明亮的曙光就消逝於雲霧之中去了。[12] 直至十九世紀中葉，經過一場無情炮火的洗禮，才引起更激烈的巨響。

11　梅文鼎：〈梅氏叢書輯要序〉，《梅氏叢書輯要》（清・乾隆《承學堂》刊本）。

12　參見馮天瑜、何曉明、周積明：《中華文化史》（上海：人民出版社，2005 年），〈明：沉暮與開新〉，頁 641-646。

四、中體西用與維新思想

（一）「體用之說」淵源及其偏頗

　　1860 至 90 年代，曾國藩、李鴻章、左宗棠及張之洞等人，出於禦外侮、平內患的雙重目的，倡導了以「富國」、「強兵」為內容的洋務運動。「中體西用」之說，正是這一場運動的思想法則，深深地打上時代烙印。

　　十八世紀前後，西方資本主義出現飛躍性的發展，向着世界各個角落拓展它的地盤。在東方國度，中華文明有它獨特的個性，本來就自給自足，無需假借外力，傳統的的重農抑商觀念，更視資本主義為洪水猛獸。1840 年爆發的鴉片戰爭，終於將中西方文明衝突以血與火的形式顯現於世人面前。

　　當時，有識之士紛紛提出了學習「外夷」之長以禦外侮的要求。林則徐首開風氣，倡導「開眼看世界」，指出了解和學習西方先進學說的重要性。而針對頑固派斥責西學為「奇技淫巧」、「壞我人心」之議論，魏源則指出「有用之物，即奇器而非淫巧」[13]，明確地提出「師夷之長技以制夷」的主張，把「夷之長技」歸結為戰艦、火器、養兵練兵之法。儘管魏源對西方文化的了解仍較為膚淺，但此說實已啟「中體西用」之先聲。

　　到了 1860 年代的馮桂芬，對中西文化有更深入的了解，不僅認識到西人的船堅炮利，而且認識到必須「改科舉」、「採西學」，以中國之倫常名教為本，輔以諸國強富之術。雖然馮桂芬沒有明確提出「體」「用」之詞，但卻隱然將西方文化之「用」與中國傳統文化之「體」嫁接起來。之後的王韜和薛福成等人，進一步提出

13　魏源：《海國圖志》（鄭州：中州古籍出版社，1999 年），卷 3。

仿效西方的議院制度，倡導擷取西人之學，以衛「堯、舜、禹、
湯、文、武、周公之道」[14]。中國傳統文化的道、器、本、末、形上、
形下等概念，成為他們闡釋中西文化主從關係的利器。

　　進入 1890 年代，中國內憂外患日甚，在這一階段，「中體西
用」之說正式出現，並廣為流行。梁啟超《清代學術概論》謂：「甲
午喪師，舉國震動。年少年盛之士，疾道扼腕言『維新變法』……
而其流行語，則有所謂『中學為體，西學為用』者，張之洞最樂道
之，而舉國以為至言。」

　　其實，早在張之洞之前，「中體西用」之說已甚囂塵上。[15]

　　對於「中體西用」之說的評價，爭議頗大。

　　王韜《弢園尺牘》就認為：「形而上者中國也，以道勝；形而
下者西人也，以器勝」，將中學視為本、道，西學視為末、器，兩
者乃被看作從屬的關係，以中學為基本，而以西學為補充。具體
地說，中學為體，就是堅持形而上的中國孔孟之道；西學為用，
就是採納形而下的西方科技之器。

　　正是基於這一認識，洋務派學習西方，也僅限於堅船利炮，

14　薛福成：〈變法〉，《籌洋芻議》（上海：上海書店，1994 年），卷 1，叢書集成續編・
　　子部。

15　1893 年，鄭觀應的《盛世危言》刊行時，其中《西學》篇就曾說：「中學，輔以西學。」
　　1896 年，沈壽康在〈匡時策〉中也說：「中西學問本自互有得失……宜以中學為體，
　　西學為用。」孫家鼐在〈遵議開辦京師大學堂〉奏摺中，更將「中體西用」之義闡釋得
　　非常清晰：今中國創立京師大學堂，自應以中學為主，西學為輔，中學為體，西學為
　　用；中學有未備者，以西學補之；中學有失傳者，以西學還之；以中學包羅西學，不
　　能以西學凌駕中學。可以說，在 1890 年代，「中學為體，西學為用」的思想已成為當
　　時社會頗流行的思想。由於張之洞的政治和社會地位，加上他在洋務運動中盛享時
　　譽，才會把「中體西用」歸於他的名下。

從表面上學習西方科技及引進一些設備，並未涉及政治體制改革的根本問題。

　　然而，「西學」的精華，不僅僅在於所謂的「形下之技」，更在於它的思想學說、科學方法和進步的政治制度。實際上，「中體西用」論者也在不同程度上看出西洋立國，有本有末，其本在朝廷政教，其末在商賈、造船、制器。

　　「體用」本乃一體，「文化形體與功能屬性、物質文化與精神文化，本來就是不可分割的渾然一體」[16]。簡單地將中學視為本、道，將西學視為末、器，在我們今天看來，確實有其認識的片面與偏頗。

　　然而，無論如何，「中體西用」的時代意義依然值得我們重視，正是這一時期關於「體用」的爭辯，啟發後來者更深入地探討中學與西學的關係，繼續探索自強富國之路。

（二）梁啟超的維新思想

　　作為中國啟蒙運動的重要代表人物，梁啟超對批判中國的舊學和推介西洋的新學貢獻殊大，在中國思想史上佔有重要的地位。梁啟超最喜歡用「不惜以今日之我，與昨日之我挑戰」這句話來鞭策自己，他的很多想法和看法在當時是極具進步意義的。

　　梁啟超的進步主義思想，具體包含甚麼內容呢？要明白這一問題，首先得明白甚麼是進步主義思想。宋文明在《梁啟超的思想》一書中概括說：所謂進步主義思想，它必須首先肯定並堅信，人類社會絕不是長期停滯不前，或循環不已的，而是時刻不停繼

16　馮天瑜、何曉明、周積明：《中華文化史》（上海：人民出版社，2005 年），頁 774。

續不斷地向前發展與進步的。其次，由於人類社會繼續不斷地向前進步，所以在一般情況下，人類社會各方面的發展，亦莫不是後來居上，愈進步愈好。再者，由於人類社會不斷向前，又後來者往往更優於前者，所以時間愈前進，人類社會愈發展，亦愈益接近人類所預期的理想目標。依據梁啟超的思路，歷史是不會開倒車的，人類社會是在不斷改進中的，社會的現今，不一定不如過去。新舊交替，事物變化，乃自然之道；因而，我們應把眼光放遠，不能總是「復古」或「隆古」，以為古代的一定比現代的優越。

這種堅信人類社會不斷進步向上的基本思想，是對保守主義有力的抨擊，永遠向前看，不留戀過去的東西。

清末民初，正值中國內憂外患交織的年代，中國受到列強的欺侮，國勢危殆。梁啟超深深明白到欲新一國之風，使國家有長足的進步，必先從新一國之民做起。戊戌政變失敗後，他流亡東瀛，開始對中國前途作更深入的思考，正式提出了「新民說」。他認為，要想拯救中國於危難，重振大國之風，其中一個最根本的前提，就是要徹底糾正中國人本身的缺點。在他看來，這些缺點主要是指缺乏國家觀念、義務觀念、合羣觀念和進取精神。

這種民族性缺點之所以形成，並非由於中華民族不優秀，而多少是由於傳統文化的糟粕成分和長期專制統治的負面影響。梁啟超進一步指出，當我們了解真正的根源所在後，便須對症下藥，努力改變。

梁啟超認為，只有革除中國傳統文化的缺點，改造國民性，才能培養一種能迎合新時代的國民，與世界優秀民族較量。若把國人本身的缺點予以徹底糾正，則一切改革措施，既能治標，也

能治本。

「新民」的理想，並非「完全拋棄中國的舊東西，而是要對過去的傳統採取一種嚴格批判的態度，去蕪存菁，然後在這一新的基礎上，接受西學，改變民族氣質。」[17] 其最終目的，是要使每個中國人都能變成一個具有高尚情操和善於接受新時代價值觀的新國民。

「新民」思想產生於國家危急存亡之秋，救國主義的色彩是很濃厚的。當時外患頻仍，中國隨時有被列強瓜分的危機，因而對中國的政治、社會及教育文化等各方面進行全面的改革實乃當務之急。而這種全面與徹底的改革，其新生力量的由來，卻是從改造中國的民族性這一基點做起，把國家的命運寄望在大多數國民素質的提高而非少數的領導人物身上。

「新民」思想之提出，影響極為深遠，成為五四新文化運動的先聲。

五、全盤西化與文化本位

（一）新文化運動

中國是一個文明古國，傳統文化博大精深。然而，在近代，卻被西方文明遠遠地拋離，在世界民族之林中落伍了。假如沒有五四時期這場新文化運動，沒有這場劃時代的思想革命，中國是否還將落後下去？是否能跟得上世界潮流前進的步伐？

自從漢武帝定儒學於一尊後，中國歷史的車輪沿着儒家道統的軌跡向前邁進。古代中國，曾經以其文明昌盛翹首世界；但是，

17　宋文明：《梁啟超的思想》（台北：水牛出版社，1992 年），頁 78。

近代世界大勢的推移，以及西方文明的發展，卻使中國落後於歐美民主國家。鴉片戰爭後，中國不斷受到西方列強的侵凌，傳統的儒家綱常名教，卻不足以指導國人如何自強禦侮，挽回國運。

另一方面，從明末清初開始，西學東漸。西方的自然科學乃至於社會政治學說，逐漸傳入中國。西學的精華是民主和科學。西學和中學。新思想和舊思想，發生了嚴重的衝突。知識分子從比較中認識到要變革中國的現狀，就必須變革中國的舊文化，建設合乎時代需求的新文化。

清末民初一批到過歐、美、日本留學的知識分子，對西學的精神有較深刻的認識，他們紛紛介紹西方的政治社會學說及學術思想，使國民領悟到民主、科學的重要性。

先進的知識分子，以陳獨秀、胡適為代表，在新舊思想衝突的情勢下，不斷反省，認為傳統文化是中國現代化的障礙，只有西學才能救中國。西化的心態發展到五四時期幾達高峰，新文化思潮非常活躍。

新文化運動的主要內容為思想革命，即提倡民主（當時稱為「德先生」，Democracy），反對專制；提倡科學（當時稱為「賽先生」，Science），反對迷信。前者要求實行民主政治，反對個人獨裁；後者要求學習西方的文明，了解自然，認識社會，以改變愚昧的狀態。

道德革命隨着思想革命而推展，即提倡新道德，反對舊道德。為追步西方民主和科學的精神，要求重視每個人在社會政治生活中的地位和作用，主張個性自由，人權平等，要求擺脫儒家綱常名教的束縛。

　　新文化運動是中國一場劃時代的思想革命。近代西方文化的精神——民主和科學，衝擊了代表中國傳統的儒家思想，而成為國人追求的目標。從此之後，國人的思想才得以逐漸擺脫傳統思想的束縛，而追步世界的潮流。

　　新文化運動熔鑄道德革命與思想革命於一爐。西方自由、平等、博愛的精神文明逐漸注入國人心裏，各種各樣的社會思潮，亦不乏追求者，羅素思想、杜威哲學、馬列主義等，紛至沓來，大有應接不暇之勢。傳統的以儒家綱常名教為準則的倫理道德觀念日漸動搖，國人開始用新的道德標準來衡量和處理上下、人己關係，以及婚姻、家庭、婦女地位等各種問題，社會生活發生了根本的變化。

　　新文化運動是當代中國根本性的重大變革，是新時代與舊時代的分水嶺。

　　當然，我們在肯定新文化運動的劃時代意義的同時，也必須注意新文化運動主要倡導者和推動者的反傳統偏執，他們未能擺正文化傳承與汲收的關係，忽視了傳統文化的優秀面在現實社會生活中的價值，而鼓吹全盤西化。所謂長江後浪推前浪，流波萬里，夾泥沙而俱下，這種「泥沙」副作用是不容低估的。

　　自從鴉片戰爭以來，中國傳統文化受到西方文化強烈的衝擊，知識分子紛紛對中國文化進行重新的評估。究竟是中國文化還是西方文化較為優越？是全盤西化還是維護中國文化本位？在五四前後，論爭尤其激烈。

（二）全盤西化

　　在國難當頭的時代，如何重建民族的自信心，跟上世界文化

的進步潮流,是主張全盤西化論者的考慮基點。

西化論者深感中國現代化歷程舉步維艱,其原因乃在於中國傳統文化積澱太深,以致造成重重的文化負累。他們認為,如果中國文化不能以西方文化為追隨目標,則中國的繁榮富強將沒有希望。文化作為一個相互關聯的整體系統,是不可能任意拼合的,唯有全盤西化才是真正的出路。這一派以陳獨秀和胡適為代表人物。

陳獨秀把東西文化截然對立起來,嘗斷言:「若是決計革新,一切都應該採用西洋的新法子,不必拿甚麼國粹,甚麼國情的鬼話來搗亂。」[18] 在〈東西民族根本思想之差異〉[19] 一文中,他指出了中西文化的三大分別在於:一、西洋民族以激烈進取為本位,東洋民族以安息為本位;二、西洋民族以個性獨立為本位,東洋民族以家族為本位;三、西洋民族以法治為本位,有平等自由觀念;東洋民族以感情為本位,以虛文為本位。陳氏認為可稱為近代文明者,唯有西洋文明而已。

胡適的觀點更為激烈,他幾乎完全否定中國傳統文化在近現代的價值,並指出西洋文明才堪稱為真正的精神文明,中國只有急起直追,走上科學和民主的發展道路,才有崛立於世界強國之林的機會。在他看來,中國傳統文化已經是過去的產物,在瞬息萬變的現代社會,根本是不合時宜的。胡適受到杜威實驗主義的影響,又覺得中國傳統文化太龐雜、太玄虛,所以認為唯有徹底推翻舊有,才有更新的空間。

18　陳獨秀:〈今天中國之政治問題〉,載《新青年》,卷5,第1號。

19　陳獨秀:〈東西民族根本思想之差異〉,載《青年雜誌》,卷1,第4號。

（三）文化本位

本位論者則一方面出於維護中華民族的自尊與自信，另一方面，也看到不同文化各擅勝場，認為對待西方文化不能一概頂禮膜拜，而應取其所長，棄其所短，擇善而從，方是中國文化的真正出路。這一派以杜亞泉和梁漱溟為代表人物。

杜氏極力反對陳獨秀等人過分追步西方文明的立場，他認為東方文明亦有其優秀的一面，在〈靜的文明與動的文明〉中認為：「吾國固有之文明，正是以救西洋文明之弊，濟西洋文明之窮者。」[20] 指出「西洋文明濃郁如酒，吾國文明淡泊如水；西洋文明腴美如肉，吾國文明粗糲如蔬，而中酒及肉之毒者則當以水及蔬療之也。」[21] 他強調新舊思想的調和，看到「不有舊，決不有新，不善於保舊，決不能迎新」。這不失為慧眼。

梁漱溟的觀點則更顯出其國粹主義的本色，他斷言世界未來文化將是中國文化的復興，從比較中外文化精神中，重新肯定了儒家文化的倫理價值，及其在世界文化格局中的重要角色。

中西文化孰優孰劣，是很難三言兩語說清楚的。每一個文化體系涉及方方面面，都有優秀的成分，也難免糟粕摻雜其中，關鍵是如何擇優去劣，取長補短，以達致互補的格局。

1935 年 1 月 10 日，王新命、何炳松、武堉幹、孫寒冰、黃文山、陶希聖、章益、陳高鏞、樊仲雲、薩孟武等十位教授聯名在《文化建設》發表了〈中國本位的文化建設宣言〉，提供了一個

20　杜亞泉：〈靜的文明與動的文明〉，載陳崧編：《五四前後東西文化問題論戰文選》（北京：中國社會科學出版社，1985 年）。

21　同上注。

理性的參照方向。〈宣言〉點出了近代以來，中國對外來文化的選擇歷程中，犯了種種謬誤，若要真正使中國文化重現光芒，就必須從事本位的文化建設，注意所處的特殊時代和面臨的特殊問題，認清形勢，作出正確的取捨，不守舊，不復古，不盲從和不全盤西化。他們指出民族文化的發展，乃植根於民族的土壤，不能只是全盤照搬西方文化，因為中西文化生成環境的不同，中國所需要的東西也就有所區別，政治制度、人文思想、交際禮儀、生活習慣等，有自己發展的歷史背景，無法強同，也不必完全相同，而應擇優互補，此即所謂具有「國別性」的文化。

六、全球化進程與多元格局

（一）文化全球化 [22]

不管你承認與否，全球化作為一個客觀的經濟、文化以至政治的歷史進程，已成為當今世界發展的潮流。人類文明，已進入了一個全新的時代，它正在突破以往時間和空間的局限，把世界的各個角落愈來愈緊密地聯繫起來，使各國政治交往更加頻繁，文化交流更加密切，經濟活動聯為一體，產生全方位的互動，「國別性」的文化特色正逐步淡化。

今天的世界歷史，交往性和開放性日益擴大，與傳統社會的封閉性完全不同了。隨着信息科技的迅速發展和全球經濟的一體化，帶來了信息傳播內容與方式的革命性改變，開闢了文化傳播與交流的新時代，各種思想、觀念迅速傳播，產生相互影響。

22　本部分原創觀點及文稿被用於施仲謀、蔡思行：《香港中華文化教育·跋語》（香港：商務印書館，2020 年），二、〈應對全球化〉，頁 307。

在新的時代格局下，地域空間的限制愈來愈顯得無足輕重，各個民族和國家的文化交流日益加強，無論其文化歷史背景如何，處於何種發展階段，政治社會制度如何，都不可能完全孤立於世界的進程之外。這不僅對各國的社會、經濟、政治產生深遠的影響，形成新的發展理念，同時也將改變人們固有的思維方式以至價值觀念，物質和精神面貌將會煥然一新。

（二）和諧‧並存‧共生

古語云：「萬物各得其和以生。」（《荀子》）「天地和合，生之大經也。」（《呂氏春秋》）「和者，天地之正也。」（《春秋繁露》）「和合」的意思也就是和衷共濟、兼容並包、協調萬物的意思，在人類走向全球化的今天，益顯其重要的時代意義。

和合的前提，是有容乃大的胸襟。能接受對事物的不同看法，使對立的事物從矛盾走向統一，達致平衡協調的推動力。

人類社會的進步，往往是建基於相互制約、相輔相成、平衡協調的狀態，實現多元並存，前提就必須有和諧的社會基礎。當然，古人所說的「和合」，並不否認矛盾的存在，所謂「君子和而不同」，本就不必強求一致，而是通過克服矛盾，以形成總體上的和諧狀態。求同存異，首先就得承認差異，在不同的基礎上形成和合。換個角度說，和諧是目的，沒有差異，沒有多元化，就難言真正的和諧。

事物的差異性本是客觀存在的事實，正因為和而不同，不同國家、不同民族、不同群體，乃至不同個體，才能和平共處。《中庸》說得好：「和也者，天下之達道也，致中和，天地位焉，萬物育焉。」

　　競爭同時也意味着衝突，尤其是在經濟全球化的時代，文明碰撞，是當代文化發展不可避免的課題，它「包含着統一與多元，整合與分化、世界化與本土化等各種矛盾」[23]，然而，與其他民族交流，相互激蕩，取長補短，乃文明發展的方向，任何一個國家的發展都不能再像過往閉關自守，拒絕與外界接觸。和合思想，在這關節上，就恍如一輪潤滑的齒輪，在國與國的衝突中，雖然不一定可完全化干戈為玉帛，但卻盡可能消彌烽煙於無形。

　　中華文化固有的優良傳統，如和而不同的包容胸懷、自強不息的文化精神、天人合一的終極關懷、仁孝禮義的道德理想、追求和平的淑世精神等，其超越時代的價值，在這裏是不消多說的。

　　文化的全球化，也就是在承認中西文化、以至其他文化的多元格局下，互動共創，使文化的精華超越狹隘的民族主義，成為人類共享的財富，從而達到更廣闊的世界意義。

七、結語

　　全球化驅使不同文化、不同民族交融一爐，然而，文化全面的交流和借鑒過程中，也意味着前所未有的文化衝突危機將伴隨而來，它「是一個文化趨同與文化多元互動的時代，也是一個機遇與挑戰並存的時代」[24]。

　　由於不同民族具有不同的歷史傳統，使各個文化體系具有特殊性和差異性。民族文化之間的摩擦以至衝突，作為文化融合的

23　喬昭印主編：《世界文化史》（上海：華東師範大學出版社，2000年），頁579。

24　羅成琰：〈全球化背景下中國文化的創新〉，載中國文化課題研究組：《全球化背景下中國文化競爭力研究》（北京：中國時代經濟出版社，2004年），頁94。

前提，似乎是不可避免的。

　　人類在經過兩次世界大戰的硝煙洗禮後，當明白戰爭並非解決問題的根本方法，卻恰恰是下一場爭鬥的的肇因。面對文化全球化的複雜情勢，無論哪一種民族文化，都不應把自己視為文化的霸主，產生排他性的狹隘思維。

　　「海納百川，有容乃大。」尊重不同文化的存在，不僅是中華文化發展的生生不息之源，也是面對多元文化格局應有的胸襟。在和而不同的基礎上，更能賦予人們廣闊的文化視野，用一種冷靜平和的心態來審視文化的長短優劣，通過對比，加深認識，達至優點互補，從而推進文化長遠的發展。

　　同一個世界，同一個理想。當二十一世紀的鐘聲敲響時，也意味着全球化時代離我們愈來愈近。人類的文化，在未來時代將何去何從？中西文化，又可如何為未來社會的繁榮和穩定做出貢獻？費孝通說得好：「各美其美，美人之美，美美與共，天下大同。」

　　「東西方文化相互趨近與多元共生」作為世界歷史發展的一個全新階段，無可置疑，機遇與挑戰並存。但我們相信，在中華文化、西方文化等多元文化格局合力共振的基礎上，相互溝通、理解和融合將為新時代譜寫出更動聽的交響樂，在繁花似錦的天地，邁向人類共同的夢想。

承傳與創新：廿一世紀中華文化普及教育研究

　　中華文化的普及化是全球華人以至海外漢學圈共同關心的課題。文化教學的目標是使我們的下一代增進對優秀中華文化的認識、反思和認同，提高獨立思考能力，培養正確的倫理道德觀念，並為進行文化思辨、衡量傳統文化對當今世界的意義奠定基礎。強調中華文化並非要主導潮流，而是希望去蕪存菁，發揮優秀元素，挖掘不足之處，與歐美等多元文化交流對話，達到互補互動格局，促進人文世界的繁榮共振發展。但文化教學具體應怎樣進行？其核心教材應怎樣制訂？小學、初中、高中、大學的文化教學，應如何因應不同學習階段和學生的認知能力而循序漸進？本文旨在對筆者於 2003-2013 年借助香港大學為基地，所提倡的「中華文化世紀工程」及原創性創建的「普及理論和實驗模式」，作出全面的總結，正本清源，以供學界參照，促進廿一世紀全球中華文化教育的實施。

一、切入研究的內核

　　我對「中華文化教育新構想」成型於 2002 年，專力撰寫成〈中國文化的漸進式和系統化研究〉，文章化用了解構主義的方法，「化整為零」，把中華文化普及教育分成四個階段性和切入

點，通過「漸」「進」式的普適性演繹層層深入，而又使相互關聯，一脈相承，最終而達致「系統化」。期望理論具實踐的可操作性，尤其是文化教育。2004 年論文宣讀於「華人地區漢語教學國際學術研討會」，2005 年發表於朗文《語文教學》學刊[1]。「中華文化世紀工程」的正式提出則是 2008 年〈中華文化擷英・中華文化的過去、現在與未來〉出版的時候。研究基點，則以香港中華文化教育展開，借助香港大學的國際平台，從 2003 年發起，至 2013 年，為期十年。但研究思想的緣起，則要追溯至 1996 年我的預科學生時代了。

1992 年，香港中學的六、七年級正式設置了「中國語文及文化科」，這個課程是香港中文教學的一次全面創新，也填補了幾十年大學預科中國語文課程的空白。本課程除測試學生的閱讀和寫作能力外，也考核聽力和說話的表現，並兼顧課外閱讀成績的考查。它改變了以往只把語文視為工具的偏向，同時強調中國傳統思想文化，且屬必修必考課程，實是一大突破。

中國語文及文化科的宗旨，開宗明義是「增進學生對中國文化的認識，啟發學生的思想，培養學生的品德，使能建立正確的價值觀，加強對社會的責任感。」並指定以下六篇文章為閱讀教學的主要內容：

（一）唐君毅：〈與青年談中國文化〉

（二）毛子水：〈中國科學思想〉

（三）韋政通：〈中國藝術精神〉

1　《語文教學》（香港：朗文教育，2005 年），第 29 期，頁 32-37。

（四）金耀基：〈中國傳統社會〉

（五）殷海光：〈人生的意義〉

（六）吳森：〈情與中國文化〉

1996 至 1997 年是筆者參加高考前的預科階段，中國語文及文化科為大學入學必修科。從總體上觀照，六篇文章涵蓋了中國政治、社會、思想、科技、藝術等各個範疇，但由於學生在中、小學階段對中華文化的認識不多，基礎較薄弱，一開始便接觸這些偏於理論層面的宏篇鉅製，能真正感悟的着實不多；再加上該科教學大多由中國語文科教師兼任，教師對文化知識的涉獵，深淺寬廣程度不一，教學成效並不顯著。我們文科班還算不錯，有中國歷史科可選，我個人又有中國文學的加持，讀得很是享受，但理科班普遍就很吃力了。我的中學母校是香港皇仁書院，據我觀察和了解，此科對很多理科的狀元也不討好。我開始意識到問題的根本所在。

香港中小學的中國語文教學，一向較為強調語文能力訓練而忽視中華文化的傳承。直至 1990 年的課程綱要，始正式要求「培養學生對中國文化的認識」。2001 年的課程指引，將語文學習分為閱讀、寫作、聆聽、說話、文學、中華文化、品德情意、思維及語文自學等九個範疇，目標才算比較完整；並對中華文化教學提出三個學習的層面：認識、反思、認同。其學習目標有四：

（一）增進對中華文化的認識，提高學習語文的興趣和語文能力。

（二）對中華文化進行反思，並了解其對現代世界的意義。

（三）認同優秀的中華文化，培養對國家、民族的感情。

（四）在生活中體現優秀的中華文化。

中華文化博大精深，認識甚麼？反思甚麼？認同甚麼？小學、初中、高中以至大學各學習階段如何具體落實？各學習階段的知識元素如何組成一個系統完整的知識鏈，體現由簡單到複雜、由淺入深的螺旋式學習模式？這方面課程綱要並沒有提出具體的建議，亦鮮有人對此作出深入研究，更遑論具體的教學大綱、文化教材和教學模式了。

2003 年前後，我開始參與中學語文教科書的大量編撰工作，主力負責中華文化撰寫的部分，其中得與商務印書館香港教育圖書公司的多位同仁切磋，尤其是家父杜振醉的指引和督導，全面深入系統地了解教育局有關語文課程的文件，尤其是九個範疇之一的中華文化，於是在腦海中衍成系統的教學思路，初小、高小、初中、高中以至大學的數個環節，循序漸進，在後來的十年間完成從理論到實踐的過程。

二、構建心得：文化轉移模式

中華文化教學的範圍非常廣闊，小學、初中、高中、大學各階段學生的興趣和能力發展亦各異；因此，制訂一套配合不同學習階段的教學大綱，以作為整體的指導方向，實在是當務之急。一個漸進式和系統化的教學模式應如何運行？

文化轉移，理實並重。深信任何教育理論如果實踐不了，都只會是空談，人文教育應力求做到「飛入尋常百姓家」，我們固然看重純學術研究的重要性，但如若純學術研究和現實應用

能互為表裏，互相轉化，互相結合，產生社會效益，是多麼令人鼓舞的事情。近幾年來，高校已開始重視知識轉移（Knowledge Exchange）的發展，扣緊應用，甚至把研究成果商業化，以發揮重大社會影響力。從學術而普及，實任重而道遠，工程由學者來操理，但又不能孤芳自賞，而必須裁剪得宜，調理有度，學術性、普及性、趣味性、知識性、思辨性，兼而有之，其實這個調適過程（Adjustment Procedure）本身就是一項巨大的挑戰。人文的研究畢竟不是純為幾個人而寫，而是建基在普羅讀者的廣泛效應。故漸進式和系統化理念的生成可以說亦是建基在可付諸實行的前提上，以科學的系統經營方法回饋理論的階段性達成，終成一體，筆者綜之為「文化轉移模式」（Culture Transfer Mode），以重新詮釋中華人文，應對全球化的多元格局。

實踐的法徑在「動」「靜」互動配合的基礎上，貫穿於（一）制訂教學大綱；（二）規劃文化教材；（三）實行教學實驗；（四）動態活動配合。經過嚴謹廣泛的諮詢過程後，以試教實驗的動態進行驗證，再同時輔以各種活動，從身邊的素材入手，由親身感驗而認知，調動學習。「十年樹木，百年樹人。」在科技時代，這是最好的發展時機，結合網絡資源、繁、簡、英版本的網售及推廣，其延伸效益將無遠弗屆，而始於當下的香港中華文化教學實驗。

美國著名教育家約翰・杜威（John Dewey）提出「經驗學習」、「從做中學」的概念，美國著名組織行為學教授大衛・庫伯（David Kolb）進一步發揮，提出「體驗學習圈」理論，認為文化學習是由具體體驗、反思觀察、抽象概括到行動應用等四個階段所組成螺旋上升的完整過程。將個人、社會及人文教育的學習置於不同的時間、地方、制度、文化及價值體系之中，學生透過研習不同的範疇，反思這些情境中出現的行為、事件和議題，得以探究現今實況、明白與過去的關連及思考將來的種種可能性。香

港在對西方文化的吸收、創新及轉化層面，留下許多具有價值的探討內容，從中可見其與西方文化的共融及多元化的特性。因而緊扣本土文化和西方文化元素，擷取中華文化素材，聯繫學生的生活實踐，定能適合時用。

　　強調「反思」後的「認同」，這也是我們在具體操作過程中，雖然強調「承傳」、「啟蒙」，但時刻緊記「擷英」、「導讀」的客觀持平，有別於純粹的「國粹派」或「洋學派」一脈。箇中行文及論點，每費多番權衡斟酌，而猶感未盡完美。

（一）制訂教學大綱

　　以下是一些框架性的想法。

1. 中華文化教學在中、小學目前不必設科，它可以作為中國語文科的一部分。因此教學大綱必須配合中國語文課程的實施。長遠而言，可以在資源、教材允可下獨立設科。

2. 顧問團隊由大學相關院系人員組成，以專司其事。顧問成員包括中華文化、課程學、教育心理學等專家學者、教育官員、校長、前線教師等。如果對象不限於香港，而希望推廣至其他華人地區，則顧問委員應包括中國、新加坡、泰國、印尼、菲律賓、美國等國家及台灣、澳門等地區代表。

3. 具體大綱以顧問委員會的意見及老師、學生的迴響作綜合研究確定。研究和編寫團隊制訂大綱之前，先以問卷方式作意見調查，充分考慮學科本身、社會、師生、家長的需求，同時結合顧問委員會和編審的意見，集思廣益，逐步修訂、完善。

4. 以學生為本，適切性為原則，力求符合不同學習階段的
需要。

5. 以探討問題的形式引導學生學習和啟發學生思考。

6. 所選知識點以學生在每個學習階段應該掌握的為原則。

7. 教學目標分認識、反思、認同三個層面，每個學習階段的
側重點應有所區別，以配合實際情況。

（二）規劃文化教材

文化教材的編寫必須針對不同學習階段而有所側重，以初中
和高中為例，初中可從文化知識的「面」鋪陳，較側重對基本文化
知識的掌握；高中學生已具有一定的文化基礎，可相對側重「反
思」，在「面」的基礎上進入點的「專門化」探討，有機地結合「獨
立思考」元素。這樣，學生在完成中學的學習階段後，才能達到
「點面俱圓」的目標。

無論是哪個學習階段的文化教材，都應該採取以下原則：
（一）文化味、生活化並重。（二）趣味性、知識性、可讀性兼具。
但具體程度，則需根據不同學習階段而有所區別。如小學的文化
學習內容，應特別着意趣味性，以引起小學生的學習動機；初中
趣味性和知識性宜有所平衡；高中則可較側重知識性與思辨性。
而小學和初中以認識基本知識為要，反思部分不能硬銷，避免說
教；高中則可相對注重反思部分。

以下為文化教材的若干編寫原則：

1. 內容的深淺應符合學生的程度。

2. 內容與品德情意的培養結合。

3. 透過輕鬆活潑的敘述筆調介紹文化知識。

4. 透過深入淺出的評論風格引導學生思考和分析。

5. 圖文並茂，以提高學習的興趣。

6. 採用鮮活的形式作主題介紹，使學生積極自學。

（三）實行教學實驗

為保證文化教材能適應不同學習階段的確切需要，教學實驗是不可或缺的。我們知道，文化教學內容的深淺程度拿捏是否準確，以學生的反響最能得出結論。因此，實驗的目的也就是為難以確定的文化點找出立項的根據。而這個實驗，必須建立在一個系統化的評估基礎上。具體評估方法安排如下：

1. 對文化教材素質的評估

對文化教材素質的評估是指對大綱內容和撰寫方式等方面的評價。評估的方式以「質性」進行，分階段性，最終達致總結性的評估。方式如下：

（1）要充分考慮學生的意見，做到以學生為本。方法是根據學生的評估成績、讀後感及讀書報告等作「質性」的綜合分析，以改進教材不足之處。

（2）專設問卷。在完成每一實驗單元後，向學生和教師蒐集修訂的意見，意見經綜合分析後，再諮詢專家，以達致總結性的評估。

2. 對學生學習成效的評估

　　學習成效的評估是從「量性」的研究方式進行的，分階段性，最終達致總結性的評估。分述如下：

　　（1）學習成效可從多次的評估中得出。評估由教師在課堂上進行。教師擔當推動和監督的角色。但為了減輕老師的負擔，收回的評估試卷可交由研究人員批改，並存檔以作量性的統計分析。

　　（2）配合階段性的評估。在正式進行實驗前先進行一次「摸底測試」，評估學生的文化程度，最後再進行一次實驗後整體性的評鑒測試。

　　（3）為了保證文化教材的代表性和適切性，根據學生的評估成績統計分析後，逐步進行反覆修訂。

（四）動態配套教學

　　除了制訂文化教學大綱、編寫文化教材和進行教學實驗作為重點項目外，十年來，我們以教師——家長座談會、教師工作坊、學生工作坊、常識大賽、文藝導賞、文化講座、田野考察、文學散步、文化徵文、經典誦讀等大小各類活動全方位配合，次數逾三十場，以鼓勵學生主動參與，從活動中學習優秀的中華文化，並着重啟導他們思考文化問題和提高思考能力。

　　筆者在撰寫計劃書時，上述活動形式的可行性也作了階段性的安排及設計，視乎實際情況和學生能力高低的導向，貫穿「經驗學習」、「從做中學」的理念，以調動學習的興趣。

　　中華文化源遠流長，涵蓋面廣，文化學習項目眾多，實難在課堂內和活動中逐一處理。所以教師宜啟導學生自學，善用不同的媒體，幫助學生學習。因而，由香港大學研究人員和技術人員建立的「中華文化教與學」網站，適時建立起來，屬香港大學研發

和教育局擁有，但資源則廣開給全體學生和社會人士。

三、五段式：漸進式・系統化

（一）初小階段：經典誦讀 —— 啟蒙式 [2]

　　小學的基礎教育，影響學生一生至為深遠。經典是基礎教育的基礎，意義尤其重大。從小培養學生的誦讀興趣，以提高其文化感悟和語文能力，實為當務之急。優美的經典、詩文，是最佳的誦讀材料。學生通過正確、流利而有感情的朗讀，口誦心惟，不但可加深他們對文化的理解和鑒賞能力，還可培養閱讀興趣，提高口語和書面語的表達能力，並煥發想象，促進思維發展。我們認為，傳統美德，如愛心、尊重、誠實、勤奮、堅毅、謙讓、包容等，是中華文化的核心價值，應該從小培養，以建立良好的思想品德和積極的人生態度。朗讀時，聲入心通，學生會對作品中雋永的語言，留下深刻的印象，潛移默化，潤物無聲，得到品德情意的熏陶。我們選材時，儘量涵蓋經、史、子、集最具代表性的篇章，文化內涵豐富，思想內容健康，聯繫生活實踐。

　　初小文化讀物乃建基於經典、易讀、易懂、易記四個基礎上。其演繹模式既不同於初中的「知識小品文」模式，也非高中的「評論小品文」模式，而是和高小的誦讀模式一脈相承的，但具體教學內容又有所區別。高小選材儘量涵蓋經、史、子、集最具代表性的篇章；童蒙書籍如《三字經》、《百家姓》、《千字文》、《弟子規》、《孝經》，格言諺語如《朱子治家格言》、《增廣昔時賢文》，以及較淺易的詩詞童謠等，我們在製作高小實驗教材時就作了全

2　參《中華經典啟蒙・篇目》（北京：北京大學出版社，2011 年）。共擷選經典 84 篇。

盤觀,已預留作初小階段的誦讀材料。我們採用「誦讀經典」的啟蒙模式,依據文化內涵豐富、思想內容健康、語言精練優美、易讀易誦易記、聯繫生活實踐等五項原則,摘錄經典原文中的片段和選取詩詞韻文;然後分門別類,加入注釋、語譯、分析、誦讀指導、提取文化要點。再配以全新的演繹方式,通過輕鬆活潑的敘述筆調介紹文化知識;圖文並茂,啟蒙學生自學;通過深入淺出的評析及點撥式的提問引導學生思考和分析;以撰擇、判斷、填充、配對等命題方式進行評估,提高學生學習興趣;並設計朗誦示範配套光盤,輔助學生學習,使學生易學易記,通過誦讀,穩固積累,奠定文化及語言功底。《中華經典啟蒙》朗誦示範配套光盤分粵普兩種,當年筆者利用整個暑假時間,親自審音度律,錄音三番四選後,雖然還不能說完美無瑕,但整體上質素也還不錯。

「初小經典誦讀篇章」選材指引:

1. 選材分三部分:

(1) 小學一年級探討人與家庭、學校、朋友等的關係。

(2) 小學二年級探討人與社會、國家、世界等的關係。

(3) 小學三年級探討人與生命、自然、宇宙等的關係。

2. 選材來源:

(1) 童蒙書籍:《三字經》、《百家姓》、《千字文》、《弟子規》、《聲律啟蒙》、《幼學瓊林》。另有《孝經》、《朱子治家格言》、《增廣昔時賢文》等。

(2) 較淺易的詩詞曲,如《詩經》、《千家詩》等。

3. 選材數量：

(1) 小學一年級 26 篇，其中蒙學佔 7 篇（27%）、詩詞曲佔 19 篇（73%）。

(2) 小學二年級 28 篇，其中蒙學佔 10 篇（35%）、詩詞曲佔 18 篇（65%）。

(3) 小學三年級 28 篇，其中蒙學佔 7 篇（25%）、詩詞曲佔 21 篇（75%）。

4. 篇數和字數：

(1) 每篇文章摘錄兩首詩歌。

(2) 字數約 80 字以內。

（二）高小階段：經典誦讀 —— 引導式 [3]

延伸初小研究的精神，高小文化讀物同樣建基於經典、易讀、易懂、易記四個基礎之上，採用「誦讀經典原文」的引導模式。高小的經典及散文多為節錄，詩詞亦以簡短為主。入選的篇章，力求語言精練生動，聲調鏗鏘優美，宜於誦讀。選材分三部分：第一部分側重人與家庭、學校、朋友等的關係；第二部分側重人與社會、國家、世界等的關係；第三部分側重人與生命、自然、宇宙等的關係。至於若干篇章，文辭或略嫌艱深，但並不要求學生完全理解；只需略懂大意，熟讀成誦，待將來知識增長、人生閱歷豐富了，再仔細體會。最後，為配合語文科的朗讀教學，設廣州話及普通話的誦讀錄音。參考有關文獻，適當採用一般讀

3　參《中華經典導讀・篇目》(北京：北京大學出版社，2010 年）。共擷選經典 100 篇。

音；普通話儘量根據統讀規定，但也保留了一定的古音。《中華經典導讀》朗誦示範配套光盤同樣分為粵普兩種，利用另一個暑假時間，親自審音度律，三番四選後才敲定下來。

高小選材共 100 篇，選材數量分佈如下：

1. 四書 20 篇（20%）。

2. 五經 12 篇（12%）。

3. 散文 34 篇（34%）。

4. 詩詞曲 34 篇（34%）。

（三）初中階段：單元學習 —— 知識小品文式 [4]

配合中國語文科中華文化的教學目標，初中中華文化的 24 個單元內容，讀者目前所看到的《中華文化承傳》成品，已是經過多個修訂稿過程而來。訂定 24 個範疇如下：

中一	1. 神話故事	2. 民間傳說	3. 社會習俗	4. 傳統節日
	5. 河山風貌	6. 名勝古跡	7. 情操禮儀	8. 康樂文娛
中二	9. 飲食文化	10. 工藝服飾	11. 語言文字	12. 修辭語彙
	13. 倫理道德	14. 經濟貿易	15. 交通傳訊	16. 科學技術
中三	17. 文學作家	18. 名篇佳作	19. 藝術欣賞	20. 人文教化
	21. 治亂興衰	22. 歷史人物	23. 學術思想	24. 宗教信仰

文化讀物的編寫原則如下：

4 　參《中華文化承傳・篇目及詳細大綱》（北京：北京大學出版社，2006 年）。共擷選 222 個子題。

1. 內容的深淺程度切合初中學生的心智發展水平。

2. 文化知識的學習與品德情意的培養相結合。

3. 在介紹文化知識的同時，輔以探究性的問題，啟導學生進入文化反思和認同的層次。

4. 以「知識小品文」的體裁，透過輕鬆活潑的敘述筆調介紹文化知識。

5. 圖文並茂，以提高學生的學習興趣。力求做到趣味性、知識性、文學性、思辨性與現實性兼具。「趣味性」目的是激發學生的學習動機，使學生積極主動地學習；「知識性」用以引導學生了解中華文化，並掌握其菁華；「文學性」是指善用詩詞韻文、警語名句貫穿文章，以富有文學色彩的筆墨感染學生，引起共鳴；「思辨性」在於引領學生進行反思，認同中華文化，讓傳統文化的精神叩開學生的心扉，增強民族自尊和自信；「現實性」則用來拉近學生生活，將「知」與「行」結合起來，在生活中體現優秀的中華文化。

（四）高中階段：專題探討 —— 評論小品文式[5]

高中中文科的文化學習是初中課程的延伸和深化。從學生的認知能力出發，初中從文化知識的「面」鋪陳，較側重對基本文化知識的掌握；高中則在「面」的基礎上進入「點」的「專門化探討」，有機地結合新課程強調的「獨立思考」的要求。這樣，學生在完成中學的學習階段後，就能達到「點面俱圓」的目標。讀者

5　參《中華文化擷英・篇目及詳細大綱》（北京：北京大學出版社，2008 年）。共擷選156 個子題。

目前所看到的《中華文化擷英》成品，也是經過數易修訂稿過程而來。高中中華文化八大研習專題內容如下：

| 1. 政治與發展 | 2. 經濟與生活 | 3. 文學與人生 | 4. 藝術與審美 |
| 5. 科技與文明 | 6. 倫理與教化 | 7. 思想與社會 | 8. 傳承與交流 |

研究在宗旨、深廣度和形式方面都具有全新的元素，一方面注意與初中的銜接，另一方面從高中學生的認知能力出發，設立相應的專題，兼顧其思辨性及批判性。研究人員本着中國語文科「學會學習」、「廣泛閱讀」、「寓文化於語文學習」和「跨學科學習」的宗旨，在制訂文化學習大綱和設定範圍後，依此編訂合適的中華文化專題閱讀材料，並組織學校進行教學實驗，根據教師和學生的意見進行修訂，再結合專家學者的意見，不斷完善，以提高其「科學性」和「可讀性」。文化教材的內容是否拿捏準確，以前線教師與在學高中生的回響最能得出結論，實驗教學為難以確定的文化點找到了立項的根據，使其更具代表性。

文化讀物內容的深淺程度力求切合高中學生的心智發展水平，並與品德情意的培養相結合；在介紹文化知識的同時，輔以中肯的評論性筆觸，啟導學生進入文化思辨和認同的層次；文章體裁則採用「評論式小品文」，透過輕鬆活潑的評述筆調介紹文化知識，並輔以圖片，以提高學生的學習興趣。本書力求做到學術性、知識性、思辨性、趣味性兼具。「學術性」是指吸收當今學術研究的最新成果，進行綜合分析，中肯、客觀地審視和評價中華文化。「知識性」目的在於引導學生了解中華文化的精粹，並認識其不足；「思辨性」在於引領學生進行反思，認同優秀的中華文化，有所批判地繼承；「趣味性」目的則在於激發學習動機，使學生積極主動地學習，引起共鳴。從微觀的角度而言，是項研究

只為中國語文科中華文化範疇的課程設置、教學大綱、教學內容作出探討；從宏觀的角度而言，則是重新整理、審視、評價中華文化，實為中華文化走向現代化不可或缺的一環。因之，從初中進一步推及高中，深化文化知識點和文化思辨，以體現不同學習階段的不同學習目標。

（五）大學階段：主題探究 —— 專研論文式

學生在中、小學階段已經接觸過不少中華文化了，大學階段還要學習嗎？答案是肯定的。大學階段是中華文化課程的深化階段，包括一些較專門的課程，如傳統政治與現代社會、傳統思想與現代化、經濟發展與現代化、中國科技與文明、中國文學藝術專題、中西文化交流等焦點課題，可由相關院系提供「核心」的「基本」課程，以貫徹終身學習的目標。而以爭辯性的探討會、論壇式、研討會協調進行，以「國學與漢學」、「傳統與現代」、「中與西對話」，培養頂尖人才，將研發工程昇華。

大學當然不應像中小學般，只有主線相對清晰的教科書，而更應百花齊放，多元並進，強調獨立思考，深度認識文化的優點和缺點。不同學者儘可提供己見，在普及文化教育基礎上再加強理論的提升、內容的深化。本書的產生也正是在這前提上。

中華文化博大精深，路何其漫漫！於學術層面，更是深不見底，各方學人自應持之以恆。

四、過去、現在與未來的思考

「歷史如人一般，永不停步。」中國具有數千年的悠久文化傳統，在人類的文明進程中作出了突出的貢獻，刻下了深深的烙

印。未來的中華文化，又將何去何從呢？中華文化，如何不斷充實自己，延續歷史的光芒，卓立於世界文化之林呢？

（一）古今中外，會通化成[6]

總結過去，是為了開創更美好的未來。

以開放的胸襟迎接、吸納新的文化要素是應有的前提。新的中華文化既不是固守傳統，也不是照搬西方的思維模式，而是要在中國固有文化的基礎上建立起來，體現時代精神的新文化。在吸收不同的文化優點時，誠如蔡元培所言：「非徒輸入歐化，而必於歐化之中為更進之發明；非徒保存國粹，而必以科學方法，揭國粹之真相。」[7]

中西文化，互有長短，擷取「華梵聖哲之義諦，東西學人之所說」，互補不足，正是最佳的途徑。

而「欲求超勝，必先會通」[8]，兼通中西之學而折其衷，高瞻遠矚，面向世界，非盲目地信古、復古。它不是把傳統文化全盤接收或全面否定，而是要甄別糟粕和精華，然後進行正確的取捨，發揚其優良特質，古為今用。

作為一個文化積澱深厚的國度，文化傳統的「斷裂」，事實上是不可能、也是做不到的；而倡導文化傳統的現代意義，「並非認為傳統文化與現代沒有任何衝突，可以原封不動地保存下來，

6　本部分原創觀點及文稿被用於施仲謀、蔡思行：《香港中華文化教育‧跋語》（香港：商務印書館，2020 年 9 月），三、〈展望〉，頁 310-311。

7　〈北京大學月刊發刊辭〉。

8　〈明史‧徐光啟傳〉。

而是立足現實，從傳統文化中汲取可以為今天所用的東西。」[9] 適時應務，合力共振。

（二）多元格局，互補互動 [10]

掀開人類文化的歷史，我們清楚看到，中西文化的交匯與碰撞，有着悠久的足跡。十八世紀前的西方特別推崇中國，中華文化一直居於世界文化的領先地位，亦對世界文化的進展起着積極的影響。而自十九世紀中葉後，中國由於政治、經濟和社會等因素，內憂外患並生，中華文化隨着中國國際地位的每況愈下，益顯其不足之處。於是，近一百多年來，西方文化主導了世界文化的歷史進程。

如今，隨着中華民族的和平發展和中華文化圈的形成，中西方正向更平等的交流平台邁進。

這是千年難得的機遇。通過相互借鑒和交流，中西文化最終正可達到共同擔負人類未來，開創人類文化的新路。

從文化傳統來看，悠久的中華文化既有落後的一面，也積澱了優秀的恆久價值，雖經歷史的洗禮而不減其光澤。比如，和而不同的包容胸襟、自強不息的文化精神、天人合一的終極關懷、仁義禮智的道德理想、追求和平的淑世精神，等等，這既是中華民族的財富，也是傾向於工具理性、科技主導、經濟實利的西方文化較欠缺的，正可彌補西方文化的不足；而西方文化如重視民主、自由、科學、法治之精神，極具時代意義，是過去倫理型的

9　參張岱年、張克立主編：《中國文化概論》（北京：北京師範大學出版社，2004 年），頁 361。

10　本部分首四段原創觀點及文稿被用於施仲謀、蔡思行：《香港中華文化教育・跋語》，二、〈應對全球化〉，頁 307-308。

中國社會較忽略的，則可通過轉化和吸收，成為刷新中華文化的寶貴資源。

中華文化的不足之處，我們則必須格外注意。

未來的中華文化，誠如牟宗三、徐復觀、張君勱和唐君毅在〈為中國文化敬告世界人士宣言〉所展望：

> 是要使中國人不僅由心性之學，以自覺其自我之為一「道德實踐的主體」，同時當求在政治上，能自覺為一「政治的主體」，在自然界知識界成為「認識的主體」及「實用技術的活動之主體」。[11]

這也就是說，中華文化既需要道德實踐的主體內涵，也需要民主、科學和實用技術相輔相成，以使中華文化的發展更加全面。

在中國，政治對文化的影響殊深。傳統中國社會，提倡德治、仁治，推行倫理政治型管治模式，這是有其時代的合理性的。但隨着時代的進展，民主制度的逐步建立，是自然發展的一個過程。

中國古代科學，曾對世界文明進程作出突出的貢獻，但在近代，卻給西方國家遠遠拋離了。「科技興國」，所興者必然引動人們觀念的興替更新。

「法乃國之本。」蘊含公平、公正、公開的法治精神，其普世的價值不言而喻。傳統中華文化法治實行較為薄弱，有待加強。

西方文化中如重視民主、自由、科學、法治之精神，是過去倫理型的中國社會較為忽略的。這些可貴的精神元素，可通過循

11　牟宗三、徐復觀、張君勱、唐君毅：〈為中國文化敬告世界人士宣言—我們對中國學術研究及中國文化與世界文化前途之共同認識〉，發表於 1958 年。

序漸進地轉化及吸收，成為刷新中華文化發展的資源。

五、中華文化世紀工程的提出 [12]

圍繞中華文化的研究工作，自五四新文化運動至今，已經走過一個世紀的歷程。如今，海內外的「中華文化熱」方興未艾。

二十世紀八十年代以後，學者紛紛參與了中華文化討論，各種不同的觀點、理論和主張，以多維視野反省中華文化，審視世界文化，思考中西文化的多元互補格局，促進了文化觀念的更新，形成一種熱烈的思辨風氣。其最終目的，正是為中華文化的未來探索一條適應時代變化的可行之道。

也正是基於這一認識，二十一世紀伊始，本着香港在地理上的優勢，以香港大學中文學院漢語中心為基地，聯同香港中華文化促進中心等機構，並邀請海內外教育界、文化界和出版界資深人士擔任顧問，正式啟動中華文化世紀工程，全面研究及落實中華文化的普及教育。這個工程，從小學、初中到高中，以至望為大學，由淺入深，設置中華文化各個階段不同的學習內容，從而建構漸進式和系統化的文化學習模式 [13]，希望使我們的下一代從小

12　本部分首四段原創觀點及文稿被用於施仲謀、蔡思行：《香港中華文化教育‧跋語》，三、〈展望〉，頁 311、313。

13　2003-2013 年，筆者提出規劃藍圖，並分階段執筆撰成五個完整計劃書，借助香港大學中文學院漢語中心，通過香港特區教育局優質教育基金審批，包括「初小中國語文科中華文化教學研究及實驗計劃」、「高小中國語文科中華文化教學研究及實驗計劃」、「初中中國語文科中華文化教學研究及實驗計劃」、「高中中國語文科中華文化教學研究及實驗計劃」（以上四份計劃書文稿被用於《香港中華文化教育》第二章，「中小學中國語文科中華文化教學實驗」，共分四節，頁 101-171）、「香港傳統文化教學研究及實驗計劃」（文稿被用於《香港中華文化教育‧跋語》，一、〈立足本地傳統文化〉，頁 304-305）。

就增進對優秀中華文化的認識、認同及最重要者：反思，提高獨立思考能力，培養正確的倫理道德觀念，並為衡量傳統文化對當今世界的意義奠定基礎。

文化的發展是不可能一蹴即就的。中華文化要以其嶄新的面貌展現於今日世界，在全球化時代發揮應有的作用，就始於我們當下的共同努力。

前文提過，中華文化世紀工程的正式提出已是 2008 年〈中華文化的過去、現在與未來〉出版的時候了。當時具體操作正進行得如火如荼。隨着筆者分階段撰寫的四個計劃書由香港教育局優質教育基金正式立項，在海內外顧問和編審、研究和撰寫團隊的共同努力下，四部全十冊的的系列成品繁簡字版《中華經典啟蒙》（初小）、《中華經典導讀》（高小）、《中華文化承傳》（初中）、《中華文化擷英》（高中）相繼由北京大學出版社出版，並向海內外發行。可以說，如果沒有海內外專家顧問、編審、研究及寫作人員的通力合作，每一部著作的每一篇原創稿件，根本難以彙編專書。其中，《中華文化承傳》出版後不久即獲國家新聞總署頒全國青少年百種優秀圖書獎，英文版於 2009 年獲北大國際合作部撥發基金，啟動英譯工作，由北大組織人員及主力推動，但過程並不甚順利。此期間，筆者因專注於教授港大國際生 Exploration of Major Cultural Themes across Chinese History，2018 年又出訪新加坡國立大學，負責面向全大學的 Chinese Heritage: History and Literature 的教學，因而對於英譯無力多參與。但教學上給我的一個重要訊號是，在全球化時代，英譯中華文化不可或缺，是東西文化對話的基礎條件。故回港後，由編、著到譯、審，承領了其中的下冊及參與全套書的審訂，並將正式出版，推向全球。中華文化的國際化，朝前邁出了一步。本着理論與實際並行，從

學術到普及格局的整合工作，屈指一算，前後已十八個春秋。

六、結語

文化的復興除了需要專家學者的學術研究和爭辯外，還必須配合務實的政治、經濟、科技發展，並建基於普及教育的基礎上，才能真正與時俱進。

梁啟超曾說：「欲新一國之風，必先新一國之民。」民智能開，定能事半功倍。最後，期望海內外文化教育界先進，進一步作深入研究，賦予獨立思考精神，以促進廿一世紀中華文化教學的全面實施，發揚優秀的中華文化，並能認識不足，與西學互補長短，構建文化革新和促進人文世界多元共振的長遠方略。

附錄：文化四部曲

《中華經典啟蒙》（上、下）

　　本書是香港教育局優質教育基金項目，是中華文化工程（第一階段）的研究成果。本階段採用「誦讀經典原文」的啟蒙模式，童蒙書籍如《三字經》、《百家姓》、《千字文》、《弟子規》、《孝經》，格言諺語如《朱子治家格言》、《增廣昔時賢文》共 82 篇節選，以及較淺易的詩詞童謠等，我們在製作高小教材時就作了全盤觀，預留作初小階段的誦讀材料。為配合語文科的朗讀教學，設廣州話及普通話的誦讀錄音，字詞的讀音，儘量根據統讀規定，但也保留了一定的古音。

《中華經典導讀》（上、中、下）（繁體版／簡體版）

　　本書是香港教育局優質教育基金項目，是中華文化工程（第二階段）的研究成果。本階段採用「誦讀經典原文」的引導模式，依據「文化內涵豐富、思想內容健康、語言精練優美、易讀易誦易記、聯繫生活實踐」五項原則，摘錄 100 篇經典原文中的片段和詩詞。選材時，儘量涵蓋經、史、子、集最具代表性的篇章，然後分門別類，加入注釋、語譯，提取文化要點。教材通過深入淺出的評析及點撥式的提問，引導學生思考和分析；圖文並茂，以增強學生自學興趣；並以選擇、判斷、填充、配對等命題方式，進行階段性的評估。

《中華文化承傳》（上、中、下）（繁體版／簡體版）

　　《中華文化承傳》獲香港教育局優質教育基金項目資助，是中華文化工程（第三階段）的研究成果。本書參照中國語文課程大綱及有關文獻，定 24 個範疇共 222 篇，共分三冊。上冊的內容包括神話故事、民間傳說、社會習俗、傳統節日、河山風貌、名勝古跡、情操禮儀、康樂文娛八個方面。中冊包括飲食文化、工藝服飾、語言文字、修辭語彙、倫理道德、經濟貿易、交通傳訊、科學技術八個方面。下冊包括文學作家、名篇佳作、藝術欣賞、人文教化、治亂興衰、歷史人物、學術思想、宗教人生八個方面。本書的深淺符合初中學生的心智發展水準，將文化知識和品德的培養結合起來，做到了趣味性、知識性、文學性兼具。本研究榮獲 2008 香港教育局優質教育基金傑出計劃優異獎，並入選國家新聞總署全國青少年優秀讀物。英譯版已獲批出版基金。

《中華文化擷英》（上、下）（繁體版／簡體版）

　　本書獲香港教育局優質教育基金項目資助，是中華文化工程（第四階段）的研究成果。這套書以新穎的視角、中肯的立論、活潑的文風向讀者展示了中華文化的精粹。本書參照中國語文課程大綱及有關文獻，定八個範疇，分上、下兩冊。上冊是政治與發展、經濟與生活、文學與人生、藝術與審美；下冊是科技與文明、倫理與教化、思想與社會、傳承與交流。本書的深淺符合高中學生的心智發展水準，將文化知識和品德的培養結合起來，做到知識性、思辨性與現實性兼具。本研究榮獲 2008 香港教育局優質教育基金傑出計劃優異獎。

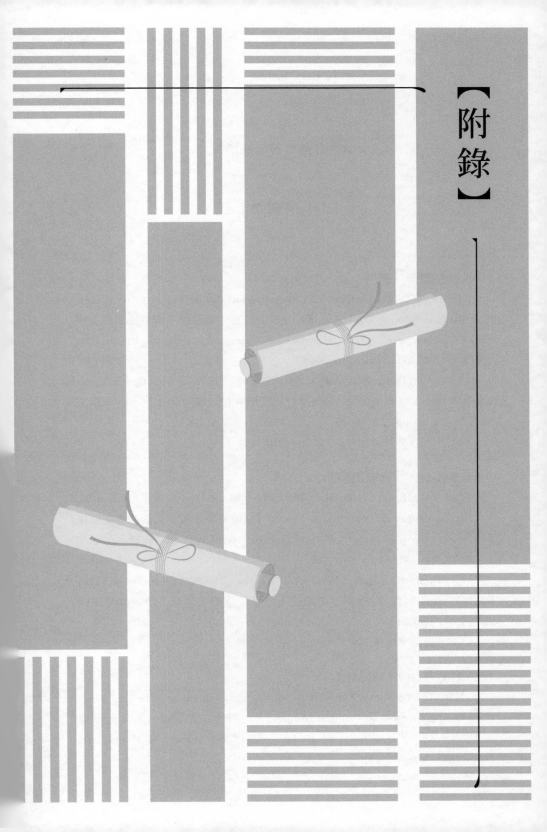

【附録】

附錄一

本書各篇原著發表情況

【小說戲劇】

（一）武俠世界，還看金庸

（1）Y.H. To, "An Integrated Comparison of the Writing Art Attainment: The Red Chamber & Louis Cha's Novel"（紅樓夢與金庸小說的藝術成就探究），*Journal of Humanity*, Hong Kong Society of Humanistic Philosophy, pp.18-25. Vol.141, September 2005.

（2）Complete paper:"An Overall Review: The Red Chamber & Louis Cha's Novel"（《紅樓夢》與金庸小說比較研究），《騰飛歲月：1949 年以來的香港文學》, pp.220-260, School of Chinese Press, HKU.

（3）「香港文學研討會」，2008：香港大學。

（二）紅樓夢，非一般的夢

（1）Y.H. To, "An Integrated Comparison of the Writing Art Attainment: The Red Chamber & Louis Cha's Novel"（紅樓夢與金庸小說的藝術成就探究），*Journal of Humanity*, Hong Kong Society of Humanistic Philosophy, pp.18-25. Vol.141, September 2005.

（2）Complete paper: "An Overall Review: The Red Chamber & Louis Cha's Novel"（《紅樓夢》與金庸小說比較研究）《騰飛歲月：1949 年以來的香港文學》, pp.220-260, School of Chinese Press, HKU.

（3）「香港文學研討會」，2008：香港大學。

（三）牡丹亭中，情為何物

Y.H. To, "A Close Analysis of 'Ganqing' Element in 'Mu Dan Ting' from the Perspective of Cultural Studies"（牡丹亭「情至觀」之文化學發凡），*Journal of Humanity*, pp.10-18. Hong Kong Society of Humanistic Philosophy, Vol.103, October 2004.

【詩詞歌賦】

（一）唐宋詩家 —— 問誰領風騷

Y.H. To, "The Poetic Theory 'Tang Better than Song' Questioned - A Case Study of Cang Lang Shi Hua"（詩之「尊唐抑宋」辯 —— 從《滄浪詩話》說起），*Journal of Zhejiang University*, pp.102-109. Vol.34, No.1, January 2004; also see *CUAA China University Academic Abstracts*, Vol.21, No.2, February 2004.

（二）詩，隨時變成雙刃劍

（1）Y.H. To, "Poetry Legal Case and the Poetic Development in the Northern Song Dynasty"（北宋重要詩案與詩歌轉向），*Journal of Zhejiang University*, pp.168-177. No.3, May 2012.

（2）「第七屆中國宋代文學國際學術研討會」，2011：河南大學。

（三）宋代詞壇的「柳永熱」現象

Y.H. To, *A Critical Judgment of Liu-yong and his Ci Lyrics*（柳永及其詞之論衡），Zhejiang University Press, pp.147-164. December, 2006.

（四）詩壇奇葩 —— 思若三齋詩詞

（1）Y.H. To, "Book Review: Xi-Ruo-San Poetry and Couplet: A Critical Commentary（書評：杜振醉著《思若三齋詩詞對聯集》），Chinese Journal of Xiamen University, pp.229-231. No.4, April 2017.

（2）「新加坡國立大學中文系公開學術講座」，2018：新加坡國立大學。

（五）新詩詩學觀探索與實踐

（1）Y.H. To, "New Poetics, Creativity and Practice-a Typical Study of HKU Poet Shadow"（新詩詩學觀與創作實踐 —— 以《港大詩影》作品為例），*Hong Kong Literature*, No.369, pp.90-95. Sep. 2015.

（2）〈新詩的寫作經驗和創作方法〉原稿曾作為香港大學「Chin1107 創意與創作」課程的教材。

【藝術文創】

（一）琴棋書畫樂無窮

Y.H. To, "A Review of Chinese Classical Arts Spirit"（中國古典藝術精神探究 —— 以琴棋書畫為中心）, *Journal of Research*, pp.32-39. Hong Kong Association for China Postgraduates, Education Bureau, PRC. No.14, August 2008.

（二）巧奪天工美建築

Y.H. To, "The Aesthetics of Chinese Traditional Architecture "（中國古典建築的審美文化特質）, *New Perspectives of Chinese Culture*, pp.141-147. Institute of Chinese Culture, Beijing Renmin University, Jao Tsung-I Petite Ecole, HKU. Vol.4, 2017.

（三）文章誰可宗：韓愈還是歐陽修

（1）Y.H. To, "A Comparative Approach: Literary Theory of Han-yu and Ou Yang-xiu"（韓愈與歐陽修在文學思想史的角色釐清）, *Song Literature Studies*, pp.207-223. No.15, August 2008.

（2）「第五屆中國宋代文學國際學術研討會」，2007：暨南大學。

（四）文學和語文的科際整合

（1）Y.H. To, "Interdisciplinary Configuration Study: Chinese Language and Chinese Literature"（香港中國語文與文學教學的科際整合問題）, *Chinese Language Review*, Hong Kong Chinese Language Association, pp.67-74, No.124. July 2021.

（2）「第六屆國際漢語教學」研討會，〈從詩詞熏陶到提高語文教學成效〉。2021：台灣高雄師範大學。

（五）無極之夢 —— 西湖三部曲

（1）Y.H. To, "Creative Background and Artistic Features of the West Lake Trilogy"（《西湖三部曲》的創作背景和藝術特色）, *Academic Journal of XiHu*, pp.89-94. Hangzhou XiHu Museum. May, 2012.

（2）「中西與新舊 —— 香港文學的交會」學術研討會，2010：香港中文大學。

【人文化成】

（一）易經秘道，乾坤說起

Kerry Group Chinese Cultural and Historical Seminar Material 2015-2017. 嘉里集團國學培訓課程教材（2015-2017）。

（二）誰說孔子學說一成不變

（1）Y.H. To, "The Three Milestones of Confucianism Development and its Modern Value"（儒學之階段性演變及其現代意義），Essays in International Confucianism, pp.216-226. The Institute for Advanced Study of Humanities and Religion, Beijing. Chinese Academy of Social Sciences Press. December 2016.

（2）「儒學國際學術研討會」，2012：香港樹仁大學、北京師範大學。

（三）一帶一路你不知道的「前世」

Y.H. To, "Traceability of Ancient Hua-Yi Collision", *New Perspectives of Chinese Culture*（古代中國華夷文化的碰撞與化合溯源），pp.105-110. Institute of Chinese Culture, Beijing Renmin University, Jao Tsung-I Petite Ecole, HKU, No.2. April 2017.

（四）碰撞・互動：中西方文化的相互趨近與多元共生

（1）Y.H. To, "Sino-Western Culture: Conflict and Interaction", *New Perspectives of Chinese Culture*（碰撞・互動・化合 —— 論中西方文化的相互趨近與多元共生），pp.134-146. Institute of Chinese Culture, Beijing Renmin University, Jao Tsung-I Petite Ecole, HKU. Vol.4, December 2011.

（2）「東西方研究國際學術研討會」，2007：香港大學。

（五）承傳與創新：廿一世紀中華文化普及教育研究

　　（1）Y.H. To, "Research on the Progressive & Systematic Methodology of Chinese Culture"（中國文化的漸進式和系統化研究）, *Longman Chinese Language Education Journal*, pp.32-37. No. 29. April 2005.

　　（2）Foreword, *Chinese Culture Classics*（中華經典啟蒙）, 2011, 340pp., Vol.1-2.（Junior Primary）; *Chinese Culture Classics*（中華經典導讀）, 2010, 450pp., Vol.1-3.（Senior Primary）; *Quintessence of Chinese Culture*（中華文化承傳）, 2006, Vol.1-3, 570pp.（Junior Secondary）; *A New Perspective of Chinese Culture*（中華文化擷英）, 2008, Vol.1-2, 544pp.（Senior Secondary）; Peking University Press.

附錄二

郭鶴年暨嘉里集團國學課程主題

思想哲學	文學藝術	歷史文化
易經・繫辭	鴻門宴／史記	春秋戰國
易經・卦象	觀滄海／曹操	楚漢相爭
黃帝內經	出師表／諸葛亮	三國
百家爭鳴	唐詩： 王維、李白、杜甫	貞觀之治
大學	長恨歌／白居易	開元之治
孔子／論語	李後主詞	安史之亂
孟子	宋詞： 柳永／李清照／辛棄疾	宋史
荀子	赤壁賦・念奴嬌／蘇軾	洋務運動
老子	三國演義	甲午戰爭
莊子	西遊記	梁啟超・維新運動
墨家	毛澤東詩詞	八國聯軍
法家	金庸小説	五四運動
孫子兵法	古琴音樂	中日關係：1920-1930
朱子	中國畫藝	中日戰爭：1937-1945
梁啟超	中國書法	國共關係

附錄三

儒・道・商 —— 讀《郭鶴年自傳》

　　十九世紀中葉以來，中國社會發生了劇烈的變化，直接促使大量華僑移居海外。本書的作者郭鶴年先生，原籍福州，其父輩早於二十世紀初就陸續移居東南亞。郭先生於 1923 年出生於馬來西亞的柔佛新山，他的母親鄭格如女士，是一位虔誠的佛教徒，亦深受儒家思想的薰陶，待人以善，克己自律，嚴格的家庭教育對先生從小產生了深遠的影響。他的二哥郭鶴齡，見義勇為、疾惡如仇，最終卻為理想獻出了自己寶貴的生命，其優秀的人格，在他心中的分量自是難以言喻。這是策勉郭先生一生耿介自守的動力。在撰寫這篇文稿前，我得他告知，這正是驅使他撰寫這部自傳的淵源，於緬懷親恩之餘，願將這種美好的精神傳承久遠。

　　郭先生的青年時期在英國殖民統治和日本鐵蹄下渡過，曾目睹日本侵略者的行徑和英國殖民主義的本質，親嚐過生活的困頓，書中的回憶錄，真切地寫下了這個時代海外華僑艱辛的創業歷程。提起郭先生，外界就會立即想到「糖王」、「香格里拉之父」等一連串富有傳奇色彩的頭銜，對於他本人的世界觀和價值觀，則鮮有深入到位的認識。這部自傳，原汁原味地筆錄了其口述的成長歷史，是體現郭先生在各方面的理念和實踐的第一手資料，隨處可見其敏銳的洞察力，對數字的敏感度和對事件細節的清晰記憶力。

　　書中首次披露了很多不為人知的「秘密」，譬如人們津津樂道的「香格里拉」這個蜚聲國際的品牌，其建構藍圖的緣起和名稱是怎樣由來的呢？是甚麼原因導致郭先生在非典期間復出呢？他在風雲變幻的政經格局中如何展露出處事的造詣？成功的訣竅在哪裏？又是如何一步步建構起橫跨糖業、酒店、糧油、種植業（棕櫚和甘蔗）、地產、物流、船務、證券、傳媒等領域的版圖？對於財富，他有何獨特的看法？親情、感情生活、生命價值觀，又是怎樣的呢？細心的讀者，當可抽絲剝繭，尋繹到嶄新的訊息，深入了解郭先生的經濟思想、領導風格和心路歷程。

　　從書中得知，郭先生是華商中其中一位最早和西方建立商貿往來的先行者，在創建糖業的時期，他接觸到歐美各國頂尖商人，沒有隔閡地融入了這個圈子，把西方現代管理制度移植到對郭氏集團的建構。外界普遍不知，郭先生的英文造詣很高，對於英語世界的了解，早在上世紀六十年代已奠下了基礎。然而，他骨子裏也是一位地地道道的中國人，赤誠的中國心是他放棄長駐英國發展的一個原因。上世紀七十年代轉而進軍香港，八十年代進軍中國內地，一步步建立起中國和世界的聯網。對於具體的管理，郭先生認為集團內部的集思廣益、同心協力決策是郭氏集團成功的重要因素；其次是用人之道，比起學歷等條件，他更看重人才的品德和操守。因此，郭氏集團網羅了大批優秀的人才，配合公司的管理制度，具備堅固的凝聚力。

　　通過這部自傳，我們可以了解到郭先生的世界觀和價值觀是他事業成功的關鍵。在思想上，他宗尚老子，淡泊虛名，處事低調謙遜，全神貫注於事業，體現出隱者的特徵；在處事上，則對荀子「人定勝天」的積極精神很受落，看準目標後，鍥而不捨，默默耕耘。郭先生亦具有儒商的特色，力求以儒家的傳統美德立身

處世。這些年的近距離接觸，感覺到他有一種平易近人、自然流露的親和力，且很注重兒孫輩的傳統道德教育。先生成立了三個郭氏慈善基金，熱心於各類慈善服務。在商業上，把商譽和信用看得很重。書中的文字機鋒處處，流露出人文智慧，如「成功亦是失敗之母」、「為人不正或者生活態度扭曲，那聰明又有何益」等等箴言，不勝枚舉。

對於中國歷史和世界格局，書中透露出郭先生敏銳的觸覺。他 1923 年出生於大馬新山，年輕時經歷過日本鐵蹄式統治、大馬獨立建國鬥爭和新中國成立前後一系列的大事，加上創業的艱辛，磨礪出廣泛的國際經驗，使他善於「認真地聆聽，更深入地嗅覺，更敏銳地觀察，由此從周遭的人和事提煉出智慧」。儘管對政治並不熱衷，緣於中國情懷，上世紀七十年代以來，他在中國和新、馬之間發揮了重要的橋樑作用，促進了兩國的政治經濟關係。也是緣於廣泛的人脈網絡，使他能洞悉時局的變化，為商業的佈局定下戰略性的發展方向。

郭先生有無限的求知慾，這些年來，潛心於鑽研中國經典文化，從《論語》、《易經》、《黃帝內經》、《孫子兵法》到詩詞、歷史、政治，皆所喜愛，並邀我開設嘉里集團國學培訓課程。因緣際會，這四、五年來我有幸擔任他的中文及國學老師，成為這部書原稿的第一批讀者，並親自向他求證了書中所述。

這部自傳，是一部讀不完的書。

2017 年 7 月

附錄四

《孫子兵法》專訪

昔日古人智慧　　今日致勝之道

「知彼知己者，百戰不殆。」孫子將軍曰。

公元前五世紀，古希臘的哲學仍然處於萌芽階段，未至成熟。而在佛陀還沒有降生之前，中國大運河的首段就已經開鑿完成。就在這時，一位天賦異稟的中國將帥寫下了一部軍事戰略巨著。即使年代久遠，但時至今日，此作仍被視為軍事範疇中最重要的聖典。

孫子（前 545- 前 470）筆下的《孫子兵法》為一部經典兵書。當中的策略不但成為古代中國戰士的引路明燈，更影響西方的軍事、營商、法律謀略，甚至沿用於人際關係之中。《孫子兵法》被翻譯成多國語言，更曾為不少國家領袖指點迷津，法國軍事家拿破崙，乃至美軍統帥麥克阿瑟都曾拜讀此書。不但美國中央情報局曾參考書中智慧，各地高級行政人員亦以之為參考教材。

可是，古代的軍事專書又如何能應用至當下呢？香港大學中國語言及文化專家杜若鴻博士指出，《孫子兵法》的內容深具理論性，而在現實中亦不難實踐。「當中理論能應用於任何處境，儘管時移世易，箇中原理仍舊永存不朽。」杜博士道。

《孫子兵法》講述能應用至辦公室競爭乃至真實戰爭的智慧，可是，書中並不提倡大興干戈交戰。取而代之，孫子主張先深思，後謀計。正如孫子曰「上兵伐謀」，故此「不戰而屈人之兵，善之

善者也」。不通過交戰就降服敵人，方是最高明的手段。

　　孫子又認為，假如你對敵方了如指掌，就必能穩操勝券，所謂「知己知彼，勝乃不殆」；更甚的是，假如你清楚認知整個局面，則可全然獲勝，是乃「知天知地，勝乃可全」。

　　孫子所講的知天知地，即要縱觀周邊環境狀況，而這仍適用於今日多變的商業社會之中。言下之意，即按既定情況權衡利弊，再隨之謀求對策。

　　公元 208 年，赤壁之戰正好為這則充滿智慧的兵法作詮釋。赤壁之戰為於長江流域發生的著名戰役，過程中以少勝多，以弱勝強，好比聖經中「大衛和巨人歌利亞」的故事。戰事中，處於下風的一方僅操士兵 5 萬，而人強馬壯的敵方則擁 80 萬大軍。可是，由於前者善於水戰，後者不諳水性，導致全軍上下筋疲力竭，最後，弱小的一方很快便征服了強大的一方。

　　一開始，弱方的軍師就深知與敵方實力懸殊，無法匹敵，故仔細察看天地，靜觀以備戰。直至時機成熟，江中風高浪急，周遭環境極為有利，他才燃起火種，使其隨波飄至敵方戰船，在火烈風猛下焚燒連環船，最後自然致勝無疑。

　　孫子想要說明的是，深謀遠略就是致勝的「裝甲」，能戰勝毫無準備的一方。同樣，在工作環境中亦如是，杜博士推論：「機智的領袖會時刻準備就緒，隨機應變。《孫子兵法》中，涉及講述如何不動干戈而猶能取勝。當中的錦囊就是如何能智勝敵方，從而獲得最大的利益。」

　　在商業社會中，孫子的法則同樣受用。他認為，如對方實力雄厚，便須嚴加防備，而倘若自己的能力弱於對手，則最好避免

直接交鋒。《孫子兵法》中，曾提及聰敏的秦將王翦。由於他深知參戰必敗，故堅持拒絕應戰，取而代之，王翦選擇讓軍隊安全地留守叢林，藏身其中。期間，王翦竭力讓士兵吃個溫飽，又提供設備讓他們沐浴梳洗，盡得軍心。「視卒如嬰兒，故可與之赴深谿；視卒如愛子，故可與之俱死。」正是如此。

此手段正是解決問題的上策，亦是杜博士強調的應有操守，在日常生活和充滿競爭的營商環境中同樣適用。

孫子亦認為，領導者應當公平公正，且堅定不移。所謂「厚而不能使，愛而不能令，亂而不能治，譬若驕子，不可用也。」作為一位出色的行政總裁，這也是他們應有的操守。要留住人才為自己工作是一大挑戰，但只要上司公平、堅定，就定能贏得下屬的敬重。

在現今的商業環境中，如要超越競爭對手，不妨參考孫子的建議：「由不虞之道，攻其所不戒也。」杜博士提醒：「假如曾以其道取勝，則須避免重複使用同一策略。核心的關鍵在於要全力以赴，精明地去考究、學習和應用。」正所謂「故其戰勝不復，而應形於無窮」。

《孫子兵法》寫成之時，人們尤其重視學習和理解，皆因在複雜的處境中，並沒有捷徑或簡單的方法解決問題。也許這正好解釋為何《孫子兵法》的智慧時至今天仍能引起無數中國人的共鳴，特別是商業社會，更是適用。誠如孫子寫道：「能因敵變化而取勝，謂之神。」同樣，杜博士亦強調：「所有的事物都在變遷，要取勝，就得適應變化多端的環境。變者，通也。」

（《臻善譜》:《孫子兵法》專訪，第 29 期）

附錄五

杜振醉杜若鴻文化館簡介

　　文化館由泉州市馬甲中學於 2018 年春夏之交開始籌辦，2019 年 5 月 24 日正式開館。文化館藏書如館徽所示 ——「書山文海」，主要陳列杜振醉杜若鴻的作品，布展數十種近 300 冊，以廣、深、縱、博為特色，分為九大範疇：

一、中國歷史課本及配套教材；

二、中國語文課本及配套教材；

三、普通話課本及配套教材；

四、文學創作；

五、學術文化著作；

六、書法藝術；

七、學術論文；

八、主編刊物；

九、文友品評。

　　文化館還展示海內外文教界師友的賀辭題贈，包括來自香港大學張本楠教授、香港中文大學王晉光教授、香港科技大學杜理論教授、廈門大學陳育倫教授、新加坡南洋理工大學衣若芬教授、福建省政府特約督學賴輝煌、泉州市文聯原主席陳日升和泉州市原副市長周焜民，等等。

　　文化館位於馬甲中學新建辦公大樓六樓，面向廣場，東望閩南名勝仙公山（亦稱「雙髻山」），境界開闊，風清氣爽。館名「杜振醉杜若鴻文化館」由著名科學家尤民生教授題識，正門楹聯書有「筆下春秋史，胸中錦鏽文」。

　　其立館宗旨為：

一、昌明家鄉文教事業，提升文化氛圍。

二、豐富學校教育內涵，擴闊學生視野。

三、提高學生創新能力和綜合人文素質。

四、培養對傳統中華文化的認同和反思。

五、增進了解中華文化對現今社會的意義。

六、搭建內地、香港與海外文化交流平台。

　　杜氏父子為泉州籍的香港人。杜振醉乃馬甲中學首屆校友，1962 年考上廈門大學中文系，有「狀元學生」的稱譽。其為學兼通文史哲，是知名的文化學者、教科書編著家、詩人。著述以香港學校不同階段課程的中文、中史等學科課本與配套教材為大宗。杜若鴻為香港大學哲學博士，是新一代文化學者，詩詞專家，有「詩行者」之譽。現執教於香港大學，曾任新加坡國立大學訪問學人，世界華商郭鶴年的國學導師。在中港台及海外出版編著作品三十餘種，涉獵文、史、哲、藝各個領域。

附錄六

歷年主要著作

學 術

1. 《中華文化論衡》。香港：商務印書館，2022。
2. 《北宋詩歌與政治關係研究》（博士論文）。北京：北京大學出版社，2015。
3. 《柳永及其詞之論衡》（碩士論文）。杭州：浙江大學出版社，2004。

新 詩

1. 《詩緣西子湖》。杭州：杭州出版社，2020。
2. 《港大詩影》。杭州：浙江大學出版社，2012。
3. 《若鴻的詩》。廣州：暨南大學出版社，2008。
4. 《狂情實錄》。香港：文思出版社，2004。

小 說

《夢斷西湖》（小說）。北京：作家出版社，2009。

藝 術

《西湖之夢》（攝影）。香港：中華書局，2009。

歷 史

《國史問題析論》（合著）。香港：文思出版社，2011。

文化

1. 《詩詞欣賞與品德情意》（合著）。香港：商務印書館，2022。
2. 《中華經典啟蒙》（上、下）（合著）。北京：北京大學出版社，2011。
3. 《中華經典導讀》（上、中、下）（合著／繁簡）。北京：北京大學出版社，2010。
4. 《成語典故解讀》（合著）。台北：文史哲出版社，2010。
5. 《中華文化擷英》（上、下）（合著／繁簡）。北京：北京大學出版社，2008。
6. 《中華文化承傳》（上、中、下）（合著／繁簡）。北京：北京大學出版社，2006。

教材

1. 《DSE 新高中中文課本及教師用書》（合編）。香港：香港教育圖書公司，2012。
2. 《高中中國語文課本及教師用書》（合編）。香港：香港教育圖書公司，2005。
3. 《初中中國語文課本及教師用書》（合編）。香港：香港教育圖書公司，2005。
4. 《初中中國語文評估課業》（合編）。香港：香港教育圖書公司，2005。
5. 《初中語文綜合能力評估 1-3》（合編）。香港：香港教育圖書公司，2004。

編審

1. 《三字經與現代社會》（審訂）。香港：中華書局，2020。
2. 《論語與現代社會》（審訂）。香港：中華書局，2017。
3. 《香港傳統文化》（合編）。香港：中華書局，2013。
4. 《香港作家作品研究・1-9 卷》（合編）。香港：香港文學報社，2005-2011。
5. 《香港學生看中華文化》（合編）。廣州：暨南大學出版社，2007。

翻譯評注

1. The Flying Swan《詩行者》（中英對照）。新加坡：玲子傳媒，2018。
2. 《思若三齋詩詞對聯集》（評注）。廈門：廈門大學出版社，2016。
3. *The Essentials of Chinese Culture*（《中華文化承傳》英文版）。北京：北京大學出版社，即將出版。

主編刊物

1. 《中華文化通訊》（1-10 期）。香港大學中文學院，2004-2013。
2. 《研訊》（14-17 期）。香港中國研究生會，2007-2011。
3. 《文綜》（1-6 期）。世界華文文學聯會，2008。